Bill Moody
Auf der Suche nach Chet Baker

metro

Bill Moody
Auf der Suche nach Chet Baker

Aus dem Englischen von
Anke Caroline Burger

Unionsverlag

metro – Spannungsliteratur im Unionsverlag,
herausgegeben von Thomas Wörtche

Die Originalausgabe erschien 2002 unter
dem Titel *Looking for Chet Baker* bei Walker & Company, New York.
Deutsche Erstausgabe

Im Internet
Aktuelle Informationen,
Dokumente, Materialien
www.unionsverlag.com

2. Auflage 2004

© by Bill Moody 2002
© by Unionsverlag 2004
Rieterstrasse 18, CH-8027 Zürich
Telefon +41 (0)1 281 14 00, Fax +41 (0)1 281 14 40
mail@unionsverlag.ch
Alle Rechte vorbehalten
Umschlagbild: Chuck Fishman/The Image Bank
Druck und Bindung: Freiburger Graphische Betriebe
ISBN 3-293-00330-3

Chet Baker

Blickt aus seinem Hotelzimmer
Über die Amstel zu dem Mädchen,
Das an der Gracht entlangradelt und
Die Hand hebt und winkt, und als
Sie lächelt, ist es wieder wie damals,
Als jeder Produzent in Hollywood
Aus seinem Leben eine
Bittersüße Story machen wollte,
In der er tief fällt, aber nur
In die Liebe zu Pier Angeli,
Carol Lynley, Natalie Wood;
An dem Tag lief er ins
Studio, Herbst zweiundfünfzig,
Und spielte die perfekten Linien
Über die Akkorde von »My Funny Valentine«,
Und als er jetzt aus dem Fenster blickt
Und sie im Vorbeifahren hoch in das Blau
Eines perfekten Himmels lächelt, weiß er,
Dass dies einer der seltenen Tage ist,
An denen er wirklich fliegen kann.

John Harvey

Vorwort

Chet Baker – oder Jet Faker, wie ich ihn gern nannte – und ich begegneten uns Anfang der Fünfziger. Musikalisch verstanden wir uns auf Anhieb. 1953 mieteten Chet, seine erste Frau Charlaine und ich ein Haus in den Hollywood Hills. Dort schrieb ich viele der Kompositionen, die wir später gemeinsam aufnahmen. Ich war nicht nur Arrangeur, Komponist und Pianist des Quartetts, sondern kümmerte mich auch um alle Einzelheiten, wenn wir auf Tournee gingen, und so kam es, dass ich Chet sehr gut kennen lernte. Fast fünf Jahre lang arbeiteten wir zusammen.

Anderen Leuten gegenüber war Chet oft rücksichtslos, *aber spielen konnte er*. Er liebte Autos und fuhr zu schnell, vierzig seiner achtundfünfzig Lebensjahre lang war er drogensüchtig, *aber spielen konnte er wirklich*. All das ist wahr.

Nicht wahr ist hingegen, dass Chet keine Noten lesen konnte. Er konnte sie allerdings nicht gut genug vom Blatt ablesen, um als Studiomusiker zu arbeiten. Es stimmt, dass er von Harmoniestrukturen oder selbst der Zusammensetzung einfacher Akkorde keine Ahnung hatte. Fragte man ihn, aus welchen Noten ein bestimmter Akkord bestand, wusste er es nicht. Er hatte jedoch einen echten Instinkt für Musik, ein unglaubliches Gehör und ein großes lyrisches Gespür. Falls irgendjemand daran zweifeln sollte, braucht er nur »Love Nest« oder »Say When« auf der CD *Quartet: Russ Freeman and Chet Baker* anzuhören. Es ist bedauerlich, dass vielen Kritikern und Musikern nicht bewusst war, was sie da hörten. Chet Baker war einzigartig; einen wie ihn wird es nie wieder geben.

Russ Freeman, Las Vegas, 2001

Intro

»*Weißt du, was ich gemacht habe, als ich es hörte, Mann? Ich saß minutenlang da, starrte in den Fernseher und wusste dass ich am nächsten Tag nicht arbeiten gehen konnte. Ausgeschlossen. Fünfzehn Sekunden in den Achtzehn-Uhr-Nachrichten und ein altes Foto. ›Der amerikanische Jazzmusiker Chet Baker starb gestern unter ungeklärten Umständen in Amsterdam.‹ Von wegen! Du weißt genau, dass er high war, eingepennt ist und einfach aus dem Hotelfenster gekippt ist. Chet war nicht mehr.*

Da hab ich was von meinem besten Shit rausgeholt und mir einen reingedröhnt. Zum Andenken an Chet, weißt du. Die ganzen ollen Platten hab ich auch rausgekramt, Mann, die Anlage aufgedreht und sie alle gehört. Das Quartett mit Gerry Mulligan, die Band mit Russ Freeman, die New-York-Sessions mit Philly Joe und Johnny Griffin – sogar sein Gesangszeug, was er da später rausgebracht hat, das ist richtig gut. Der Stimme konnte man anhören, was er schon alles durchgemacht hatte, Mann, als würde er es nicht bis zum Ende von dem verdammten Lied schaffen, aber irgendwie schaffte er es doch immer. Zerreißt einem das Herz. Hör dir doch an, was er auf ›Fair Weather‹ zu Stande bringt, als er den Film mit Dexter Gordon gemacht hat. Ich sags dir: Es zerreißt einem das Herz. Einiges von dem europäischen Zeugs auch, und davon gibts 'ne Menge. In Italien mit Streichern, als er aus dem Knast gekommen war. Nicht mal ich habe alle Platten, niemand hat die. Er hat so viel aufgenommen, dass wahrscheinlich nie alles gefunden wird.

Und weißt du, was ich dann gemacht habe? Ich hab auch meine Trompete rausgeholt. Hab meinen Schrank durchwühlt, den ganzen Scheiß durcheinander geschmissen, weil ich da schon völlig breit war, aber ich hab sie gefunden, die Tröte. Hab ›My Funny Valentine‹ aufgelegt und versucht, mit Chetty mitzuhalten. Total unmöglich, das ist vorbei, hab kaum einen Ton aus der alten Hupe rausgekriegt, aber im Kopf, da hab ichs gehört. Dann hab ich nur rumgehangen und zugehört, wie Chet singt und spielt und den Scat genauso singt, wie er gespielt hat.

Ich saß da, die Trompete in der Hand, heulte wie ein Baby und wünschte nur, ich könnte so spielen wie er. Aber natürlich kann niemand spielen wie Chet Baker. Er war der Größte!«

All das – Tommy Ryan, durchgeknallter Möchtegerntrompeter, zum Informatiker mutierter Jazzfan, der mir einen vorschwärmte, wann war das? Vor fünf Jahren? – fällt mir wieder ein, während ich ein signiertes Foto von Chet Baker in Postergröße betrachte, das vor mir an der Wand hängt. Wie immer blickt er an der Kamera vorbei, sieht einem nie in die Augen, vielleicht ins Nichts, irgendwohin, wohin ihm keiner von uns folgen kann.

Colin Mansfield bemerkt meinen Blick. »Ach das. Das hat Chet mir geschenkt, als er bei Ronnie Scott's war, kurz vor seinem Tod. Von dem Auftritt gibts noch ein Video.« Er mustert mich. »Sie wollen das doch nicht etwa untersuchen, Evan, oder? Mit Ihrer Vergangenheit und so …«

Ich schüttle den Kopf. »Da gibts nichts zu untersuchen. Er ist im Hotel aus dem Fenster gestürzt, oder etwa nicht?« Mehr als zehn Jahre war das jetzt her.

»Es wurde über Selbstmord geredet, sogar Mord«, sagt Mansfield. Ich hatte Chets langjährigen Pianisten, Russ Freeman, kennen gelernt, und wir hatten uns darüber unterhalten. Das war nach meinem Unfall gewesen, als ich herauszufinden versuchte, warum manche Musiker einfach eines Tages aufhören zu spielen. Russ Freeman war einer von ihnen. So viele Jahre mit Chet und Shelly Manne – und dann hatte Freeman einfach eingepackt und nie wieder gespielt. Wie ich gehört hatte, wohnte er jetzt in Las Vegas, arrangierte und komponierte.

»Ausgeschlossen«, hatte Freeman gesagt. »Chet hätte nie auch nur an Selbstmord gedacht.« Freeman war sich hundertprozentig sicher gewesen. Aber es kann ja immer etwas Unvorhergesehenes passieren.

Die Gerüchte über einen möglichen Mord hatte ich natürlich auch schon gehört. Chet war ein Junkie gewesen. Da ist es schwer, sich von schlechter Gesellschaft fern zu halten, auch wenn man ein berühmter Jazzmusiker ist, der wunderschöne Musik macht. Drogendealern ist das egal, besonders, wenn sie ihr Geld nicht kriegen. In San Francisco wurde Chet überfallen, was ihn Gerüchten zufolge all seine Zähne kostete und seine Karriere um ein Haar beendet hätte. Aber Selbstmord? Nein.

»Ich glaube nicht«, sage ich zu Mansfield.

»Aber trotzdem interessant«, sagt er. »Und spannend – auch Sie: ein Jazz spielender Detektiv. Macht es Ihnen etwas aus, darüber zu sprechen? Ich habe ein paar Fragen, und ich bin sicher, dass meine Hörer ebenfalls entzückt wären.«

Oh nein, bitte nicht, hätte ich am liebsten gesagt. Aber ich zucke nur die Achseln, vielleicht, weil ich aus dem Mund eines Jazz-DJs noch nie das Wort *entzückt* gehört habe. Allerdings sind wir hier in England. »Sie sind hier der Chef.«

»In fünf Sekunden sind wir auf Sendung.« Ich höre die Stimme des Tontechnikers über meine Kopfhörer. Mansfield und ich sehen ihm zu, wie er lautlos den Count-down mit den Fingern abzählt.

»Guten Abend. Mein Name ist Colin Mansfield, Sie hören *BBC 3 Jazz Scene*. Ich habe heute Abend den amerikanischen Pianisten Evan Horne zu Gast, der ab morgen eine Woche lang bei Ronnie Scott's zu hören sein wird. Willkommen in London, Evan. Vielen Dank, dass Sie gekommen sind.«

»Danke für die Einladung.« Mansfield sitzt mir am Tisch gegenüber, flankiert von den unvermeidlichen CD- und Plattenspielern. Er sieht ganz anders aus, als ich mir einen Jazz-DJ vorstelle, aber ich hatte London auch noch nie für eine Jazzstadt gehalten. Hier ist sowieso alles anders. In seiner Tweedjacke mit Ellbogenflecken aus Leder ähnelt Mansfield eher einem Oxford-Prof am Feierabend. Er spricht perfektes Oxbridge English. Während er einen Blick auf die Notizen vor ihm wirft, schiebt er den Kopfhörer, der ihm ständig in die Stirn rutscht, wieder nach oben.

»Zum Anfang möchte ich ein Stück von Ihrer ersten Platte als Bandleader spielen.« Mansfield lächelt, als er meinen überraschten Gesichtsausdruck sieht. »Es hat ein bisschen Geschick dazu gehört, dieses Exemplar von *Arrival* aufzutreiben, aber wir haben es geschafft. Wir hören jetzt ›Just Friends‹ hier auf *BBC 3 Jazz Scene*.«

Mansfield stellt das Sendemikrofon aus, aber ich höre ihn über den Kopfhörer. »Kennen Sie Ronnie's?«

»Ja, von einer Kurztournee mit Lonnie Cole.« Wir hatten als Vorgruppe für Stan Getz gespielt.

»Ich bin sicher, dass es Ihnen da gefallen wird«, sagt Mansfield. »Pete King macht seine Sache sehr gut, seit Ronnie nicht mehr da ist. Auch eine echte Tragödie.«

Ich hatte davon gelesen. Herzinfarkt oder Schlaganfall, aber unter irgendwelchen ungewöhnlichen Umständen. Mansfield nickt im Takt und hält die Plattenhülle hoch. Ich betrachte mein Foto und erkenne mich fast nicht wieder, ich sehe dort wesentlich jünger und ausgeglichener aus, als ich mich gerade fühle.

Die nächste halbe Stunde lang spielt Mansfield Musik. Ich beantworte Fragen nach meinen Vorbildern – Bud Powell, Bill Evans, Keith Jarrett – und mogle mich, soweit möglich, um Auskünfte zu meinen außermusikalischen Eskapaden herum. Meine Vergangenheit, wie Mansfield es nennt. Nein, ich habe das Rätsel um Wardell Grays Tod in Las Vegas nicht gelöst. Ja, ich habe herausgefunden, dass eine angeblich verschollene Plattenaufnahme von Clifford Brown gefälscht war, und nein, ich konnte die Serienmörderin in Los Angeles nicht aufhalten. »Die Leute vom FBI waren die wirklichen Helden«, gebe ich mein einstudiertes Sprüchlein zum Besten.

»Dennoch«, erwidert Mansfield, »wage ich zu behaupten, dass Sie eine entscheidende Rolle gespielt haben.« Er drückt den Knopf, und ein weiteres Stück von meinem Album ist zu hören, aber im Hintergrund. »Zum Abschluss der heutigen Sendung will ich etwas spielen, das vielleicht auch zu Ihren Lieblingsballaden zählt: ›My Foolish Heart‹. Übrigens auch ein Favorit von Chet Baker«, fügt Mansfield hinzu. Ich werfe ihm einen fragenden Blick zu.

»Sie hören Colin Mansfield auf *BBC 3 Jazz Scene*. Unser Gast heute Abend war Pianist Evan Horne. Bleiben Sie dran, um zweiundzwanzig Uhr folgen die Nachrichten.«

Die Musik setzt ein, und Mansfield reicht mir die Plattenhülle. »Ob Sie wohl so freundlich wären?«

»Natürlich.« Ich signiere sie und denke mir, dass »My Foolish Heart« oder »I Fall in Love Too Easily« auch das Motto meines Lebens sein könnte. Beide Songs waren auch Lieblingsstücke von Chet Baker. Ich gebe Mansfield das Cover zurück. »Nochmals danke für die Einladung.«

»Es war mir ein Vergnügen. Ich werde auf jeden Fall bei Ronnie's vorbeischauen und Ihnen einen ausgeben.«

»Ich freue mich darauf.« Wir geben uns die Hand. Auf dem Weg in den Empfangsbereich stoppt mich eine junge Frau mit feuerroter Igelfrisur, schwarzgeschminkten Lippen und engelsgleichem Lächeln.

»Da hat ein Mr. Buffington für Sie angerufen«, sagt sie mit sanfter, heller Stimme. Sie gibt mir einen Zettel.

»Danke.« Ich werfe einen Blick auf Name und Telefonnummer und zerknülle ihn. »Können Sie mir ein Taxi rufen?«

»Na klar doch.« Draußen stecke ich mir eine Zigarette an, spiele mit dem zusammengeknüllten Papierball und hätte ihn beinah in den Rinnstein geworfen. Ich konnte ja einfach behaupten, ich hätte die Nachricht nicht erhalten. Aber ich bin nicht der Typ für so etwas.

»Wo solls hingehen, Chef?«, fragt mich der Taxifahrer.

»Keine Ahnung.«

1

Ein paar Tage lang schiebe ich den Anruf bei Ace Buffington vor mir her, aber schließlich lässt mich ein vielleicht falsches Gefühl der Verpflichtung oder Verbundenheit doch zum Hörer greifen. Wir verabreden uns in einem Pub namens Boar's Head in unmittelbarer Nähe der Shaftesbury Avenue im Londoner Theaterbezirk. Drinnen ist es verqualmt und laut, breite Körper drängeln sich zur Theke, um sich den letzten Drink zu holen, bevor der Vorhang hochgeht. Ace ist nicht zu übersehen. Er überragt alle und wedelt mit Geldscheinen, um die Aufmerksamkeit des Wirtes auf sich zu ziehen.

»Wahnsinn«, sagt Ace, als ich zu ihm stoße. »Hier ist was los. Ich hole uns was, dann trinken wir auf unsere Zusammenarbeit. Bier?«

Ich sehe ihm in die Augen. »Vergiss es, Ace.«

Er tut erstaunt. »Was?«

»In was immer du mich da verwickeln willst.« Den ganzen Nachmittag habe ich mich auf diesen Augenblick vorbereitet und versucht, mich gegen Ace' Überzeugungskraft und Hartnäckigkeit zu stählen. Ich bin schon mal auf ihn reingefallen.

»Nun komm schon, Evan. Hörs dir wenigstens an.« Er winkt dem Barmann wieder zu.

»Damit wirst du nichts erreichen, Ace. Reine Zeitverschwendung. Ich frage dich noch nicht mal, warum du in London bist.« Das Frühjahrssemester ist noch nicht vorbei. Ace müsste an der University of Nevada in Las Vegas, der UNLV, sein, Vorlesungen über amerikanische Literatur halten und Abschlussklausuren korrigieren, statt sich mit mir in einem Londoner Pub zu treffen.

»Forschungssemester«, sagt Ace. »Ich war an der Reihe, und da habe ich die Gelegenheit beim Schopf gepackt, vor allem, als sich diese andere Sache ergeben hat.«

Ich muss lächeln. »Ich suche uns einen Tisch.«

Ein paar Leute ziehen Mäntel an. Ich bin kurz vor drei anderen Typen an ihrem Tisch und belege ihn.

Ace Buffington hatte ich auf einer meiner ersten Reisen nach Las Vegas kennen gelernt, als ich bei Lonnie Cole spielte und dirigierte.

Ace ist ein großer, gutmütiger Kerl, der nach zwei Dingen verrückt ist: Jazz und Tennis. Er ist Englischprofessor, seine Leidenschaft gilt jedoch dem Sammeln alter Schallplatten; seine Kenntnis der Geschichte des Jazz ist beeindruckend. Als seine Frau Janey überraschend an Krebs starb, stürzte er sich in die Arbeit. Doch selbst die Intrigen an seinem Fachbereich – ihm zufolge schlimmer und bösartiger als jeder Verbrecherclan – reichten nicht aus, um die einsamen Stunden zu füllen. Er setzte es sich in den Kopf, einen wissenschaftlichen Artikel über Las Vegas zu schreiben – und damit begann auch der Ärger für mich.

Bevor er mir begegnete, waren Jazzmusiker für ihn nur Namen gewesen, über die er las oder die er hörte, aber Ace wollte Insiderwissen. Er genießt es, einen Jazzmusiker zum Freund zu haben. Manchmal geht die Begeisterung jedoch einfach mit ihm durch – ein Grund, warum Musiker häufig Distanz zu Fans halten. Zivilisten, wie wir sie nennen. Gleichgültig, wie viel ihnen die Musik bedeutet, der unüberbrückbare Abstand zwischen der Bühne und einem Platz in der ersten Reihe bleibt immer bestehen. Jemand wie Ace kann nie verstehen, was in einem vorgeht, wenn man auf der Bühne sitzt. Trotzdem ist er immer ein guter Freund gewesen. Nur sein Übereifer macht es schwierig.

Er wollte einen Aufsatz über das Moulin Rouge schreiben, das erste gemischtrassische Kasino in Las Vegas, und den Tod des Saxofonisten Wardell Gray aufklären. Also heuerte er mich an, ihm bei den Recherchen zu helfen und mit Musikern zu reden. Weil er mir das erste Engagement nach meinem Unfall verschafft hatte, fühlte ich mich ihm verpflichtet und sagte zu. Dabei war mir allerdings nicht klar, dass ich jede Menge Dreck aus der Vergangenheit wieder aufrühren, mich mit einem kleineren Mafiapaten anlegen und fast dabei draufgehen würde.

Ace' Sammelleidenschaft brachte mich dann nochmals in die Bredouille, als er mich beauftragte, angeblich verschollene Platten von Clifford Brown zu beurteilen. In dem Fall stand ein durchgedrehter Sammler dahinter, und ich musste erfahren, wie ernst es solchen Leuten sein kann. Damals schwor ich mir, dass es das letzte Mal war.

Dass Ace mich jetzt in London aufgespürt hatte, bedeutete, dass er wieder etwas im Schilde führte. Aber diesmal nicht. Los Angeles saß mir immer noch in den Knochen. Damit hatte Ace allerdings nichts zu tun gehabt. Die Vorfälle in Los Angeles waren zumindest teilweise der Grund, warum ich in London war.

Meine musikalische Fertigkeit war wieder da gewesen, ich hatte eine CD aufgenommen, mit Natalie und mir war es ernst, alles lief wunderbar – bis eine wahnsinnige Frau, die sich unbedingt für die Zurückweisung ihres Bruders durch die Jazzwelt rächen wollte, anfing, Smooth-Jazz-Interpreten umzulegen. Sie hinterließ eine Riesenfährte von Hinweisen, auf die sich das FBI keinen Reim machen konnte, bis ich zur Unterstützung meines alten Schulkameraden Lieutenant Danny Cooper herangezogen wurde. Das Ganze eskalierte zu einem psychologischen Zweikampf zwischen der Wahnsinnigen und mir, einem Albtraum, der mich völlig ausgebrannt zurückließ. So sehr, dass ich eine Weile allem entkommen und in Europa mal vollkommen abschalten wollte.

Ace bahnt sich den Weg durch das Gedränge und stellt zwei Glas Lager mit fester Hand auf den Tisch.

»Was für eine andere Sache, Ace?«

Er zwinkert mir nur zu und trinkt einen großen Schluck Bier. »Ah, das Warten hat sich gelohnt«, sagt er. Er setzt das Glas ab und wendet mir seine ungeteilte Aufmerksamkeit zu. »Ein Buchvertrag, den ich praktisch schon in der Tasche habe, im Grunde alles geklärt, fehlt nur noch eine letzte Kleinigkeit.« Ace' Augen leuchten begeistert auf. Diesen Blick kenne ich. »Wer ist der Jazzmusiker, über den am meisten geschrieben worden ist, der die meisten Platten eingespielt hat, der nach wie vor von einem geheimnisvollen Nimbus umgeben und über den immer noch geredet wird?«

Erleichtert, dass englische Pubs nicht so raucherfeindlich sind wie kalifornische Kneipen, stecke ich mir eine Zigarette an. »Miles Davis.« Schön zurückhaltend bleiben, denke ich, damit sich Ace in seiner Begeisterung nicht auch noch bestätigt fühlt.

»Warm. Instrument stimmt, Mann nicht.«

Ich zucke die Achseln. »Ich gebe auf.«

»Na komm schon, Evan.« Er beugt sich zu mir. »Man munkelt sogar von einem Filmdeal. Er wird oft mit James Dean verglichen. Tragisches Leben, ungemein erfolgreiche Karriere und ... rätselhafte Todesumstände.« Er wirkt enttäuscht, dass ich nicht auf sein Ratespiel anspringe. »Chet Baker natürlich.«

»Natürlich. Was ist mit dem Filmdeal?«

»Ein paar bekannte Schauspieler streiten sich um die Rechte. Mehr als zehn Jahre nach seinem Tod, und die Leute reden immer noch über ihn.« Ace kommt in Fahrt.

»Na schön, du kriegst also einen Vertrag für ein Buch über Chet Baker. Herzlichen Glückwunsch, das freut mich für dich.«

Ace klingt allerdings alles andere als glücklich. In seiner Stimme liegt eine gewisse Verzweiflung. »Es ist vom Schicksal vorherbestimmt, Evan: dass ich neulich abends das Radio angemacht und dich in der Sendung gehört habe. Dass wir beide in London sind. Wusstest du, dass Chet Baker keine Flugstunde von hier in Amsterdam gestorben ist? Und nun bist du hier und gehst vielleicht sowieso nach Amsterdam!« Ich hatte am Telefon erwähnt, dass diese Möglichkeit besteht. »Es ist vorherbestimmt«, wiederholt er.

Allmählich fühle ich mich, als würde ich von einem Immobilienmakler bearbeitet, der mir unbedingt eine Ferienwohnung andrehen will. Als müsse er mir diese Wohnung unbedingt aufschwatzen, weil er sonst seine Provision nicht kriegt. »Das mit dem Gig in Amsterdam ist noch nichts Festes.« Ich sehe Ace geradewegs ins Gesicht. »Nein, Ace, nichts ist vorherbestimmt, diesmal nicht.« Sein schmerzlicher Ausdruck gibt mir zu denken. Ich verdanke ihm zu einem guten Teil, dass ich wieder spiele, aber ich meine, wir sind quitt.

Ace atmet tief durch. »Na schön, ich will dir nichts vormachen. Der Buchvertrag ist nur provisorisch, weil ich ihnen versprochen habe, dass du Koautor wirst.« Er weicht meinem Blick aus und trinkt noch einen Schluck Bier.

Einen Augenblick lang starre ich ihn fassungslos an. »Was soll das, Ace? Hinter meinem Rücken?« Ich versuche, meine Wut im Zaum zu halten, was mir nicht leicht fällt.

»Ich weiß, ich weiß. Aber, Evan ... es muss einfach klappen. Wenn ich endlich die Anstellung auf Lebenszeit kriegen will, muss ich noch ein Buch veröffentlichen. Ich habe mir ein paar Feinde gemacht, aber ich will Chef von dem verdammten Institut werden, Intrigen hin oder her. Wenn du mit an Bord bist, geht das mit dem Vertrag auf jeden Fall klar, und dann ...« Er führt den Gedanken nicht zu Ende.

Was er da andeutet, gefällt mir gar nicht: Wenn ich ihm nicht helfe, bin ich schuld daran, dass er nicht befördert wird. »Ich habs doch schon gesagt, Ace. Daraus wird nichts.«

»Evan, wir waren Partner, hast du das etwa vergessen? Wir haben immer gut zusammengearbeitet. Was wir mit Wardell Gray erreicht haben! Wir hätten beinahe einen vierzig Jahre alten Mordfall gelöst. Und was ist mit Clifford Brown und den verschollenen Aufnahmen? Du hast bewiesen, dass sie gefälscht waren. Allein hätte ich das nie geschafft. Ich brauche dich, Evan.« Seine Stimme wird leiser. »Es ist unheimlich wichtig für mich, Evan. Sonst würde ich dich nicht bitten.«

»Hör auf, Ace. Diese Sachen sind mir total über den Kopf gewachsen. Hast du etwa vergessen, dass ich ein paar Mal beinah habe dran glauben müssen? Damit will ich nichts mehr zu tun haben.«

Er sieht mich an und merkt, dass er lieber das Thema wechseln sollte. »Hast du von Natalie gehört?«

»Nein, habe ich allerdings auch nicht erwartet. Ich habe sie auch nicht angerufen.«

»Tja, dann kann ich dir auch nicht helfen.« Er redet sich wieder in Fahrt. »Aber das hier hat rein gar nichts damit zu tun. Chet Baker ist eine völlig andere Geschichte.«

»Wirklich? Bist du dir da ganz sicher? Offenbar gibt es Leute, die ein Interesse daran haben, dass sein Tod das bleibt, was er zu sein schien – ein Unfall. Nach allem, was bekannt ist, *war* es ein Unfall.« Selbst bei dem Geräuschpegel hier im Pub höre ich, dass meine Stimme lauter ist als beabsichtigt. An einem Tisch in der Nähe dreht sich ein Paar nach uns um. »Es tut mir Leid, Mann, wirklich, aber ich muss Nein sagen. Ich kann dir nicht helfen, Ace. Das musst du allein machen.«

Ace lächelt schwach. Sein Ton wechselt zu stiller Resignation. »Na ja, einen Versuch war es wert, was? Du nimmst es mir doch nicht übel, oder?«

»Nein«, antworte ich. Das war ein Fehler.

Sein Tonfall verändert sich wieder. »Was soll ich denn tun, Evan? Du verstehst anscheinend nicht. Das mit dem Buch muss klappen.«

»Ace, lass das. Ich kann nicht.«

Er schweigt ein paar Minuten lang. Ich weiß nicht, was ich sagen soll; ich weiß nur, dass es nicht »Ja« sein wird.

»Im Grunde habe ich nicht geglaubt, dass du einwilligen würdest«, sagt er schließlich. »Mein Temperament ist mit mir durchgegangen. Der Verleger schien noch so unentschieden zu sein.« Er setzt sich aufrechter hin und ringt sich eine Fröhlichkeit ab, die sehr aufgesetzt wirkt. »Keine Sorge, ich komm schon zurecht. Ich muss einfach nur so gut recherchieren, dass sie mir den Buchvertrag auch so geben. Habe ich überhaupt erwähnt, dass du als Autor genannt würdest? Dein Name würde auf dem Bucheinband stehen. Du sollst das nicht anonym machen oder so. Ich –«

»Ace.«

Er hebt die Hände. »Schon gut, schon gut.« Er sieht auf die Uhr. »Musst du nicht gehen? Dein erster Auftritt heute Abend, oder? Ich würde gern mitkommen und dich spielen hören, aber ich habe etwas zu erledigen.«

Ein unbehagliches Schweigen entsteht, das selbst der Kneipenlärm nicht vertreiben kann. Ich habe das Gefühl, etwas sagen zu müssen. »Es muss doch jede Menge Materialien zu Chet Baker geben. Wenn du nach Amsterdam fährst, kannst du mit ein paar Musikern reden, vielleicht mit der Polizei ...«

»Ich weiß, wie man recherchiert«, sagt Ace.

Das Schweigen lastet wieder auf uns. Schließlich breche ich es. »Also dann, ich muss los.«

»Natürlich«, sagt Ace. »Hör zu, versprich mir, dass wir uns in Amsterdam auf ein Bier treffen, falls dein Auftritt stattfindet.« Er wühlt in seiner Tasche nach Papier und Stift. »Hier«, sagt er. »Da wohne ich in Amsterdam.« Er schreibt einen Namen und eine Nummer auf und gibt mir den Zettel. »Sag Bescheid, ob du kommst.«

»Natürlich, Ace, auf jeden Fall.« Ich stopfe den Zettel in die Tasche und erhebe mich. »Viel Glück mit allem.« Als ich zur Tür gehe, hat sich das Gedränge im Pub weitgehend gelichtet. Einmal drehe ich mich noch zu Ace um, der immer noch am Tisch sitzt und in das leere Glas starrt. Dann gehe ich.

Soho fängt gleich hinter der Shaftesbury Avenue an. Ich laufe durch die vollen, lauten Sträßchen: Pubs, Sexshops, indische, chinesische und griechische Restaurants, in deren Fenstern Lämmer am Spieß geröstet werden, Tabakläden und hin und wieder eine Fish-and-Chips-Bude. Geistig bin ich aber immer noch mit Ace' Bitte und Gillian Payne beschäftigt. Drei Leute hatte sie bereits umgebracht, und beinahe auch ihren Bruder. Das FBI machte mich zu ihrer Kontaktperson, nachdem sie versprochen hatte, mit dem Morden aufzuhören, wenn ich ihr bei der Suche nach ihrem Bruder helfen würde. Ich habe ihn gefunden, aber der Preis war hoch: Es kostete meine Beziehung zu Natalie. Was sie jetzt wohl tat? Ace' Frage nach ihr hat jede Menge Erinnerungen an unsere gemeinsame Zeit wachgerufen.

Gegenüber von Ronnie Scott's mache ich Halt, gönne mir einen Kaffee und eine Zigarette und genieße diesen letzten Augenblick der Anonymität, bevor ich die Straße überquere. Es ist ein gutes Gefühl, meinen Namen in Leuchtschrift an einem der renommiertesten Jazzclubs Europas zu sehen. Ich fühle mich gut. Ich will spielen und an nichts anderes als Musik denken. Nicht an Ace, nicht an Gillian, nur an Musik.

Eine ansehnliche Menge Zuschauer ist bereits da. Ich gehe an der Theke vorbei in den Backstagebereich. Der auf mich wartende Flügel wird von einem Bass und einem Schlagzeug flankiert. Die Sitzplätze sind leicht stufenförmig im Halbkreis um die Bühne herum angeordnet. Irgendjemand zeigt auf mich und sagt: »Ich glaube, das ist er.« Hinter der Bühne unterhält sich Pete King, vierschrötiger Cockney und Geschäftsführer des Clubs, mit dem Bassisten und dem Schlagzeuger.

»Evan«, sagt King. »Alles klar? Die Jungs hier sind schon in den Startlöchern.« Er zeigt mit dem Daumen auf Gordon und Derek, den Bassisten und den Drummer.

»Hey, Pete, hey, Leute.« Wir hatten am Nachmittag nur zu einer kurzen Probe Zeit gehabt. Beide sind gut, und ich weiß, dass alles klargehen wird, wenn ich mich an Standards und Blues-Stücke halte. Derek trommelt mit den Stöcken auf einer Gummiunterlage herum und blickt kurz hoch. Gordon nickt mir zu und lächelt.

Pete sieht sich um. »Und, wollen wir?« Wir betreten im Gänsemarsch die Bühne und nehmen unsere Plätze ein, während die Bühnenbeleuchtung angeht und Pete die Einführung macht.

»Schönen guten Abend, meine Damen und Herren. Es ist uns eine große Freude, die Sie sicherlich teilen werden, den Pianisten Evan Horne begrüßen zu dürfen. Er ist Amerikaner, aber daraus wollen wir ihm keinen Vorwurf machen.«

Pete macht eine Pause, klopft gegen das Mikrofon und wartet das höfliche Geschmunzel ab. Ich sehe, wie Gordon die Augen verdreht.

»Hmm«, sagt Pete. Er wirft mir einen Blick zu und zuckt die Achseln. »Ronnie hat das immer viel besser gemacht. Jedenfalls wird Evan von unseren alten Bekannten Gordon Powell und Derek Runswick begleitet.«

Ich fange mit »Alone Together« in nicht zu schnellem Tempo an. Gordon und Derek folgen mir mühelos, und beim zweiten Chorus haben wir einen angenehmen Groove erreicht. Meine Hände fühlen sich gut und entspannt an, der Flügel ist gestimmt, und ich merke, dass ich in guter Gesellschaft bin. Ich habe noch nicht allzu oft mit einer mir unbekannten Rhythmusgruppe gespielt. Das kann mächtig in die Hose gehen und ist mit einer eigenen Band gar nicht zu vergleichen. Die beiden sind zwar nicht Gene Sherman oder Jeff Lasorda, haben aber schon eine Menge amerikanischer Gäste begleitet.

Ich spiele noch ein paar Chorusse und überlasse dann Derek das Feld für sein Solo. Ich nicke Gordon zu, wir spielen ein paar achttaktige Dialoge, dann bringen wir das Stück zum Abschluss. Ein paar Balladen, ein schneller Blues, und ich beende den Set mit »Just Friends«. Erste Stücke, erster Set, Hummeln im Bauch verschwunden, und wir drei kennen uns jetzt ein wenig. Das Publikum geht mit, und der Applaus ist echt, als wir eine Pause einlegen.

»Gar nicht schlecht, Leute«, sage ich zu Gordon und Derek. »Ich will euch einen ausgeben.« Ich fange die Bedienung ab und bestelle für uns drei.

»Und dann zwei Whiskey ohne Eis, bitte schön«, höre ich eine bekannte Stimme hinter mir sagen. Ich drehe mich um und sehe Colin Mansfield und einen anderen Mann. »Hallo, Evan«, sagt Mansfield. »Setzen Sie sich zu uns. Das ist Mike Bailey vom *Daily Telegraph*.«

»Hi, Colin. So bald hatte ich Sie nicht hier erwartet.« Ich gebe Bailey die Hand; er ist ein kleiner, untersetzter Mann in zerknittertem Anzug mit Strickkrawatte.

»Ich komme immer gern am ersten Abend«, erwidert Mansfield. »Mike würde gern einen Artikel über Sie für das Feuilleton schreiben, wenn Sie Zeit hätten.«

»Na, klar, gerne.«

»Keine Bange«, beruhigt mich Bailey mit einem schnellen Lächeln. »Es wird nicht sehr wehtun.«

Bailey und ich gehen in die Garderobe hinter der Bühne. Er holt einen Schreibblock und einen Kugelschreiber aus der Tasche, und ich stecke mir eine Zigarette an.

»Colin hat mich schon über Ihren Werdegang ins Bild gesetzt. Der Artikel wird kurz, aber ich will versuchen, ihn in die Ausgabe von morgen zu bekommen. Wie ich höre, gibt es demnächst ein neues Album von Ihnen?«

»Das stimmt. Bei Quarter Tone Records. Kleines Label aus Los Angeles. Wir haben es kurz bevor ich hergekommen bin aufgenommen. Wann es herauskommt, steht meines Wissens noch nicht fest, aber ich habe mich auch eine Weile nicht mehr bei denen gemeldet.«

Bailey sieht auf. »Verstecken Sie sich in Europa?«

Etwas an seinem Tonfall stört mich, aber vielleicht bin ich überempfindlich. Ich habe genug schlechte Erfahrungen mit der Presse gemacht. »Nein, ich will nur eine Weile weg vom Stress.«

Bailey nickt und kritzelt etwas auf seinen Block. Nach ein paar Fragen zur Musik, zu meinem Spiel und wie mir das Ronnie Scott's gefällt wechselt er die Gangart. »Ich vermute, dass diese Geschichte mit der Serienmörderin in Los Angeles ziemlich schlimm für Sie war.«

Ich frage mich, worauf er hinaus will, kann eine Antwort aber nicht umgehen. »Ein Vergnügen war es nicht, das versichere ich Ihnen.«

In diesem Moment stößt Colin zu uns, gefolgt von der Bedienung mit unseren Getränken.

»Na, dann mal Prost«, sagt Mansfield. »Was haben Sie nach Ronnie's vor?«

»Noch nichts wirklich Konkretes. Möglicherweise ein Gig in Amsterdam, dann sehen wir weiter.«

»Dann bleiben Sie also eine Weile in Europa?«

»Vielleicht. Ich entscheide das gern spontan.«

Mansfield und Bailey sehen sich an, dann redet Bailey weiter. Die beiden haben sich offensichtlich abgesprochen.

»Ist Chet Baker nicht in Amsterdam gestorben?«

»Das habe ich auch schon gehört. Aber deswegen fahre ich nicht hin.«

»Nein, natürlich nicht«, sagt Mansfield.

Baileys Lächeln kommt mir irgendwie höhnisch vor. Er macht noch ein paar Notizen und klappt dann seinen Notizblock zu. »Tja, das dürfte wohl reichen. Danke, dass Sie sich Zeit für mich genommen haben.«

»Kein Problem. Hören Sie sich noch den nächsten Set an?«, frage ich Mansfield.

»Nein, leider nicht. Ich muss morgen früh raus.«

»Und ich habe einen Abgabetermin«, sagt Bailey und steht auf. »Ihre Musik hat mir gut gefallen.«

»Danke.«

Ich begleite sie zur Tür und sehe sie in Richtung Ausgang verschwinden. Derek und Gordon lehnen an der Theke und trinken Bier.

»Mike Bailey, oder?«, fragt Derek.

»Ja. Kennst du den?«

»Alter Wichser«, sagt Powell und trinkt sein Bier aus.

Derek grinst. »Er fand, dass Gordon bei einer Sängerin zu laut gespielt hat. Wie war das doch gleich?«

Gordon verzieht das Gesicht und spuckt die Worte aus, als würden sie ihm die Zunge verätzen. »›Powells penetrantes Getrommel trug nur wenig zum Genuss des Abends bei.‹ Was weiß der denn schon? Er ist Reporter.«

Derek zwinkert mir zu. »Gordon ist sehr sensibel.«

»Bei einem Drummer ein sehr wichtiger Charakterzug.«

»Siehste«, sagt Gordon. »Hab ichs nicht immer gesagt.«

Pete King gibt mir ein Zeichen. Zeit für den zweiten Set.

Der wird noch besser. Dereks Linien passen genau, und Gordons zischelndes Becken begleitet mich den ganzen Set über. Ich bedaure nur, dass dieser Gig gerade dann vorbei sein wird, wenn es anfängt, so richtig abzugehen.

Ich wohne in einem kleinen Hotel in Bloomsbury, das Pete King mir besorgt hat. Das Zimmer ist so eng, dass ich mich kaum darin umdrehen kann, aber es ist sauber und gemütlich, und im Preis ist auch ein gutes Frühstück enthalten. Bei Eiern und Speck blättere ich im Speiseraum die Zeitung auf der Suche nach dem Feuilleton durch. Mike Bailey ist ein Schnellschreiber. Das Beste an dem Artikel ist, dass kein Foto dabei ist.

JAZZPIANIST-DETEKTIV GENIESST RUHIGES LONDON

Gestern Abend bestritt der amerikanische Pianist Evan Horne seinen ersten Auftritt im Ronnie Scott's vor einer ansehnlichen Zuschauermenge. Die meisten Zuhörer wussten vermutlich nicht, dass sie einem ehemaligen Privatdetektiv zuhörten, dessen letzter Auftrag es war, dem FBI bei der Festnahme einer Serienmörderin in Los Angeles zu helfen.

Ich mag den Artikel nicht einmal zu Ende lesen. Bailey hat sämtliche Einzelheiten ausgegraben und deutet an, dass ich womöglich auf dem Weg nach Amsterdam bin, um Chet Bakers Tod zu untersuchen. Es hört sich so an, als sei das Klavierspielen eine Nebenbeschäftigung für mich. Eigentlich sollte ich mich aufregen, aber im Grunde weiß ich, dass ich Artikeln wie diesem vielleicht nie mehr werde entkommen können. Er verzerrt keine Fakten, sondern hat eben einfach eine bestimmte Tendenz. Bailey schließt mit einer kurzen, aber positiven Bemerkung.

> Hornes Spiel war eine angenehme Überraschung. Trotz einer Verletzung, die seine Karriere vor etlichen Jahren beinahe beendet hätte, zeigte er eine hervorragende Technik, und seine Versionen der Standards, insbesondere Balladen, erinnerten an einen kraftvollen Bill Evans. Horne spielt bis einschließlich Samstag bei Ronnie Scott's.

Ich gehe spazieren, denke über Baileys Artikel nach, frage mich, wie viel Mansfield wohl damit zu tun hat und was Pete King denken wird. Aber wie sagt man so schön: Hauptsache Presse. Wer wird sich schon beklagen, wenn deswegen mehr Publikum kommt?

Ace Buffington hingegen macht mir wirklich Sorgen. Er wirkt völlig verzweifelt. Es wundert mich nicht, dass er wieder versucht hat, mich anzuheuern, aber der bettelnde Tonfall überrascht mich. Ich weiß, dass Ace das nicht leicht gefallen ist. Da muss noch irgendetwas anderes sein, das er mir verschwiegen hat.

Bevor Colin Mansfield von Chet Baker sprach – und dann Ace und dann Mike Bailey –, hatte ich noch nicht einmal darüber nachgedacht, wie er gestorben war. Irgendwo in den Tiefen meines Gedächtnisses hatte sie gelagert: eine von diesen Jazzlegenden, die mit jedem Wiedererzählen ein wenig mehr ausgeschmückt werden. Sonst nichts.

Ich habe Los Angeles verlassen, vielleicht für immer. Mein Auto und einige Habseligkeiten habe ich bei Danny Cooper untergestellt und meine Wohnung in Venice gekündigt. Mit dem vagen Plan, nach Europa zu gehen, bin ich einfach in ein Flugzeug nach New York mit Weiterflug Richtung Osten gestiegen. Doch als ich jetzt durch die Straßen von Mayfair in London laufe, vorbei an Rolls-

Royce- und Jaguar-Händlern, teuren Boutiquen und schicken Restaurants, scheint L.A. gar nicht weit weg. Es sitzt mir ständig im Nacken wegen Leuten wie Mike Bailey, die nachhaken und fragen, warum ich hier bin. Es werden noch mehr Fragen dieser Art folgen, die alles wieder in mir wachrufen. Aber ich habe schon viel zu viele Fragen beantwortet.

2

Als ich Los Angeles hinter mir gelassen hatte, streifte ich ziellos durch New York und versuchte, das, was ich erlebt hatte, in einem anderen Licht zu sehen. Natürlich konnte ich das Ganze rational betrachten und mir lediglich die Fakten ins Gedächtnis rufen: Gillian Payne saß im Gefängnis, Danny Cooper war wieder ganz gesund, und Gillians Bruder konnte jetzt vielleicht wieder ein einigermaßen normales Leben führen. Doch letztendlich ging es um mehr als Fakten. Meine Beziehung zu Natalie war daran zerbrochen.

Positiv war zu verzeichnen, dass wir eine ganze CD aufgenommen hatten, die bald herauskommen würde. Meiner Hand ging es gut, und ich spielte ordentlich. Alles in allem hatte ich guten Grund, hoffnungsvoll in die Zukunft zu blicken. Aber es funktionierte nicht.

Ich beschäftigte mich, so gut es ging, besuchte alte Freunde, hörte Musik, sprang sogar bei ein paar Jam-Sessions ein. Meine alte Freundin, die Stewardess Cindy Fuller, war im selben Flugzeug gewesen. Wir hatten uns zum Abendessen verabredet, aber Cindy hatte jetzt ihr eigenes Leben, und da gab es nichts, was man von neuem hätte entfachen können. Ich hatte sogar ernsthaft überlegt, meine Eltern zu besuchen, aber es schien sinnlos, weil wir schon seit langem den Kontakt verloren hatten.

Am Ende kam ich nicht um das Stück Papier mit dem daraufgekritzelten Namen und der Telefonnummer in meiner Brieftasche herum, die mich ständig an die Vergangenheit erinnerten wie eine unbezahlte Rechnung. Es war ein Teil der Fallnachbereitung von Seiten des FBI, eine kostenlose Psychotherapie. Ich hatte immer noch Wendell Cook, den Einsatzleiter, im Ohr, der mich am Tag bevor ich L. A. verließ, zu überreden versuchte.

»Evan, schreiben Sie sich wenigstens die Nummer auf. Sie sind doch sowieso in New York. Sie haben eine Menge durchgemacht. Vielleicht hilft es Ihnen, mit jemandem zu sprechen, der das Ganze von außen betrachten kann, und Dr. Hammond ist eine der Besten.« Pflichtbewusst schrieb ich die Nummer auf, obwohl ich überzeugt war, dass ich nie dort anrufen würde.

Doch die Bilder gingen mir einfach nicht aus dem Kopf – Gillian Paynes dämonisches Lächeln hinter der Glasscheibe im Gefängnis, die Telefongespräche, in denen sie mich auf perfide Art herausgefordert hatte, die Mordschauplätze, der Ausdruck des Entsetzens im Gesicht ihres Bruders, als ihre Klinge in seinen Hals eindrang.

Eines Abends fuhr ich mit der U-Bahn nach Downtown. Ich hatte ins Village Vanguard gehen wollen, doch als ich da war, stand ich vor dem Jazzclub, starrte auf die Neonlichter, hörte die auf die Straße hinausdringende Musik und fragte mich, warum ich plötzlich keine Lust mehr hatte hineinzugehen. In dem Augenblick war mir klar, dass ich etwas unternehmen musste.

Am nächsten Morgen überwand ich mich und wählte die Nummer. Ich wusste natürlich, dass eine solche Psychotherapie für das FBI nur ein Trick war, sich vor zukünftigen Rechtsstreitigkeiten zu schützen; reine Formsache, dann waren sie aus dem Schneider. Sie wollten nicht, dass ich in ein oder zwei oder drei Jahren in einer Talkshow auftauche und erzähle, dass ich zur Zusammenarbeit mit ihnen gezwungen worden war und Angstzustände und Traumatisierung erlitten hatte, weil ich bei der Überführung einer Serienmörderin geholfen hatte. Und doch zweifelte ich nicht an Cooks Behauptung, dass sich selbst erfahrene FBI-Agenten einer Therapie unterziehen müssen, besonders wenn sie Zeugen »stark gewalttätiger« Verbrechen, wie Cook es nannte, geworden sind.

Als ich anrief, schienen sie beinahe auf mich gewartet zu haben. Irgendjemand, wahrscheinlich Wendell Cook, hatte sie auf meinen Anruf vorbereitet. Ich erhielt einen Termin für den folgenden Nachmittag an einer Adresse am Riverside Drive.

Das Sprechzimmer in beruhigenden Pastelltönen war in warmes Licht getaucht, aber ich saß der Psychologin, Rosemary Hammond, nervös auf einem der beiden bequemen Sessel gegenüber. Sie war eine freundliche Frau um die vierzig mit einem langen, weiten Kleid und einer Brille an einer Kette. Sie ließ mich ein Schriftstück unterschreiben, das besagte, dass ich aus freiem Willen bei ihr war, aber sobald wir diese Formalität aus dem Weg geräumt hatten, erklärte sie mir, dass sie vor allem da sei, um zuzuhören und eventuell Vorschläge zu machen.

»Entspannen Sie sich, Evan. Ich bin kein Zahnarzt. Sie sehen aus, als stünde Ihnen eine Wurzelbehandlung bevor.« Sie beugte sich vor: »Ich verspreche, dass Sie von mir nichts über ›Probleme‹ und wie Sie sich zu ihnen ›verhalten‹ oder Phrasen wie ›Nehmen Sie sich einfach an‹ hören werden. Ich habe Ihre Akte gelesen und weiß, was passiert ist und wer beteiligt war.« Ich sah den dunkelgrünen Aktenordner vor ihr auf dem Tisch liegen. Vermutlich aus Los Angeles per Fax. »Sie haben innerhalb kürzester Zeit mehr durchgemacht als die meisten aktiven FBI-Agenten in ihrer gesamten Laufbahn. Es ist nur verständlich, dass Sie von dem Ort weg wollten, wo es passiert ist. Das ist doch der Grund, warum Sie in New York sind, oder?«

Ich kannte die Vorgehensweise von Therapeuten. Nach meinem Unfall hatte ich ein paar Sitzungen mitgemacht und mich mit der Vorstellung abzufinden versucht, dass ich wohl nie wieder Klavier spielen würde. Ihre Empfehlungen waren gut gemeint gewesen, hatten mir aber nicht viel gebracht. Warum sollte Rosemary Hammond sich in dieser Hinsicht von den anderen unterscheiden? Ich hielt mich erst mal bedeckt, bis ich sie besser einschätzen konnte.

»Keine Ahnung. Wahrscheinlich. Aber ich bleibe nicht hier. Ich habe vor, nach Europa zu fahren, wenn ich da Arbeit bekommen kann.«

Sie sagte nicht: Ach, Sie wollen also noch weiter weglaufen? Sie lächelte nur wieder und forderte mich auf: »Erzählen Sie mir davon.« Ohne etwas aufzuschreiben, ohne Aufnahmegerät lehnte sie sich auf ihrem Stuhl zurück und konzentrierte sich in einer Weise auf mich, die den Wunsch in mir weckte, ihr alles zu erzählen. Vielleicht konnte ich einfach alles in ihrem Sprechzimmer lassen und danach meiner Wege gehen.

»Da war Andrea Lawrence, eine FBI-Agentin. Das war mehr als eine rein dienstliche Beziehung. Zumindest hätte es mehr werden können.«

»Davon steht nichts in der Akte«, sagte Hammond.

»Ich komme später darauf zurück.«

Sie zuckte die Achseln, als wollte sie sagen: Ganz wie Sie wünschen.

»Meine Karriere kam nach jahrelanger Krankengymnastik und Spielunfähigkeit gerade wieder ins Rollen, als Danny Cooper anrief und mich um Hilfe bat. Sieh dich einfach mal am Ort des Verbrechens um, sagte er, damit wir da durchblicken. Der Mörder hatte ›Bird lebt!‹ mit Blut an den Spiegel in der Garderobe des Opfers geschrieben. Damit war Charlie Parker, der Saxofonist, gemeint. Das Mordopfer lag noch auf dem Boden, alles war voller Blut, sein Saxofon war zerdrückt. Als man ihn fand, lief eine CD von Bird, und im Saxofonkoffer lag eine weiße Feder. Die Polizei wusste nicht, was sie davon halten sollte, aber mir war die Bedeutung sofort klar. Der Mörder hatte eine Botschaft hinterlassen. Alles in dem Zimmer sprach von Wut.«

»Und das haben Sie alles mit angesehen?«

»Ja. Ich habe es gesehen, gerochen, gespürt. Es machte mich krank. Ich wollte nur noch da raus. Ich hatte das Gefühl, zu ersticken. Aber ich fühlte mich Cooper verpflichtet. Wir sind alte Freunde, noch aus der Schulzeit, und er hatte mir früher auch mal geholfen, also bin ich dabeigeblieben. Als sie sicher waren, dass es ein Serienmörder war, und das FBI eingeschaltet wurde, klärte ich noch weitere Fährten ab. Dadurch sparten sie Zeit, wie sie sagten, und das war auch alles noch in Ordnung.«

»Und was passierte dann?«, fragte Hammond.

»Irgendwie bekam die Presse davon Wind, dass ich mit der Sache zu tun hatte. In einem Artikel wurde meine Lebensgeschichte breitgewalzt und dass ich schon mit ähnlichen Dingen zu tun gehabt hatte. Dann fing der persönliche Kontakt mit Gillian, der Mörderin, an, Anrufe, Kassetten, Briefe, sogar Gedichte. Sie war unglaublich raffiniert. Ich wurde zum Vermittler gemacht. Für mich gab es kein Entkommen mehr. Ehrlich gesagt, war ich wütend über diese Verletzung meiner Privatsphäre, meines Berufslebens. Ich hatte gerade einen Plattenvertrag unterzeichnet, Arbeit kam rein, mit Natalie lief alles prächtig. Dann wurde Lawrence oder Andie, wie alle sie nennen, eingeschaltet. Ich musste ihr dabei helfen, ein Täterprofil von

Gillian zu erstellen. Natalie verstand nicht, warum ich so viel Zeit mit Andie verbringen musste oder warum ich überhaupt so sehr in die Sache verwickelt war, und ich durfte ihr nicht alles sagen.«

»Und hatte sie einen Grund zur Besorgnis oder zur Eifersucht?«

Ich zögerte ein wenig, bevor ich antwortete. »Zur Besorgnis? Ja, es war gefährlicher als alles, was ich jemals zuvor erlebt hatte. Eifersucht? Ich weiß nicht. Anfangs nein, aber es hat schon zwischen Andie und mir gefunkt, eine starke sexuelle Spannung war auf jeden Fall da. Das gebe ich zu. Ich fühlte mich an Natalie gebunden, aber vielleicht doch nicht so stark, wie ich gedacht hatte. Die Tatsache, dass Andie sehr attraktiv ist, machte die Sache nicht leichter. Sie hat mir deutlich gezeigt, dass sie interessiert und zu haben war.«

»Fanden Sie das unprofessionell von ihr?«

Ich zuckte die Achseln. »So ist es nicht bei mir angekommen. Ich wusste, dass sie ausloten wollte, ob aus uns etwas werden könnte. Der Umstände wegen haben wir viel Zeit miteinander verbracht. Wir sind zusammen nach San Francisco gefahren. Gegen seine Gefühle kann man nichts tun, auch wenn man sich dann vielleicht unprofessionell verhält. So was passiert ständig, und ich fühlte mich durch die Aufmerksamkeit wohl auch geschmeichelt.«

»Und haben Sie Ihren Gefühlen freien Lauf gelassen?«

»Nein, habe ich nicht, aber Natalie hat mir nicht geglaubt, und das ließ mich dann wiederum an ihr zweifeln. Warum konnte sie mir nicht vertrauen? Ich habe nur meine Arbeit getan, die ich mir noch nicht mal ausgesucht hatte. Als sie Gillian einkreisten, konnte ich Natalie immer weniger erzählen, zum Teil auch zu ihrem eigenen Schutz. Niemand wusste, was Gillian als Nächstes tun würde. Ich versuchte, alles gleichzeitig unter einen Hut zu bringen, Gillian, das FBI, Natalie, Andie Lawrence und meine Musik.

In San Francisco haben Andie und ich im selben Hotel in angrenzenden Zimmern gewohnt, aber irgendetwas hielt mich davon ab, die Verbindungstür aufzumachen, obwohl ich wusste, dass sie nicht verschlossen war. Natalie sah die Sache natürlich anders. Sie vermutete das Schlimmste, und nichts, was ich sagte, konnte sie vom Gegenteil überzeugen. Aber da war noch etwas.«

Das war der wirkliche Pferdefuß. Ich hatte mich langsam auf das Thema zugearbeitet, indem ich über Andie Lawrence und Natalie redete.

»Was?«

»Gillian. Ihre Anrufe. Ich wusste nie, wann sie mich anrufen würde; sie spielte mit mir und verführte mich irgendwie auch. Ich wollte ... es wissen. Ich war besessen von der Frage, warum sie es tat und ob ich sie aufhalten könnte.« Ich grinste Hammond an. »Klingt, als wäre bei mir eine Schraube locker, oder?«

»Ganz und gar nicht. Das ist nur natürlich. Es stürmten eben viele widerstreitende Kräfte gleichzeitig auf Sie ein.«

»Ich dachte immer, dass Musik das Einzige in meinem Leben wäre. Aber in die anderen Fälle bin ich auf ähnliche Weise hineingezogen worden. Wenn ich erst mal mit den Fragen konfrontiert war, musste ich auch die Antworten dazu wissen. Wardell Gray – wie ist er gestorben? Die Clifford-Brown-Aufnahmen – waren sie echt oder nicht? Ich wollte es unbedingt wissen, auch wenn ich die Finger davon hätte lassen sollen.«

»Und waren Sie zufrieden, als Sie die Antworten dann hatten?«

»Ja, schon, auch wenn nicht alle Fragen beantwortet worden sind.« Ich warf einen Blick auf Hammonds Zeugnisse und die Kunstdrucke, die an der Wand hingen.

»Darf ich rauchen?«, fragte ich. Sie nickte. Ich zündete mir eine Zigarette an, während sie uns beiden Kaffee einschenkte. »Ich kann es nur schwer erklären. Es hat mich befriedigt, Leute ausfindig zu machen, Antworten zu finden, Probleme zu lösen. Manchmal vielleicht genauso stark wie die Musik. Und das hat mir Angst gemacht.«

Hammond erwiderte: »Dafür gibt es keinen Grund. Vielleicht haben Sie aus Frustration über den Unfall Ihre Aufmerksamkeit auf etwas anderes gerichtet, über das Sie mehr Kontrolle hatten. Diese Antworten zu finden, lag in Ihrer Hand.«

»Aber das erklärt noch nicht, wie ich mich jetzt fühle.«

»Das stimmt. Ihre Loyalität für Cooper und Natalie wurde von dem einen belohnt, von der anderen zurückgewiesen. Dass Sie Lawrence nicht nachgegeben haben, wurde von Natalie nicht anerkannt. Das hat dazu geführt, dass sich Ihre Gefühle für sie verändert haben.«

»Ja, so war es.« Im selben Augenblick wurde es mir klar.

Hammond dachte nach. »Hat jemand Sie zum Flughafen gebracht, als Sie Los Angeles verlassen haben?«

Darüber hatte ich noch gar nicht nachgedacht. »Cooper hat mich zum Flughafen gefahren. Andie stand am Flugsteig. Natalie habe ich nach unserem letzten Gespräch einige Tage vor meiner Abreise nicht mehr gesehen.«

»Dabei war der Fall bereits abgeschlossen«, sagte Hammond. »Lawrence war nur da, weil sie Sie sehen wollte.«

Ich wandte den Blick ab, ließ die Szene am Flughafen noch einmal innerlich Revue passieren und dachte an Andies Worte: *Weißt du, wie gern ich mit dir in dieses Flugzeug steigen würde?* Vielleicht wäre alles ganz anders gelaufen, wenn ich nicht mit Natalie zusammen gewesen wäre.

Hammond musterte mich. Wir wussten beide, dass ich mich um das drückte, was mir wirklich zu schaffen machte, auch wenn ich mich dem Thema noch so vorsichtig annäherte.

»Ich sehe immer noch Gillian vor mir, bei dem letzten Treffen, als sie schon im Gefängnis war. Ich sehe immer noch, wie sie ihrem Bruder die Kehle aufschneidet.«

Hammond nickt. »Was Sie erleben, ist so ähnlich wie bei Soldaten nach Kampfeinsätzen. Sie haben sicher davon gehört. Posttraumatische Belastungsstörung. Vielleicht werden Sie die schrecklichen Eindrücke nie wieder ganz los, aber im Laufe der Zeit werden sie verblassen. Ihnen ist zu verdanken, dass eine Mörderin gefasst wurde. Daran lassen die Akten keinen Zweifel, und Sie selbst sollten auch nicht daran zweifeln. Wenn Sie ein Agent wären, hätte man Sie zwangsbeurlaubt, bis Sie wieder in der Lage sind, in den aktiven Dienst zurückzukehren.«

»Aber ich bin kein Agent. Kann ich schon in den Dienst zurückkehren?«

»Ins Leben, meinen Sie?« Hammond lächelte und stand auf. »Das reicht erst einmal für heute.«

»Woher wissen Sie, dass ich wiederkomme?«

»Sie werden wiederkommen«, antwortete Hammond und brachte mich an die Tür.

Dr. Hammond hatte Recht. Ich ging wieder hin. Drei Nachmittage nacheinander. Als wollte ich alles so schnell wie möglich hinter mich bringen. Es fiel mir leicht, als würde man einem Fremden seine Lebensgeschichte erzählen, jemandem, den man nie wieder sieht, bei dem es gleichgültig ist, was er von einem denkt. Es war wie lautes Denken, auf das man eine urteilsfreie Reaktion erhielt. Ein verdammt gutes Gefühl.

»Warum lassen Sie sich Ihrer Ansicht nach immer wieder von der Musik abbringen und in diese anderen Sachen hineinziehen?«

»Es fängt immer damit an, dass ich jemandem einen Gefallen tun will. So war es bei Wardell Gray und den Clifford-Brown-Aufnahmen. Außerdem konnte ich nicht Klavier spielen, wie Sie auch schon sagten. Es war eine Methode, mich davon abzulenken.«

»Aber es bedeutet Ihnen noch mehr, oder?«

Ich richtete mich kerzengerade auf, als hätte jemand an einem Faden gezogen. »Ja, auf jeden Fall. Es ist der Wunsch, vielleicht sogar die Besessenheit, es wissen zu müssen. In jedem der Fälle gab es einen Punkt, an dem ich hätte aussteigen können oder müssen. Aber das habe ich nie getan.«

»Das Ganze hatte aber doch zwei Seiten. Es verschaffte Ihnen Befriedigung, aber Sie mussten teuer dafür bezahlen und wurden dadurch vielleicht ein anderer Mensch.«

»Das stimmt schon. Zumindest in den anderen Fällen. Aber mit Gillian hatte ich keine Wahl.«

Hammond unterbrach mich und blätterte in meinen Unterlagen. »Erzählen Sie mir von Calvin Hughes und Pappy Dean.«

Die Frage überraschte mich. »Beides Musiker – Pappy und ich wurden Freunde. Er half mir bei der Wardell-Gray-Sache. Calvin kenne ich schon ewig. Er war mal mein Klavierlehrer. Wir haben uns über die Jahre hinweg nie aus den Augen verloren und stehen uns immer noch ziemlich nahe.«

»Eine Art Mentor?«

»Ja, das könnte man so sagen. Warum fragen Sie?«

Hammond zögerte und wandte kurz den Blick ab. »Ich weiß nicht, es war nur eine Eingebung. Sie haben noch gar nicht über Ihre Eltern gesprochen. Leben sie noch?«

»Ja, beide. Mit meinem Vater habe ich mich nie verstanden, weil er keine musikalische Ader hat. Meine Mutter interessiert sich dafür, aber ich habe mit beiden nicht viel gemeinsam. Sie haben ihre Welt und ich meine. Ich sehe sie nur selten.«

Dann wurde mir klar, worauf sie hinauswollte. »Halten Sie Calvin und Pappy für Vaterersatzfiguren?«

»Gut möglich. Sie sind beide wesentlich älter als Sie und beide Musiker, es bestehen also Gemeinsamkeiten, die Sie sich vielleicht so auch mit Ihrem Vater gewünscht hätten.«

»Spielt das denn hier eine Rolle?«

Hammond beharrte nicht darauf. »Nein, wahrscheinlich nicht.« Sie sah mir in die Augen und lächelte. »Mein Instinkt sagt mir, dass es Ihnen bald wieder gut geht. Sie haben unter Druck mutig gehandelt und waren sehr wichtig für diesen Fall. Sie sind begeisterungsfähig und zielstrebig, aber manchmal müssen Sie sich etwas zügeln.«

Ich wusste ganz genau, was sie damit sagen wollte. Eine Last fiel von mir ab. »Also, was meinen Sie?«, fragte ich Hammond. »Kann man mich zurück in den aktiven Dienst schicken?«

»Ich glaube, Sie kennen die Antwort darauf besser als ich«, sagte sie. Sie klappte die Aktenmappe zu und ließ sie auf den Tisch fallen. Ein befriedigendes Geräusch. »Rufen Sie mich an, wann immer Sie wollen«, sagte sie.

Sie hatte Recht. Ich wusste es. Ich würde die Welt nie wieder so sehen wie früher, aber ich konnte weitermachen.

Einen Monat später reiste ich nach London ab.

28. April 1988

Nickend hört Chet Baker dem Play-back in dem höhlenartigen Hamburger Studio zu. Nur noch zwei Stücke. Sein Gebiss tut weh, in letzter Zeit immer mehr. Er fasst sich an den Gaumen und merkt, wie es verrutscht. Bis jetzt hat er durchgehalten, hat gut gespielt, aber nun will er nur noch da raus, in den Alfa steigen und so schnell wie möglich nach Paris zum nächsten Gig fahren. Ausspannen.

Chets alte Freunde Herb Geller und Walter Norris sind zur Aufnahme erschienen. Herb und Walter kommen in den Kontrollraum, um sich das Play-back von »Well You Needn't« anzuhören. Norris, der hervorragende Pianist, sitzt ruhig da, die Beine übereinander geschlagen. Herb, das Saxofon am Hals hängend, beobachtet ihn, hört zu, versucht seine Reaktion zu erkennen. Chet lächelt jetzt Herb zu, als er sein Solo hört. Wie lange ist das her, damals in L.A., als er und Gerry Mulligan fast ein Jahr lang jeden Abend im Haig ein volles Haus hatten.

»Gar nicht schlecht für einen alten Knacker, was?«, sagt Chet.

Herb nickt. »Du spielst ausgezeichnet, Mann.«

»Danke.«

»Alles klar bei dir? Brauchst du irgendwas?«

»Ich hoffe nur, dass der Typ bald mit dem Gebisskleber kommt.« Er starrt kurz auf den Boden. »Weißt du, wenn die oben wegrutschen, kann ich nicht mehr spielen; nächste Woche habe ich einen Termin beim Zahnarzt.« Chet lächelt traurig. »Ich muss hier raus, Mann.«

Herb lächelt zurück. Seit mehr als dreißig Jahren kennen sie sich, und er weiß, wie es mit Chet ist, wie es immer gewesen ist. »Ich weiß. Na ja, wir haben nur noch ein paar Stücke.«

Der Tontechniker hält das Tonband an, als das Stück zu Ende ist, und sieht Chet an. »Sind Sie so damit zufrieden?«, fragt er.

Chet wirft Herb einen Blick zu, sieht ihn nicken und sagt: »Ja, ist in Ordnung.«

Wie immer hatte er für niemanden gespielt. Bestimmt nicht für die Anzugtypen von der Plattenfirma, die sich jetzt auf den Stühlen ausstrecken und einander anstrahlen. Sie hatten Schiss gehabt, als er nicht zur Probe gekommen war. Chet brauchte nicht zu proben, aber das Orchester, eines der besten in Deutschland, schon. Zwei Tage lang. Eine achtzehnköpfige Bigband und dreiundvierzig Streicher. Chet spielte einfach nur. Er sah sich die alten Lieder an, spielte sie und legte sie dann bis zum nächsten Mal beiseite. Sie waren immer für ihn da, warteten auf ihn wie die Frauen und Freunde, die er verließ und irgendwann wieder aufsuchte. Die warteten auch. Auch wenn er manchmal egoistisch war und man ihm nicht trauen konnte, hatte er etwas an sich, eine liebenswerte Art, sodass die Leute ihn immer wieder mit offenen Armen aufnahmen.

Die Band kommt zurück ins Studio. Das Publikum nimmt seine Plätze ein. Chet merkt, dass die Musiker ihm verstohlene Blicke zuwerfen, weil sie sich vermutlich fragen, ob ers schaffen wird, aber daran hat er noch nie gezweifelt. Dafür hat er schon zu viel durchgemacht. Es ist nur dieses gottverdammte Gebiss. Da kommt ein Mann mit einer kleinen Papiertüte leise herein und hält sie hoch.

»Ich bin in fünf Minuten wieder da, ja?«, sagt Chet zum Dirigenten.

»Natürlich, Mr. Baker.«

Chet nimmt dem Mann das Papiertütchen ab, geht auf die Herrentoilette, drückt das Gel schnell aus der Tube auf das Gebiss und setzt es wieder ein, probiert es aus, beißt zu, während einundsechzig Musiker und das Publikum warten. Selbst nach all den Jahren macht dieses Gebiss ihm noch Probleme.

Er spritzt sich Wasser ins Gesicht, hebt langsam den Kopf und blickt in den Spiegel. Vor sich sieht er einen alten Mann, einen frühzeitig gealterten Mann. Dieses Gesicht, das einst auf dem besten Weg nach Hollywood war, wirkt jetzt zerknittert, voller Falten, die Wangen sind eingefallen, die Augen traurig und dunkel. Das Gesicht eines alten Indianers. Es ist ein Gesicht, das ihm vertraut ist, doch hin und wieder erkennt er noch den jungen Mann im Spiegelbild des Alten. »Jetzt bist du kein Leinwandheld mehr, was?«, fragt er den Spiegel.

Er geht zurück ins Studio und nickt den Musikern und dem Dirigenten zu, dass er jetzt so weit ist. Er sucht den Blick von Herb Geller in der Saxofon-Section und zwinkert ihm zu. »Okay, los gehts«, sagt er zum Dirigenten.

Er hat alle Stücke selbst ausgewählt. Das Album soll *My Favorite Songs* heißen. In diesen Stücken fühlt er sich wohl. Auch wenn er sie schon unzählige Male gespielt hat, findet er doch immer wieder etwas Neues in ihnen, eine neue Art der Phrasierung, wie er einen Ton hält oder gleiten lässt. Er weiß bis zum heutigen Tag nicht, wie er das macht, aber das spielt auch keine Rolle. Es hinzukriegen, zu spielen, nur das zählt.

Der Dirigent hebt den Taktstock und zählt vor: ein gemächlicher Dreivierteltakt für »All Blues«. Chet nickt zustimmend, und das Orchester spielt die Einleitung. Wie immer hält er die Trompete lässig, verspürt einen kurzen Schmerz, als er das Mundstück an die Lippen setzt. Der vergeht aber schnell. Er findet seinen Einsatz und bläst den ersten, lang gezogenen Ton, unverschnörkelt und rein, und wartet, bis er alle Anwesenden seidenweich eingehüllt hat; leicht und entspannt schlüpft Chet in das Stück. In diesem Augenblick spielen all die verpassten Proben, die verspätete Ankunft, alle Unterbrechungen keine Rolle mehr. Sobald die anderen das Play-back hören werden, wird alles vergeben und vergessen sein.

Mit geschlossenen Augen atmet Chet Leben in seine Trompete und spielt. Im Geiste ist er schon in Paris.

3

Als der Zug rumpelnd im Amsterdamer Hauptbahnhof einfährt, wache ich auf. Ich bin froh, dass ich nicht geflogen bin. Dazusitzen und die Landschaft vorbeifliegen zu sehen, ist eine willkommene Abwechslung nach London – viel besser als Flughafenhektik und das enge Flugzeug.

Die Woche im Ronnie Scott's hätte gar nicht besser laufen können. Der holländische Veranstalter hatte den Gig in Amsterdam gegen Ende der Woche festgemacht. Ich gab ihm den Namen von Ace' Hotel, und er versprach, dort eine Nachricht zu hinterlassen, dass ich auf dem Weg nach Amsterdam war. Ob der Gig wegen oder trotz Mike Baileys Artikel zu Stande gekommen ist, weiß ich nicht – Hauptsache, mehr Arbeit. Ich lerne dadurch ein bisschen mehr von Europa kennen, außerdem kann ich mit Ace einen trinken gehen, damit ich mich nicht mehr so schuldig fühle.

Ich sammle mein Gepäck zusammen und folge den anderen Fahrgästen zum Ausgang. In der hellen Frühlingssonne bleibe ich einen Augenblick auf der Treppe stehen und betrachte die vielen Menschen. Dann bemerke ich die Fahrräder. Hunderte von Fahrrädern, vielleicht noch mehr, die meisten einfache, schwarze Hollandräder, viele mit Korb, stehen in Fahrradständern, lehnen an Geländern, sind an Zäune angeschlossen und nehmen praktisch den gesamten Bahnhofsvorplatz ein. Ich habe noch nie so viele Fahrräder gesehen.

»Die gehören den Pendlern.«

»Wie?« Ich drehe mich zu der Stimme neben mir um und sehe einen Mann im Trenchcoat, der eine Aktentasche in der Hand hält. Niemand, den ich kenne, wahrscheinlich nur ein freundlicher Einheimischer.

»Die Leute radeln zum Bahnhof, stellen das Rad hier ab und fahren wieder damit nach Hause, wenn sie zurückkommen«, sagt er. »In Amsterdam gibt es nicht viele Parkmöglichkeiten. Fahrräder sind das Haupttransportmittel.« Der Mann wendet sich ab. »Einen angenehmen Aufenthalt in Amsterdam.«

»Danke«, sage ich und frage mich, woher er wusste, dass er Englisch mit mir sprechen muss. »Warten Sie, vielleicht können Sie mir helfen.« Ich stelle mein Gepäck ab und hole den Zettel mit dem Namen des Hotels heraus, das der Veranstalter für mich gebucht hat.

»Ja?« Der Mann kommt zurück.

»Kennen Sie das Prins Hendrik Hotel?«

Er lächelt. »Ja, das ist ganz in der Nähe.« Er zeigt über den breiten Bahnhofsvorplatz hinweg. »Das hier ist die Prins-Hendrikkade. Das Hotel ist drüben, auf der anderen Seite des Platzes.«

Ich blicke in die von ihm gewiesene Richtung und sehe das Schild. »Danke. Vielen Dank.« Ich strecke ihm die Hand hin. »Ich heiße Evan Horne.«

Er schüttelt meine Hand energisch. »Edward de Hass.«

»Also, vielen Dank, Mr. de Hass. Sehr nett von Ihnen.«

»Keine Ursache. Viel Spaß in Amsterdam.«

Ich schnappe mir mein Gepäck und gehe los. Vor dem Prins Hendrik Hotel sehe ich, dass sich mein Konzertveranstalter bei der Auswahl des Hotels einen Scherz erlaubt haben muss. Neben der doppelten Glastür ist eine Inschrift und eine Skulptur. Wie gut der Künstler das zerfurchte Gesicht getroffen hat!

CHET BAKER,
TROMPETER UND SÄNGER,
STARB HIER AM 13. MAI 1988.
IN SEINER MUSIK WIRD ER WEITERLEBEN
FÜR ALLE, DIE HÖREN UND FÜHLEN WOLLEN.
1929–1988

Neben der Gedenktafel hängt eine Liste der Stifter. Ich überfliege die Namen, kenne aber außer einigen Plattenfirmen keinen. Eine Glastür führt zur Hotelhalle. An einer Wand hängt ein Foto von Chet in Postergröße, aufgenommen 1955 im Open Door in New York City. Das ist der junge Chet, der aufsteigende Star, bevor die Probleme anfingen, bevor diese tiefen Falten sein Gesicht durchfurchten. Ich denke nur: Amsterdam ist ganz schön cool.

An der Rezeption zeige ich einem gelangweilten Angestellten meinen Pass. »Sie waren damals noch nicht hier, oder?«, frage ich und zeige auf das Foto. »Als es passierte, meine ich.«

Die Frage ist ihm offensichtlich nicht neu. Er hebt noch nicht mal den Blick. »Nein, nur der Besitzer, und der ist nur selten da. Sie haben Zimmer C-18. Das ist nicht das Zimmer, in dem Chet Baker gewohnt hat.«

»Danke. Danach hatte ich nicht gefragt.« Ich gehe zum Aufzug und drehe mich dann noch einmal um. »Wohnt zufällig ein Ace Buffington hier?«

»Einen Moment, bitte.« Er drückt einige Tasten auf seinem Computer. »Er war hier. Mr. Buffington ist vor zwei Tagen abgereist.« Der Rezeptionist sieht mich an und lächelt. »Er hat in C-20 gewohnt.«

»Dem Chet-Baker-Zimmer?«

»Genau.«

Nachdenklich fahre ich mit dem Aufzug nach oben. Merkwürdig. Vielleicht hat Ace schon alles Gewünschte herausgefunden, hat meine Nachricht nicht erhalten, ist vielleicht sogar schon auf dem Weg nach Hause? Um ganz ehrlich zu sein, hoffe ich sogar, dass er nicht mehr in Amsterdam ist.

Das Zimmer ist klein und sauber, aber stickig. Mit Mühe gelingt es mir, eines der Fenster zu öffnen, die auf eine kleine Gasse gehen. Ich befestige den Fensterflügel mit einer Art Stange, die an einer Kette hängt. Unter mir ist ein Kopfsteinpflastersträßchen, das sich hinter dem Hotel entlangwindet. Wenn ich mich zum Fenster hinauslehne, kann ich eine Gracht sehen. Ich frage mich, ob es bei Chet Baker genauso gelaufen ist. Chet, high, der sich zu weit hinauslehnt, kurz einnickt und …

Ich versuche, mir diese Gedanken aus dem Kopf zu schlagen, packe aus und warte auf Walter Offens Anruf. Über Chet Baker soll Ace sich den Kopf zerbrechen. Nicht ich.

»Sie sind also schon so weit?«, fragt Offen mich. Wir sitzen in der Hotelbar. Dunkles Holz und Teppiche. Außer dem Barmann ist keiner in der Nähe, und er ist mit der Zeitung beschäftigt.

»Ja, von mir aus kanns losgehen. Ich freue mich auch darauf, den Bassisten und den Schlagzeuger kennen zu lernen.«

Walter lächelt und schiebt die Brille auf der Nase nach oben. »Ach, die werden Sie mögen, da bin ich sicher. Sie sind ausgezeichnet. Außerdem habe ich eine kleine Überraschung für Sie. Kennen Sie Fletcher Paige?«

Fletcher Paige. Der Name kommt mir dunkel bekannt vor, von alten Plattenhüllenrückseiten. Großartiger Tenorsaxofonist, hat, glaube ich, lange mit Duke Ellington oder Count Basie gespielt.

»Ja, vom Namen her kenne ich ihn, aber ich habe seit Jahren nichts mehr von ihm gehört. Ich weiß nicht mal, ob er überhaupt noch lebt.«

»Und ob«, antwortet Walter. »Er lebt, und zwar hier in Amsterdam. Sie werden ihn übrigens sehr bald kennen lernen. Ich habe mir gestattet, gemeinsame Auftritte für Sie und ihn zu arrangieren.«

»Mit Fletcher Paige? Wirklich?« Langsam erinnere ich mich wieder. Er war nach Europa gegangen und irgendwie verschwunden, hatte aber seine eigene Band gehabt, nachdem er bei den Bigbands ausgestiegen war. Wie würden wir stilistisch zusammenpassen? Ein solches Arrangement ohne jegliche vorherige Absprache ist, milde gesagt, ein etwas ungewöhnliches Ansinnen. Ich frage mich, ob Fletcher Paige dabei etwas zu sagen gehabt hatte. »Ist er damit einverstanden?«

Walter nickt begeistert mit dem Kopf. »Er kennt Ihre Musik. Das wird fantastisch.« Er sieht auf die Uhr. »Wollen wir gehen? Trinken Sie Ihr Bier in Ruhe aus, ich muss noch mein Auto holen. Warten Sie draußen, ich hole Sie ab.« Walter zieht den Mantel über. »Dann bis in fünf Minuten.«

Ich sitze da und denke über Fletcher Paige nach. Früher war er fast eine Legende, eine Art Lester Young oder Dexter Gordon. Er hatte garantiert schon mit allen Musikern von Format gespielt. Da war er also auch einer von jenen Auslandsamerikanern geworden, die ein Publikum in Europa finden, sich wohl fühlen und dann bleiben. Kein Wunder, dass ich so lange nichts mehr von ihm gehört hatte.

Vor der Tür betrachte ich wieder die Chet-Baker-Gedenktafel.

Walter fährt ein paar Minuten später mit einem Kleinwagen vor und hupt. Ich bekomme den ersten Vorgeschmack auf den Amsterdamer Fahrstil: Er fegt um die Kurven, über Grachtenbrücken und durch ein Gewirr von Abkürzungen und Einbahnstraßen, bevor er schließlich vor einem hohen, grauen Backsteinbau rasant abbremst.

»Ich fahre zu schnell, was?«, fragt Walter.

»Nein, ganz und gar nicht«, sage ich und lasse endlich den Halteriemen über der Tür los.

Der Bimhuis Club ist im Obergeschoss. Beim Hereinkommen sieht man als Erstes eine lange Theke. Seitlich davon befindet sich ein großer, offener Raum mit wie in einem Amphitheater ansteigenden Sitzreihen und einer großen Bühne. Auf der Bühne sitzt ein Schwarzer in Stoffhosen und Blazer auf einem Barhocker und spielt Tonreihen auf seinem Tenorsaxofon. Fletcher Paige.

»Kommen Sie«, sagt Walter. Wir gehen die Treppe runter zur Bühne. Paige unterbricht sein Spiel, blickt auf und lächelt. Er ist ziemlich klein und schlank und trägt eine Nickelbrille. Seine Haare und sein sorgfältig gestutzter Bart und Schnurrbart sind schwarzweiß gesprenkelt.

»Walter, alter Freund.« Er schüttelt ihm die Hand, wobei er mich über Walters Schulter hinweg ansieht.

»Also«, sagt Walter und dreht sich zu mir um. »Das ist Evan Horne.«

Paige tritt einen Schritt vor und streckt mir die Hand hin. »Wie gehts? Ich wette, du hast mich für tot gehalten, was? Hat er doch, oder, Walter?«

»Na ja, ich ...«

Paige lacht. »Siehste, hab ichs nicht gesagt.« Er zeigt mit einem schlanken Finger auf Walter und sieht dann wieder mich an. »Mach dir nichts draus, viele Leute halten mich für tot. Besonders die Plattenfirmen.« Er schüttet sich aus vor Lachen über seinen Witz.

Ich weiß, dass ich ihm noch nie zuvor begegnet bin, aber irgendwie kommt er mir bekannt vor. Er merkt, wie ich ihn anstarre. »Ich könnte außerdem das Double für Jimmy Heath spielen.«

Sobald er es sagt, sehe ich die Ähnlichkeit. Jimmy Heath, Tenor spielender Bruder von Percy Heath, Bassist beim Modern Jazz Quartet. »Ertappt«, sage ich. Ich habe Jimmy erst vor kurzem in New York gesehen.

»Ich habe viel Gutes über dich gehört«, sagt Fletcher. »Jetzt müssen wir nur noch rausfinden, ob wir zusammen spielen können.«

Walter beobachtet unser Geplänkel und strahlt. Er sieht auf die Uhr. »Tja, ich muss los. Bis heute Abend dann.«

»Lustiger Vogel, was?«, sagt Paige. »Aber er hat mir einen Haufen Arbeit hier besorgt. Er ist der Grund, warum ich in Amsterdam geblieben bin.« Er wirft mir ein kurzes Lächeln zu. »Ein paar andere Gründe gab es auch noch, aber dazu später.«

»Wie lang bist du schon hier?«

»In Amsterdam? Seit achtzehn Jahren. Paar Abstecher nach Stockholm, Kopenhagen, Paris, aber meistens war ich hier. Coole Stadt. Ben Webster hat hier gewohnt, und der ist wirklich tot, da hab ich mir gedacht: Hey, warum nicht auch ich?« Paige lacht wieder. Sein Lachen ist ansteckend.

Ich will mehr über ihn wissen, aber wir müssen uns erst um die Musik kümmern, also hebe ich mir meine Fragen für später auf. Ich schaue mich um. Ein Schlagzeug ist aufgebaut, neben dem Flügel liegt ein Bass auf der Seite. »Wo sind die anderen?«

»Kommen später. Ich dachte mir, wir zwei sollten uns erst mal beschnuppern. Probier doch mal den Flügel aus.«

»Okay.« Ich setze mich an das Prachtstück. Es ist gut gestimmt, und der Anschlag ist in Ordnung. Ich spiele ein paar Läufe und klimpere ein paar einstimmige Linien, wobei ich mir Fletcher Paiges prüfenden Blicks bewusst bin.

Er nickt, sagt: »Yeah, wir werden uns hervorragend verstehen. Wir sind beide als Solisten angekündigt – ist dir hoffentlich recht. Also dürfen wohl wir beide die Stücke aussuchen. Ich hab 'n paar Sachen geschrieben, aber heute Abend halten wir uns am besten an Standards, Blues und so Zeug. Gebongt?«

»Na klar. Wie wärs mit ›Stella by Starlight‹?« Es ist das Erste, was mir in den Sinn kommt.

»Eins meiner Lieblingsstücke«, erwidert Paige.

Ich spiele ein kurzes Intro, dann setzt Paige mit der Melodie ein. Er spielt ein bisschen mit ihr, bis sie fast zu seiner eigenen Komposition wird. Ich habe noch nie jemanden so Tenorsax spielen hören. Er klingt weder rau und hart wie Coltrane noch seidenglatt wie Stan Getz, sondern irgendwo dazwischen. Völlig mühelos strömen die Töne aus seinem Horn, und als ich von den üblichen Changes abweiche, folgt er mir sofort, als würden wir schon ewig zusammen spielen.

Nach einigen Chorussen verstummt er, und ich versuche, etwas seinem Solo Ebenbürtiges hinzubekommen. Während ich spiele, kommt er herüber, stellt sich neben den Flügel und fällt dann im letzten Chorus noch mal mit ein, spielt Linien gegen meine an, bis wir uns in der Melodie wieder finden und zum Schluss kommen. Wir nehmen beide die Hände vom Instrument und sehen uns an.

»Gar nicht übel«, sagt er grinsend und streckt mir die offene Hand hin. Ich schlage ein und grinse zurück.

Wahnsinn. Fletcher Paige.

Wir essen in einer kleinen Gaststätte um die Ecke vom Bimhuis zu Abend, die ebenfalls einem Musiker gehört, wie Fletcher mir sagt. Es gibt keine Speisekarte, nur ein halbes Dutzend auf einer Tafel angeschriebene Tagesgerichte. Ich lasse Fletcher für uns bestellen. Wir sitzen am Fenster und sehen den Radfahrern zu, die über die Grachtbrücke strampeln. Das Essen ist gut, genau wie die Karaffe Rotwein.

»Ich merke schon, warum es dir in Amsterdam gefällt«, sage ich. Fletcher bläst eine Rauchwolke in Richtung Decke.

»Ja, mir passts gut hier, man braucht sich mit keinem Schwachsinn herumzuschlagen, falls du weißt, was ich meine. Deswegen sind eine Menge Jazzer hier drüben geblieben – Kenny Clarke, Don Byas, Art Farmer. Die Szene hier hat eine richtig lange Geschichte. Auch etliche Weiße sind eine Weile hier gewesen – Herb Geller, Walter Norris, Chet Baker.« Er legt eine Denkpause ein. »Pianisten allerdings nicht so viele. Könnte gut für dich laufen, falls du bleibst.«

»Darüber habe ich noch gar nicht nachgedacht. Ich wollte nur für eine Weile weg aus den USA, was die Gigs mir leichter gemacht haben.«

»Ja, ja, so fängt es an. Phil Woods kam für drei Auftritte her und ist dann fünf Jahre geblieben. Dann wird man allerdings als Einheimischer angesehen. Es kommt nicht mehr so viel Kohle rüber, man ist nicht mehr so angesagt.« Er lächelt ein wenig wehmütig. »Als ich gerade angekommen war, wars genau, wie Lockjaw Davis es mir immer erzählt hatte. Verdammt. Ich musste bloß die Tröte stimmen, und die haben schon geklatscht.«

»Aber ich habe keinen besonderen Ruf, auf dem ich aufbauen könnte.«

»Vertu dich da mal nicht. Du hast einen ganz schönen Ruf, zumindest in gewissen Kreisen.« Er drückt die Zigarette aus und gibt dem Kellner ein Zeichen, den Kaffee zu bringen. »Ich weiß alles über dich«, sagt er und grinst verschwörerisch.

»Wie das?«

»Das Web, Mann, Internet. Mein Bruder ist ein Computerfreak. Bei seinem letzten Besuch hat er mir einen Computer besorgt und mich angeschlossen. Er wollte, dass wir leichter in Kontakt bleiben können. Ich gebs zu – mittlerweile finde ich es richtig cool, wenn die Stimme sagt: ›Sie haben Post.‹«

»Ich bin im Internet?«

»Das kannst du mir aber glauben, Kleiner. Sherlock Holmes kann einpacken. Ich habe alles über Wardell Gray gelesen – ich kannte ihn übrigens flüchtig –, die Bänder von Clifford Brown, wo du bewiesen hast, dass sie gefälscht waren, dann das Ding mit der Serienmörderin in L. A. Wie war sie denn, diese Gillian?«

Ich halte mich sehr lange damit auf, langsam Sahne und Zucker in meinen Kaffee zu rühren. »So, dass ich nicht mehr darüber nachdenken oder reden möchte, wenns dir nichts ausmacht.«

»Kein Problem, total gebongt.« Fletcher mustert mich einen Augenblick. »Aber vielleicht mal wann anders. Tut vielleicht gut, darüber zu reden.«

Ich lächle ihn an. »Bist du nebenbei Seelenklempner?«

»Ich bin ein Mann vieler Talente«, sagt er grinsend. Fletcher Paige ist ein Mensch, den man einfach mögen muss, und ich weiß, dass es mit uns klappen wird.

»Und du warst nie wieder in den USA?«

»Na klar, zu kurzen Besuchen, habe auch ein paar Aufnahmen gemacht, aber meistens treibe ich mich hier herum. Ich kann bei sämtlichen Jazzfestivals auftreten, Clubs, Plattenaufnahmen. Manchmal überlege ich schon, wieder zurückzugehen – wenn ich dran denke, wie Ben Webster hier gestorben ist; hatte nichts als ein Zimmer bei einer Frau, die sich um ihn kümmerte. Ben war am Ende einsam und deprimiert. Ich will nicht so enden wie er. Aber, verdammt noch mal ...« Er spreizt die Hände und zuckt mit den Achseln. »Man muss dahin gehen, wo man Arbeit kriegt, Mann. Vielleicht habe ich ja Glück und komme zum Film wie Dexter Gordon und fahre dann zur Oscarverleihung heim.« Er lacht laut los.

Nach fünfzehn Jahren in Europa hatte Dexter Gordon die Hauptrolle in *Round Midnight* gespielt und war für den Oscar als bester Hauptdarsteller nominiert worden. Danach erlebte seine Karriere eine zweite Blüte – Auftritte, Plattenverträge. Er wurde von Amerika lange nach Europa wiederentdeckt.

»Chet Baker ist auch hier gestorben«, sagt Fletcher. »Das weißt du natürlich schon. Hat Walter dich auch in dem Hotel am Bahnhof untergebracht?«

»Hmm. Nette Gedenktafel haben sie da für ihn aufgehängt.«

»Noch so einer, bei dem keiner weiß, was passiert ist. Aber sein Tod ist kein Geheimnis. Das arme Schwein ist kurz weggedöst und dabei zum Fenster rausgefallen. Hat wahrscheinlich geglaubt, er könnte fliegen.«

»Hat sich irgendjemand danach erkundigt? Ich habe einen Freund, der auch hier sein sollte. Im Hotel hat man mir gesagt, dass er schon abgereist ist. Sieht ihm gar nicht ähnlich, sich einfach so zu verdrücken.«

»So 'n ganz großer Kerl, ein Professor? Ja, der war hier und hat eine Menge Fragen gestellt. Ich hab ihn nur einmal gesehen.«

»Hast du mit ihm geredet?«

»Ein bisschen. Der Typ hat mich nervös gemacht, war fast wie bei einem Verhör. Mit Aufnahmegerät und so 'nem Scheiß.«

Ich kann mir gut vorstellen, dass Ace nicht wusste, wie er mit Fletcher umgehen sollte. Einerseits wollte er respektvoll sein, andererseits ihn aber auch absolut wortgetreu zitieren, weil er so begeistert davon war, ein echtes Idol der Jazzgeschichte entdeckt zu haben.

Fletcher sieht auf die Uhr. »Na, komm, Mann, fast schon Zeit für den Auftritt.« Er zieht Geld aus der Tasche. »Das geht auf mich. Willkommen in Amsterdam.«

Als wir wiederkommen, ist das Bimhuis voll. Wir müssen uns durch die Menge den Weg zur Bühne bahnen. Schlagzeuger und Bassist sind schon da. Fletcher macht uns miteinander bekannt, und wir unterhalten uns kurz über das Programm. Ich setze mich an den Flügel, dehne die Finger und spüre die Spannung steigen, als Walter Offen erscheint und uns mit einem Schwall Holländisch ankündigt. Außer Fletchers und meinem Namen verstehe ich kein Wort, und schon sind wir mitten in einem Blues von Fletcher.

Ich lege ihm die Changes für ein halbes Dutzend Chorusse vor, dann verbeugt er sich und tritt unter aufbrausendem Applaus zurück, während ich mit meinen Erkundungen des Stückes anfange. Schlagzeug und Kontrabass sind an meiner Seite, und beim Bass-Solo kann ich das Können des Bassisten nur bewundern. Auch der Schlagzeuger macht seine Sache sehr locker. Wir spielen ein paar achttaktige Soli – Fletcher und ich im Wechsel – und kommen dann zum Schluss. Fletcher strahlt mich an und tritt ans Mikrofon. »Wie wärs mit einem warmen Willkommensapplaus für Evan Horne.«

Bis jetzt fühle ich mich ganz und gar wohl. Der Rest des Abends läuft genauso gut. Niemand erkundigt sich nach meinem Leben als Detektiv oder nennt mich Sam Spade. Walter ist hochzufrieden, der Besitzer des Bimhuis offensichtlich auch. Wir sind der volle Erfolg.

»Hast du Lust, bei mir zu Hause vorbeizukommen?«, fragt Fletcher, als er sein Saxofon einpackt. Ein Gutteil des Publikums ist noch da und hofft auf mehr.

»Ich bin ein bisschen müde, aber ein andermal gern.«

»Alles klar«, sagt Fletcher. »Spielst du Schach?«

»Seit Jahren nicht mehr.«

»Na, das lässt sich wieder auffrischen. Ich geh nach Hause und lese meine E-Mails. Was Prez wohl zu E-Mail gesagt hätte?« Er schüttet sich aus vor Lachen. Das ist allerdings eine witzige Vorstellung. Lester Young online. »Bis später, Mann.«

Walter setzt mich am Hotel ab. Ich fühle mich wie immer nach einem Auftritt irgendwie unter Strom – erschöpft, aber nicht reif fürs Bett. Beim Empfang liegt keine Post für mich. Ich bin etwas beunruhigt, dass Ace sich nicht gemeldet hat. Vielleicht ist er gerade auf einer ganz heißen Fährte. Chet Baker hat in allen möglichen Städten Europas gelebt, Ace könnte also Gott weiß wo sein. Oder es hat Ace nicht gepasst, dass ich ihn habe abblitzen lassen, und jetzt zeigt er mir, dass er es auch allein schafft. Umso besser für ihn. Ich entschließe mich zu einem Spaziergang, um die Gedanken an ihn abzuschütteln.

Ich verlasse das Hotel und biege um die Ecke in ein Labyrinth von Kopfsteinpflastergassen, die in den ältesten Teil Amsterdams führen – Kneipen, Restaurants, Sexshops, Imbisse, aus denen die Essensgerüche auf die Straße dringen, voller Leute, sogar zu so später Stunde. Nach einer weiteren Ecke stehe ich in einem kurzen Sträßchen des Rotlichtbezirks.

Es ist unmöglich, nicht in Richtung der Mädchen zu blicken, die sich in den Fenstern zur Schau stellen. Anders kann man den Anblick nicht beschreiben. Nur mit BHs und Slips bekleidet, lächeln und locken sie von ihren Sitzen auf hohen Hockern aus. Einige von ihnen sind erstaunlich schön. Ich komme an Coffeeshops vorbei, in denen Marihuana geraucht wird; wie ich gehört habe, soll es sogar Speisekarten dafür geben. Aber nicht heute Abend. Irgendwann mache ich mich auf den Rückweg und komme hinter meinem Hotel wieder heraus. Ich blicke hoch zu meinem Zimmer und zähle die Fenster ab bis zu dem, aus dem Chet Baker in den Tod gestürzt ist. Dasselbe Zimmer, in dem auch Ace übernachtet hat.

Direkt neben dem Fenster führt eine Regenrinne an der Hauswand nach oben. Sie sieht stabil genug aus, dass jemand daran hochklettern könnte, und führt genau an Chets Zimmer vorbei. Hat ihn denn niemand fallen sehen? Links öffnet sich die Gasse auf eine Gracht, aber wenn es spätnachts war, dann hätte wahrscheinlich niemand einen Leichnam bemerkt und …

Ich schüttle mich. Erst einen Tag in Amsterdam, und schon hat mich diese schreckliche Neugierde wieder gepackt. Schluss damit. Ich gehe ums Gebäude herum zum Eingang, wo ich wieder einen Blick auf die Gedenktafel für Chet Baker werfe.

Ich wünsche dir Glück, Ace.

4

Nach der Zugfahrt von London herüber und dem ersten Auftritt war ich ganz schön müde. Trotzdem bin ich erstaunt, als ich beim Aufwachen die Sonne zum Fenster hereinscheinen sehe. Ich bleibe noch ein paar Minuten liegen, ohne mich zu rühren, lausche den Amsterdamer Morgengeräuschen, die durch das offene Fenster zu hören sind – Autos, Stimmen, Schritte auf dem Kopfsteinpflaster, Verkehrslärm vom Ende der Straße. Wie oft und in wie vielen Städten habe ich schon so dagelegen? In den Hotelketten vergisst man leicht, wo man ist, und auf langen Tourneen weiß ich es manchmal wirklich nicht mehr.

Ich beachte die Zigaretten auf dem Nachttisch nicht, sondern stelle mich sofort unter die Dusche und freue mich sehr auf Kaffee und Frühstück, während ich mir Jeans, Pulli und gut eingelaufene Turnschuhe anziehe.

Als ich die Tür hinter mir zumache, sehe ich den Wagen des Zimmermädchens ein paar Türen weiter stehen – vor dem Chet-Baker-Zimmer. Die Tür ist offen, aber das Zimmermädchen ist nicht zu sehen. Ich werfe einen Blick hinein – das Zimmer ist sauber und aufgeräumt, keine Spur von Gepäck, sein Bewohner muss also bereits ganz früh abgereist sein. Ich gehe hinüber zum offenen Fenster und blicke hinaus. Das Regenrohr, das am Haus hinunterführt, kann ich beinahe berühren. Von hier aus hat man einen noch schöneren Blick auf die Gracht. Hat Chet sich hinausgelehnt, weil er eine Frau besser sehen wollte, hat er ihr zugewinkt oder so etwas? Vielleicht saß er einfach nur auf der Fensterbank, Heroin in den Adern, blind gegenüber der Gefahr, und döste kurz weg.

»Ist das Ihr Zimmer?« Das Zimmermädchen steht mit einem Arm voller Handtücher in der Tür und mustert mich.

»Oh, nein, tut mir Leid. Ich bin ein paar Zimmer weiter. Mein Freund hat vor kurzem hier noch gewohnt. Erinnern Sie sich an einen sehr großen Amerikaner mit einem Bart?«

Sie schüttelt den Kopf. »Ich hatte Urlaub«, sagt sie. »Meine Kollegin Maria weiß es vielleicht.«

»Ach, nicht so wichtig. Ich werde ihn schon finden. Danke.«

Sie holt etwas von dem Wagen und dreht sich noch einmal zu mir um. »Kann ich Ihr Zimmer jetzt machen?«

»Ja, natürlich.« Ich folge ihr hinaus auf den Flur.

Sie schiebt den Wagen bis zu meiner Zimmertür und geht hinein. Als sie den Kopf noch einmal herausstreckt, sieht sie mich immer noch auf dem Flur stehen. »Machen Sie die Tür zu, bitte?«

»Na klar.« Sobald sie in meinem Zimmer verschwunden ist, schlüpfe ich wieder in Ace' Zimmer und mache die Tür hinter mir zu. Ich will mich noch mal richtig umsehen.

Nichts ist hier ungewöhnlich, was auch nicht weiter verwunderlich ist. Es ist nur ein sauberes Hotelzimmer, das auf seinen nächsten Bewohner wartet. Keine Gedenktafel, auf der steht: »Hier schlief Chet Baker.« Ich ziehe die Nachttischschubladen auf, werfe einen Blick in den Schrank und das Bad. Falls Ace oder irgendjemand hier war, ist davon keine Spur mehr übrig. Ich sehe noch einmal nach draußen. Unter dem Fenster ist ein langer Heizkörper. Es ist Frühlingsanfang, aber die Nächte sind noch kühl, genau wie die Heizung. Weiter unten fällt mir etwas ins Auge. Irgendetwas klemmt hinter dem Heizkörper. Ich lange mit der Hand nach unten, bekomme eine Kante zu fassen und ziehe daran. Es ist eine flache Dokumentenmappe aus Leder, die auf drei Seiten mit einem Reißverschluss zugezogen wird. Die würde ich im Schlaf erkennen; Ace hat das Ding immer mit sich herumgeschleppt – aber was macht sie dann hier, hinter der Heizung versteckt? Und wer hat sie da hingetan? Sie enthält dünne Ordner, bedruckte Seiten, handgeschriebene Notizen, Zeitungsausschnitte, Fotos – alles über Chet Baker. Ace' Recherchen.

Ich öffne die Tür und werfe einen Blick in den Flur. Das Mädchen ist immer noch in meinem Zimmer zugange. Leise schließe ich die Tür hinter mir und schleiche mich mit Ace' Aktenmappe unter dem Arm die Treppe hinunter.

In der Nähe des Hotels gibt es mehrere Cafés. Ich suche mir das am wenigsten überfüllte aus, bestelle einen großen Cappuccino und eine

Hefeschnecke und öffne die Mappe. Während ich das Gebäck verschlinge und schlückchenweise heißen Kaffee trinke, blättere ich eine Seite nach der anderen um. Eine ganz schöne Sammlung über Chet Baker hat Ace da zusammengetragen – Artikel aus amerikanischen und internationalen Zeitungen, *Downbeat, Jazz Times,* Gene Lees *Jazzletter,* der nur auf Abonnement zu beziehen ist, eine Reihe von Fotos und eine Menge maschinengeschriebener Seiten, die Ränder voll handschriftlicher Notizen, Telefonnummern und Namen, alles in Ace' ordentlichen Druckbuchstaben. Eine Nummer ist die des Nederlands Jazz Archief in Amsterdam.

In einem Fach ganz hinten stecken auch ein paar Schnappschüsse von einem fast selbstzufrieden grinsenden Ace, der vor der Chet-Baker-Gedenktafel vor dem Hotel steht. Wer die wohl geschossen hat? Etwa der Rezeptionist?

Ich lege alles wieder zurück in die Mappe und frage mich, was zum Teufel hier vor sich geht. Es ist absolut ausgeschlossen, dass Ace all das zurücklassen würde – seine gesamten Nachforschungen. Laut Rezeptionist ist er ganz normal abgereist; er ist nicht eines Morgens einfach verschwunden und nie wieder aufgetaucht. Seine Kleider hat er mitgenommen. Was soll das? Es ergibt einfach keinen Sinn.

Ich trinke meinen Kaffee aus und laufe zurück zum Hotel. Es ist jetzt ziemlich sonnig, aber die Luft ist immer noch frisch. Gegenüber, vor dem Hauptbahnhof, strömen die Menschentrauben an den Hunderten von Fahrrädern vorbei. Eine Nachricht von Fletcher Paige, dass ich ihn anrufen soll, erwartet mich im Hotel. Auf meinem Zimmer verstau ich Ace' Aktenmappe in meiner Reisetasche und wähle Fletchers Nummer.

»Hallo.«

»Fletcher? Hier ist Evan Horne.«

»Hey. Schon was vor heute Nachmittag?«

»Nein, eigentlich nicht. Was gibts?«

»Ich dachte, ich zeige dir mal ein bisschen die Gegend, dann könnte man was essen, wenns dir recht ist.«

»Klingt gut. Wollen wir uns irgendwo treffen?«

»Ja, in der Nähe von deinem Hotel ist ein Lokal, nicht weit von der Polizeiwache. Frag einfach jemanden. Das New Orleans Café. So gegen zwölf?«

»Okay, dann bis heute Mittag.«

Ich lege auf und hole die Mappe noch einmal hervor. In meinem Bauch geht wieder das altbekannte Rumoren los, als ich die Zeitungsausschnitte, Fotos und getippten Seiten durchblättere und mich daran erinnere, wie ich mir in Las Vegas eine ähnliche Akte über Wardell Gray angesehen hatte. Selbst das ergab damals mehr Sinn als diese Sache jetzt. Und wenigstens saß mir damals Ace persönlich in der UNLV-Cafeteria gegenüber.

Im New Orleans Café ist es dunkel. Irgendwo hinten läuft Jazz vom Band. Fletcher sitzt in einer Ecke am Fenster, trinkt Kaffee und liest *USA Today*. Er winkt mir zu, faltet die Zeitung sorgfältig zusammen und nimmt seine Nickelbrille ab.

»Hey, du hast mich gefunden!« Er setzt sich eine andere Brille auf die Nase. »Alt werden ist kein Spaß, Mann. Eine zum Lesen und eine, damit ich überhaupt noch was sehen kann. Aber spielen kann ich noch, verdammt noch mal.«

»Du sagst es.«

Fletcher wirft einen Blick auf die Uhr. »Wollen wir ein bisschen herumlaufen? Fürs Mittagessen ist es noch zu früh. Ich zeige dir die Oude Zijde, dann kommen wir wieder her.«

»Gern.«

Wir stehen auf, und Fletcher sagt dem Kellner, dass er uns den Tisch freihalten soll, weil wir später wiederkommen werden.

In den engen Sträßchen laufen wir um unzählige Ecken. Ich habe innerhalb weniger Minuten in dem Labyrinth von Kneipen, Läden und Cafés vollständig die Orientierung verloren, aber Fletcher scheint zu wissen, wo es langgeht.

»Rauchst du hin und wieder was, Mann?«

»Schon ewig nicht mehr, seit ich nicht mehr mit Lonnie Cole zusammenarbeite. Er hat sein eigenes Zeug angebaut. Ist mir aber gar nicht gut bekommen.«

»Na, wenn das so ist«, sagt Fletcher. »Aber falls du Interesse haben solltest, dann bist du hier richtig. In den ganzen Coffeeshops ist das Kiffen legal. Brauchst nur reinzugehen, und du kriegst eine Speisekarte. Mit Shit aus der ganzen Welt. Einer der Vorzüge von Amsterdam ist die liberale Einstellung zu vielen Dingen.« Wir biegen um eine Ecke und kommen in eine sehr enge Gasse mit hohen Fenstern, Glastüren und Rotlicht. Vielleicht dieselbe Straße, in der ich letzte Nacht schon war, aber ich kann es nicht genau sagen. »Hier ist noch ein Vorzug.«

Die Mädchen sind schon wieder bei der Arbeit und sitzen auf Hockern oder gehen hinter der Scheibe hin und her. An einigen Fenstern sind die Vorhänge zugezogen. »Das heißt, dass sie Kundschaft haben, wahrscheinlich irgendein Geschäftsmann in der Mittagspause.« Fletcher winkt einigen von den Frauen zu. Sie scheinen ihn zu kennen, winken zurück und lächeln. Als er meinen Blick bemerkt, sagt Fletcher: »Das ist mal ein anderer Schaufensterbummel, was? Ich habe mit dieser Szene nichts zu tun, aber ich bin jetzt schon so lange hier, dass mich eine Menge Leute kennen. Hier, guck dir das mal an.«

Direkt an eines der Fenster grenzt ein Backsteingebäude an. »Sieh mal rein«, sagt Fletcher. Drinnen erkenne ich eine Gruppe kleiner Kinder auf dem Boden. Vor ihnen sitzt eine Frau mit einem Buch in der Hand und liest ihnen offensichtlich etwas vor. Ein Stück weiter sind andere Kinder beim Malen, und eine Kindergärtnerin läuft herum und sagt etwas zu ihren Arbeiten.

»Die Kinder der Huren?«, frage ich.

Fletcher lächelt. »Nein, ein ganz normaler Kindergarten.«

»Hier? In dieser Gegend?«

»Jawoll, Teil des Programms zur Stadterneuerung. Hier gibt es vorwiegend Kneipen und den Rotlichtbezirk, wie du gerade gesehen hast, aber es soll hier auch normales Stadtleben geben, also wurde ein Kindergarten eröffnet. Ist das nicht zu komisch?« Er lacht und klatscht in die Hände.

»Aber haben die Eltern denn gar nichts dagegen?«

»Nein, die wissen das ja im Vorhinein. Die leichten Mädchen waren als Erste da. Die sehen das auch nicht so eng.«

Ich werfe einen verstohlenen Blick in das Fenster neben dem Kindergarten. Auf einem Hocker sitzt eine große, gertenschlanke junge Schwarze. Ihre Haare sind fast rot, und sie trägt nichts als BH und Slip. Sie bemerkt meinen Blick, drückt ihren vollen Busen mit den Händen nach oben und lächelt. Fletcher winkt und bläst ihr einen Kuss zu.

Wir gehen weiter, vorbei an einer schönen alten Kirche, und Fletcher unterrichtet mich, dass es die älteste in ganz Amsterdam sei. »Ganz schön irre, oder? Die Altstadt. Man kann sich besaufen, bekiffen, vögeln und seine Seele retten, und das alles im Umkreis von fünfhundert Metern.« Er lacht wieder. »Das hier ist nicht Kalifornien, Mann, so viel ist schon mal klar.«

Wir biegen um eine Menge Ecken und stehen plötzlich wieder vor dem New Orleans. Fletchers Sitzecke ist immer noch frei, seine Zeitung genau da, wo er sie hat liegen lassen, und auf dem Tisch liegen Speisekarten. »Jetzt wird gegessen«, sagt er und rutscht in die Sitzbank.

Ich setze mich ihm gegenüber. »Du musst ein guter Kunde sein.«

Fletcher grinst verschmitzt. »Ja, einer der Vorzüge, wenn man hier eine Weile gewohnt hat. Dexter Gordon wurde sogar als Kandidat für den Bürgermeisterposten vorgeschlagen, als er in Kopenhagen gewohnt hat! Die machen einen guten Eintopf hier, den solltest du probieren.«

Ich folge Fletchers Rat. Als der Kellner in Fletchers Richtung sieht, streckt der ihm zwei Finger entgegen. Der Kellner nickt und verschwindet in die Küche. Der Barmann bringt uns zwei Bier vom Fass. Fletcher nimmt einen guten Zug und sieht mich an.

»Und, was ist mit dir los? Du wirkst die ganze Zeit schon etwas abwesend.«

Ich frage mich, wie viel ich ihm erzählen soll, aber ich habe ja nichts zu verlieren. »Wie gut kanntest du Chet Baker?«

»Auwei, also doch. Sam Spade bei seinem neuesten Fall.« Er lacht. »War nicht doppeldeutig gemeint.«

»Liest du gerne Krimis?«

»Und wie, ich hab eine ziemliche Taschenbuchsammlung. Raymond Chandler, Ross Macdonald, Walter Mosley, Elmore Leonard und so ein neuer Typ, Gary Phillips. Der gefällt mir, weil seine Hauptfigur Monk heißt. Aber mein Lieblingsautor ist Charles Willeford. Der schreibt über einen Cop in Miami namens Hoke Moseley. Einen Typ, der Hoke heißt, muss man einfach mögen«, sagt Fletcher. »Hat keine Zähne mehr und schuldet seiner Exfrau ständig Geld. Aber er ist cool.«

»Nun, einen Fall habe ich nicht, aber es gibt da ein paar Sachen, die merkwürdig sind. Ich habe dich doch nach meinem Freund gefragt. Professor Buffington. Er ist spurlos verschwunden. Im Hotel sagen sie nur, dass er abgereist ist.«

»Na und? Eine Menge Leute reisen aus Hotels ab.«

»Schon, aber an der Sache ist was faul. In London haben wir verabredet, dass wir uns treffen, falls es mit dem Gig hier klappt. Er hätte mir zumindest eine Nachricht hinterlassen.« Ich mache eine Pause. »Da ist noch etwas.« Ich berichte Fletcher vom Fund der Aktenmappe. »Die würde er doch nicht einfach dalassen oder bei der Abreise vergessen. Erst recht nicht so versteckt.«

»So gut versteckt war sie nun auch wieder nicht«, erwidert Fletcher. »Du hast sie ja gefunden.«

»Genau. Und das stört mich.«

Er betrachtet mich über den Tisch hinweg. »Ich hab dir gestern Abend beim Spielen zugeguckt. Du siehst wirklich wie ein Klavierspieler aus, hast diesen Blick in den Augen, wie du hinhörst, den Kopf auf die Seite gelegt, und nach dem richtigen Akkord suchst. So sind Pianisten. Denken immer nach, halten sich im Hintergrund, beobachten alles ganz genau.«

»Ehrlich, das hast du mir alles angesehen?«

»Und ob.« Fletcher lächelt spitzbübisch. »Mein privates Spielchen. Wenn ich Leute sehe, versuche ich mir vorzustellen, was für ein Instrument sie spielen würden. Meistens habe ich Recht. Klavierspieler und Bassspieler und Schlagzeuger sind verschieden. Na gut, Schlagzeuger sind noch mal ganz anders. Aber Klavierspieler haben nichts, worauf sie blasen können, sie müssen die Tasten berühren und das viele Holz und Metall zum Leben erwecken. Sie haben einen anderen Gesichtsausdruck, wenn sie nur begleiten, als wenn sie selbst Solisten sind. Den Gesichtsausdruck hast du. Gestern Abend hast du ausgesehen, als ob du am liebsten in das Klavier gekrochen und nie wieder rausgekommen wärst. Das habe ich deinem Blick angesehen. Du hast einen wunderbaren Anschlag, du hörst zu und spielst die hübschesten Akkorde, die ich seit langem gehört habe. Neben dir würden 'ne Menge Typen ganz schön alt aussehen.«

»Danke. Von dir ist das –«

Fletcher winkt ab und runzelt gespielt die Stirn. »Hör auf, ich hab nicht gesagt, dass du Bud Powell bist.«

»Na schön. Trotzdem danke. Ich kann dir gar nicht sagen, wie gern ich glauben würde, dass du Recht hast mit Ace. Aber ich bezweifle es.«

»Egal. Falls du nicht zurück ins Detektivgewerbe willst, gibst du die Mappe von deinem Freund schön an der Rezeption ab. Soll er sie sich abholen oder ihr hinterhertelefonieren. Man kann nie wissen. Vielleicht hat er sie wirklich schlicht und einfach vergessen. War mit den Gedanken woanders, als er abgereist ist, und hat es erst bemerkt, als er schon im Zug nach irgendwo saß.«

Der Kellner bringt uns das Essen, zwei große, dampfende Teller voller Eintopf mit schön viel Fleisch und einen kleinen Laib warmes Brot. Fletcher hat nicht zu viel versprochen. Es schmeckt hervorragend. Wir essen einige Minuten lang schweigend und hängen beide unseren Gedanken nach.

Schließlich hat Fletcher einen anderen Vorschlag. »Wie wärs, wenn du auf der Polizeiwache vorbeigehst und denen von der Geschichte erzählst?«

»Daran habe ich auch schon gedacht. Aber die werden genau wie du sagen: Na und? Ich habe fast das Gefühl, dass ich ihn selbst finden muss.«

Fletcher legt den Löffel hin und sieht mich an. »Das ist ja jetzt wohl ein bisschen übertrieben, oder? Du hast doch gesagt, er wusste nicht mal genau, dass du nach Amsterdam kommst. Und in welchem Hotel du übernachtest, wusste er ja wohl auch nicht, oder?«

Bevor ich antworten kann, wird die Tür aufgerissen. Ein großer, schlaksiger junger Schwarzer in Jeans, Rolli, Ledermantel und Sonnenbrille kommt hereinstolziert, sieht uns und schlendert zu unserer Sitzecke.

»Au weia«, sagt Fletcher. »Da kommt Shaft.«

»Fletcher Paige, was geht ab, Alter?« Er hält Fletcher die Handfläche hin, in die Fletcher ohne aufzublicken lustlos einschlägt. Dann fährt er sich mit der Hand über den rasierten Schädel. Im linken Ohr trägt er einen goldenen Ohrring.

»Hey, Darren. Wir sind beim Essen.«

Darren juckt das nicht. Er setzt sich neben Fletcher und grinst mich an. »Du bist bestimmt der Pianomann. Evan Horne, stimmts?« Er streckt mir die Hand hin und nimmt die Sonnenbrille ab. Seine Augen sind groß und rund. »Wow, der Meisterdetektiv.«

»Lass gut sein, Darren«, sagt Fletcher.

»Hi.« Ich sehe Fletcher fragend an, der die Augen verdreht.

»Sag Darren Hallo. Er hält sich für den coolsten Typen in ganz Amsterdam.«

Darren lacht. »Ich halte mich nicht nur dafür, ich bin es, Mann. Ich bin der Chef. Abgesehen von Fletcher natürlich. Wie ich höre, habt ihr denen im Bimhuis gestern Abend ordentlich eingeheizt.«

»Hast du denn gar nichts zu tun, Darren?«, fragt Fletcher. »Du störst uns beim Essen.«

Darren hebt die Hände. Trotz seiner großspurigen Masche ist klar, dass er Fletcher nicht verärgern will. Er setzt die Brille wieder auf, ohne dass ihm das Lächeln verrutscht. »Cool, kein Problem. Ich hab jede Menge zu tun. Vielleicht komm ich heut Abend mal vorbei und zieh mir 'n paar Sounds rein.« Er steht auf und winkt mir zu. »Man sieht sich.«

Fletcher schüttelt den Kopf. Darren grüßt den Barmann und ist dann verschwunden.

»Wer war das denn?«

»Darren Mitchell. Aus Newark. Ist vor ein paar Jahren rübergekommen und seitdem hier ansässig. Ich weiß eigentlich gar nicht, was er so treibt, außer dass er den coolen Typen raushängen lässt und mir auf die Nerven geht. Ich glaube, er will Detektiv werden oder so was. Seine Sprüche klaut er sich jedenfalls aus alten Jazzfilmen. Schlechten alten Jazzfilmen. Früher hat er mich auch noch Pops genannt. Dem musste natürlich ein Riegel vorgeschoben werden. Er erzählt allen, dies hören wollen, dass er immer mit Chet zusammengehangen hat, als der noch am Leben war. Dass er ihm Stoff besorgt hat und so einen Scheiß. Dabei war er damals noch gar nicht hier. Außerdem hat Chet mit überhaupt niemandem zusammengehangen, der keine Frau war.«

»Hast du je mit Chet gespielt?«

Fletcher löffelt seinen Teller aus und gibt dem Kellner ein Zeichen für noch ein Bier. »Ja, ein paar Mal schon, aber Chet war in seiner eigenen Welt. Hat sehr schön gespielt, das will ich gerne zugeben, aber das Dope hat ihn total fertig gemacht.«

»Und was ist deiner Meinung nach mit ihm passiert?«

»Wenn man das wüsste. Es gibt jede Menge Storys. Er hat sich einfach zu weit aus dem Fenster gelehnt und ist gefallen. Er wurde gestoßen oder hat versucht, das blöde Regenrohr hochzuklettern, und ist dabei gestürzt. Chet war zu allem in der Lage.«

»Wer sollte ihn denn stoßen?«

Fletcher zuckt die Achseln. »Ein Dealer vielleicht. Irgendjemandem hat er immer Geld geschuldet, und er hatte immer Bares dabei. Gerüchten zufolge hatte er bei dem letzten Studiotermin in Deutschland einen Haufen Kohle gemacht. Wurde bar bezahlt und fuhr dann wie immer umgehend hierher, um sich Stoff zu besorgen.« Er unterbricht sich, als erinnere er sich an etwas. »Aber ich neige zur Version, dass er aus dem Fenster gefallen ist. Er ist einfach eingenickt und gestürzt.« Fletcher lacht. »So was hab ich mal mit Philly Joe Jones erlebt, als Miles in San Francisco beim Jazz Workshop war. Winzig kleine Bühne, Schlagzeug direkt an der Wand. Sie spielten ›Oleo‹, es ging richtig zur Sache – Philly, Red Garland, Paul Chambers, Hank Mobley –, als das Schlagzeug plötzlich verstummte. Miles dreht sich rum, und da sitzt Philly, Kopf an der Wand – völlig weggetreten, nicht mehr ansprechbar. Miles ging einfach. Aber Chet? Der hat doch lang genug versucht, sich umzubringen. Hat nur dreißig Jahre gedauert, bis er es geschafft hat.«

Diesmal erlaubt Fletcher, dass ich die Rechnung bezahle. Draußen in der Altstadt ist es mittlerweile sehr belebt. Fletcher blickt zum Himmel. Bauschige weiße Wolken ziehen langsam durch tiefes Blau.

»Findest du den Weg zurück zum Hotel?«

»Kein Problem.«

»Hör zu, Alter, ich weiß, dass du dir Sorgen um deinen Freund machst, aber wahrscheinlich gibt es für das Ganze eine simple Erklärung. An deiner Stelle würde ich es einfach auf sich beruhen lassen, hm?«

»Ja, du hast wahrscheinlich Recht.«

Er lächelt. »Na gut, dann sehen wir uns heut Abend.« Nach ein paar Schritten dreht er sich noch mal um. »Hey, kennst du ›Lush Life‹?«

»Klar, sollen wir das spielen?«

»Hmm, solange du mich das Thema spielen lässt. Weißt du, dass Billy Strayhorn erst sechzehn war, als er den Song geschrieben hat? Der Typ war der totale Wahnsinn, oder? Bis dann.«

»Hey, Fletcher«, rufe ich ihm hinterher, »hast du dir schon mal Darren mit einem Instrument vorgestellt?«

Er bleibt stehen und denkt kurz nach. »Nein. Darren wäre ein ultracooler Discosänger.«

Fletcher Paige, fast siebzig, schlendert davon, während er die ersten Takte von »Lush Life« summt. Ich sehe ihm nach, bis er um die Ecke verschwunden ist. Es ist ein Bild, das ich nicht mehr vergessen will.

Im Bimhuis spielen wir »Lush Life« und vieles mehr. Fletcher und ich sind gut zusammen, besser, als ich für möglich gehalten hätte. Der Bassist und der Drummer spüren es und sind klug genug, uns nicht in die Quere zu kommen und nur den Rücken zu decken. Die Zuhörer merken es auch. Sie wissen nicht genau, was es ist, aber sie spüren es, irgendetwas Magisches, das sich da vor ihren Augen abspielt.

In der Pause fühle ich die Spannung durch die Zuschauermenge pulsieren. Es ist schwer, konzentriert zu bleiben, wenn alle möglichen Leute mit einem reden wollen, die eigentlich gar nicht wissen, was sie sagen sollen.

In dieser Hinsicht habe ich schon verschiedene Stadien durchlaufen. Früher war ich mal ziemlich überheblich gewesen und wollte eigentlich mit niemandem reden. Später fühlte ich mich dann auf andere Art und Weise vom Publikum abgeschnitten. Manchmal ist es schwierig, weil man mit niemandem reden will, man aber irgendwie die Zeit bis zum nächsten Set totschlagen muss, bevor man wieder auf die Bühne geht und sich in der Musik verliert. Mit so viel verfügbarer Zeit kommen manche Leute auf dumme Gedanken und legen sich komische Gewohnheiten zu.

Jazz zu spielen, gut zu spielen, ist sehr schwierig, und wenn man gleichzeitig trinkt oder raucht oder sonst was treibt, dann klappt es nicht, zumindest nicht bei mir. Es hat etwas Destruktives an sich, wenn Kunst in Clubs stattfindet. Diesem destruktiven Element sind schon viele Musiker zum Opfer gefallen. Im Bimhuis ist die Atmosphäre anders. Das Publikum ist zum allergrößten Teil der Musik wegen da, um Zeuge von etwas zu werden, über das man am nächsten Tag oder nächste Woche oder nächstes Jahr redet, um sagen zu können: »Ja, ich war an dem Abend da, als Fletcher Paige und Evan Horne in Amsterdam gespielt haben.« Und heute Abend wird den Leuten etwas geboten für ihr Geld.

Beschwingt verlasse ich die Bühne. Ich arbeite, alle anderen amüsieren sich und freuen sich an meiner Arbeit. Das färbt ab. Während des zweiten Sets sieht Fletcher mich einmal über sein Saxofon hinweg an, als wollte er sagen: Hier gehörst du hin. In diesem Augenblick weiß ich, dass er Recht hat. Auch wenn diese Augenblicke nur von kurzer Dauer sind – sie bedeuten alles.

Bevor wir zusammenpacken, trinken Fletcher und ich noch was an der Bar, wobei wir versuchen, uns möglichst vom Strom der Gratulanten fern zu halten, die vorbeikommen und Hallo sagen wollen. Am unangenehmsten sind die Pseudofans, die nur da sind, um gesehen zu werden, sich ganz vorne hinsetzen, Sonnenbrillen aufhaben, mit den Fingern schnippen, im Takt nicken und hoffen, dass man sie für cool hält.

Ich sitze mit Fletcher da und bade in dem Bewusstsein, gut gespielt zu haben. »Gutes Gefühl, was?«, sagt Fletcher. Er wirkt, als sei er in völligem Einklang mit sich selbst.

Ich fühle mich zum ersten Mal seit Wochen total entspannt und kann nicht anders als grinsen. »Und wie«, sage ich.

Aber dann sehe ich etwas auf der anderen Seite des Raums, was mich jäh aus der Verzauberung reißt. Fletcher sieht meinen Gesichtsausdruck, dreht sich nach dem um, was ich gesehen habe, und verdreht die Augen.

Auf den ersten Blick ist die Ähnlichkeit unheimlich. Als ob Chet Bakers Foto in der Hotelhalle zum Leben erwacht wäre – ein junger Mann in Jeans, weißem T-Shirt, in die Augen fallender Schmalztolle. Es fehlt nur die Trompete. Er sitzt allein an der Bar und starrt missmutig vor sich hin, wobei er an einem Bier nippt. Niemand beachtet ihn.

»Der Typ hängt ständig hier rum«, klärt Fletcher mich auf. »Ist irgendwie auf Chet fixiert. Zieht sich immer so an wie er, als er jung war. Davor hat er auf James Dean gemacht.«

Ich kann den Blick nicht von ihm abwenden. »Spielt er irgendwas?«

»Außer mit sich selbst nichts.«

Ich entspanne mich ein wenig. »Unheimlich ist es aber schon.«

»Ja«, sagt Fletcher. »Das sind Gespenster immer. Komm, Mann. Auf uns wartet noch ein bisschen Musik.«

Das letzte Stück des Abends, »I'm Getting Sentimental Over You«, spielen wir in einem gemächlichen Tempo. Doch nachdem alle ihr Solo gespielt haben, lässt Fletcher uns noch nicht zum Ende kommen. Er beginnt einen langen Bogen und lädt uns zum Mitmachen ein, indem er die Akkorde auf den Kopf stellt; für mich die Herausforderung, ihm zu folgen und zu spielen, als wären wir irgendwo anders, nicht in einem Club in Amsterdam. Der Bassist kapiert, um was es geht, und der Schlagzeuger findet genau den Groove, bis wir beinahe das Stück sprengen, bevor Fletcher nur mit einem leichten Nicken den Auftakt zum Thema gibt und wir den Ausweg finden.

Beim Applaus sieht Fletcher mich an, als hätte er diesen Ausflug unternommen, um etwas zu beweisen. Es ist wie eine Droge, aber ich spüre auch, wie mich etwas in eine ganz andere Richtung zieht, auf einen Weg, auf dem ich schon oft genug war. Und dem ich nicht folgen will, jedenfalls noch nicht. Doch es ist immer die gleiche Frage: Wie lange kann ich ihm noch widerstehen?

5

Nach dem Frühstück frage ich wieder am Empfang nach Nachrichten. »Nein, nichts, Mr. Horne«, erfahre ich vom Rezeptionisten, »aber der Hotelbesitzer ist heute Morgen da.«
»Wo?«
»In der Bar.«
»Danke.« Ich eile in die angeschlossene Bar, wo ich einen kleinen, stämmigen Mann vorfinde, der Kaffee trinkt und die Zeitung liest.
»Entschuldigung, ich bin Gast hier. Der Rezeptionist sagte mir, dass ich Sie hier finden kann. Sind Sie der Eigentümer?«
»Ja.« Er sieht hoch. »Gibt es ein Problem mit Ihrem Zimmer?«
»Nein, das Zimmer ist einwandfrei. Ich wollte Sie nur nach einem Freund von mir fragen. Er hat bis vor einigen Tagen hier übernachtet.« Der Mann blickt mich etwas ratlos an. »Er hat Sie möglicherweise nach Chet Baker befragt.«
»Ja, richtig, ein Professor, Buffington, glaube ich?« Er legt die Zeitung beiseite.
»Genau, das ist er. Haben Sie ein paar Minuten Zeit?«
»Natürlich. Setzen Sie sich doch. Trinken Sie einen Kaffee?«
»Danke, gern.« Er gibt dem Kellner ein Zeichen und wendet sich dann wieder mir zu. »Ihr Freund, der Professor, hat nicht so schnell lockergelassen. Er wollte im selben Zimmer wie Chet Baker wohnen und hat mir eine Menge Fragen gestellt. Ich habe vor dem Hotel Fotos von ihm gemacht.«
»Ja, das kann ich mir vorstellen. Wir wollten uns hier treffen, aber er ist abgereist und hat mir keinerlei Nachricht hinterlassen. Hat er Ihnen gesagt, wohin er als Nächstes wollte?«
»Nein, leider nicht.« Der Kellner stellt mir und dem Hotelbesitzer einen Kaffee hin. »Ich bin nicht mehr so oft hier. Ich habe einen Geschäftsführer, der das Hotel für mich leitet.«
Ich trinke einen Schluck Kaffee und stecke mir eine Zigarette an. »Worüber haben Sie mit ihm gesprochen?«
Der Besitzer zuckt die Achseln. »Hauptsächlich über Chet Baker. Er hat gesagt, er würde für ein Buch recherchieren. Eine beachtliche

Menge Dokumente hatte er schon zusammen, aber ich konnte ihm leider nicht behilflich sein. In der Nacht, als das damals passierte, war ich nicht hier. Ich war auf dem Land. Mein Geschäftsführer rief mich an, und ich kam her und redete mit der Polizei. Ich muss zugeben, dass ich damals nicht wusste, wie berühmt Mr. Baker war.«

»Was geschah nach Ansicht der Polizei?«

»Mr. Baker hatte mit Drogen zu tun, war möglicherweise berauscht und stürzte aus dem Fenster.« Er blickt kurz weg, als die Erinnerungen wieder in ihm wach werden. »Es war natürlich sehr unangenehm, dass das ausgerechnet hier in meinem Hotel passierte, aber was sollte ich tun?« Er lächelt, als ihm etwas einfällt. »Sie glauben nicht, wie viele Trompeter seither in dem Zimmer übernachten wollen. Seit die Skulptur vor der Tür steht, haben wir noch mehr Anfragen. Eine Weile habe ich überlegt, ob ich mehr für das Zimmer verlangen soll. Aber das wäre nicht recht.« Er mustert mich. »Sind Sie auch Trompeter?«

»Nein. Pianist. Ich trete momentan im Bimhuis auf, zusammen mit Fletcher Paige.«

»Ah ja, Fletcher Paige. Er ist mittlerweile so berühmt in Amsterdam wie … hieß er Weber?« Er sieht mich fragend an.

»Webster. Ben Webster.«

»Ja, genau. Entschuldigen Sie, dass ich das sage, aber irgendwie ist das doch nicht in Ordnung. All diese amerikanischen Musiker, die nach Europa kommen, hier spielen, leben und sterben und in ihrem Heimatland vermutlich längst vergessen sind.«

»Da muss ich Ihnen Recht geben. Es ist eine Schande.«

»Und Chet Baker? War der wenigstens in Amerika berühmt?«

»Tja, er war es mal gewesen, anfangs. Danach hat er ziemlich harte Zeiten durchlebt.«

»Ja.« Ich merke, dass er geistig schon woanders ist. Er trinkt den Kaffee aus und faltet die Zeitung zusammen. »Tut mir Leid, dass ich Ihnen nicht weiterhelfen konnte.« Er erhebt sich. »Entschuldigen Sie mich. Ich muss an die Arbeit. Wollen Sie auch länger in Amsterdam bleiben?«

»Das weiß ich noch nicht.«

»Falls mir noch etwas einfällt, sage ich Ihnen Bescheid.«

»Danke, das ist nett.«

Ich bleibe noch eine Weile sitzen, vor mir den ganzen Tag, und überlege, was ich als Nächstes tun soll. Es gibt noch zwei andere Stellen, an denen ich nachfragen kann, und ich glaube, sie sind beide nicht weit vom Hotel entfernt. Der Rezeptionist zeichnet sie mir auf dem Stadtplan ein, und ich mache mich auf den Weg.

Vor der Polizeiwache Warmoesstraat steht ein Lastwagen, der gerade mit Kartons voller Akten beladen wird. Drinnen sitzen zwei Frauen auf einer Holzbank und unterhalten sich leise. Die eine scheint die andere zu trösten. Ein junger Beamter in hellblauem Hemd mit goldenen Schulterstücken und dunkelblauer Hose sitzt an der Anzeigenaufnahme. Er sieht auf, als ich auf ihn zugehe.

»Äh, entschuldigen Sie. Ich würde mich gerne wegen etwas erkundigen.«

Er sieht aus, als wüsste er nicht so recht, wie er darauf reagieren soll. »Ja?«

»Es geht um einen Bekannten. Ich glaube, er ist verschwunden.«

»Einen Augenblick, bitte.« Er hebt den Telefonhörer ab und redet kurz mit jemandem auf Holländisch. »Tut mir Leid, mein Englisch ist nicht so gut. Bitte warten Sie. Gleich kommt jemand.«

»Vielen Dank.« Einige Minuten später erscheint ein älterer Beamter. Er ist klein, korpulent, sieht aus wie fünfzig und trägt Zivilkleidung – dunkle Hose, weißes Hemd mit hochgerollten Ärmeln und eine am Hals gelockerte Krawatte.

»Was kann ich für Sie tun? Ich bin Inspektor Dekker.«

»Es geht um einen Bekannten. Er hat im Prins Hendrik Hotel gewohnt.« Ich sehe, dass er herauszufinden versucht, ob ich nur nerven will oder ein echtes Problem habe. »Können wir uns vielleicht irgendwo setzen und darüber reden?«

»Ja, natürlich. Hier entlang, bitte.« Ich folge ihm einen Gang entlang zu einem Büro, das nicht viel größer ist als ein Wandschrank. Am Ende des Ganges hinter seinem Büro sitzen mehrere uniformierte Polizisten in einem größeren Raum. »Setzen Sie sich bitte«, sagt Dekker.

Der Platz reicht kaum für Dekkers Schreibtisch und den Stuhl, auf den ich mich ihm gegenüber setze. Auf dem Schreibtisch liegen so viele Akten und Schriftstücke, dass das Telefon darunter fast verschwindet. Hinter einem Stapel dicker Aktenordner steht das gerahmte Foto einer Frau und eines halbwüchsigen Jungen. Ich weiß nicht recht, wie ich anfangen soll, sodass er mir zuvorkommt. »Kann ich einen Ausweis sehen, bitte? Ihren Reisepass.«

»Natürlich.« Ich zeige ihm meinen Pass. Er sieht ihn sich an und mustert mich ein oder zwei Mal.

»Warum sind Sie in Amsterdam? Tourist?«

»Nein, ich bin Musiker. Ich trete im Bimhuis auf.« Ich meine, die Andeutung eines Lächelns zu erkennen, bin mir aber nicht sicher. »Aber es geht nicht um mich, sondern um meinen Bekannten.«

»Ich verstehe schon. Ist Ihrem Bekannten etwas zugestoßen? Wie heißt er?«

»Charles Buffington.« Ich buchstabiere es für ihn. »Möglicherweise ist er in Schwierigkeiten.« Ich erkläre Dekker, dass ich mir Sorgen mache, weil Ace aus dem Hotel abgereist ist, ohne mir eine Nachricht zu hinterlassen. Er hört mir geduldig zu und lässt mich aussprechen, bevor er Fragen stellt.

»Mr. ... Horne, spricht man das so aus?«

»Ja.«

»Ihr Bekannter ist Tourist, nicht wahr?«

»Ja. Na ja, er stellt hier Nachforschungen an. Über einen Musiker, der vor einigen Jahren in Amsterdam gestorben ist. Chet Baker.« Auf Dekkers Gesicht gibt es kein Anzeichen, dass er den Namen kennt.

»Haben Sie Grund zu der Annahme, dass Ihrem Bekannten etwas zugestoßen sein könnte?«

»Nein, ich meine, ich weiß es nicht. Ich mache mir nur Sorgen.«

»Ich verstehe. Aber vielleicht ist Ihr Bekannter einfach abgereist.« Er zuckt die Achseln.

»Ja, schon, ich weiß, dass das möglich ist, aber es sähe ihm gar nicht ähnlich, so etwas zu tun.« Ich spiele kurz mit dem Gedanken, ihn über die Aktenmappe zu informieren, lasse es dann aber.

Er wirft einen Blick auf die Uhr. »Da er das Hotel verlassen hat, kein Geld schuldig geblieben ist und keine Nachricht hinterlassen hat, weiß ich nicht, was wir unternehmen sollten. Ich könnte Ihnen das amerikanische Konsulat empfehlen. Solange Ihr Bekannter nicht offiziell für vermisst erklärt worden ist, können wir leider nichts für Sie tun. Tut mir Leid.«

»Was meinen Sie mit ›offiziell für vermisst erklärt‹?«

»Ich meine, dass eine offizielle Vermisstenanzeige erstattet wird, aber ich schlage vor, dass Sie erst alle andere Möglichkeiten ausschöpfen.«

»Gut. Danke für Ihre Bemühungen.«

Er steht auf. »Keine Ursache. Teilen Sie mir das Ergebnis Ihrer Untersuchung doch gelegentlich mit.«

»Meiner Untersuchung?«

Jetzt lächelt er wirklich. »War vielleicht das falsche Wort. Entschuldigen Sie.«

»Na gut.« Ich erhebe mich. »Eine Sache noch. Der Musiker, den ich erwähnt habe, der vor einigen Jahren hier gestorben ist. Chet Baker. Wissen Sie, ob der Polizeibeamte, der den Fall bearbeitet hat, noch hier ist?«

»Chet Baker starb hier in Amsterdam? Wann?«

»1988, glaube ich. Er ist aus einem Hotelfenster gestürzt. Zumindest vermutet man, dass es so war.«

Er runzelt kurz die Stirn. »Ah ja, das Prins Hendrik. Das mit der –« Er unterbricht sich und sucht das treffende Wort. »Mit der Statue davor, richtig?«

»Ja, genau das.«

»Ich war damals noch nicht hier, aber ich habe von der Sache gehört. Der Beamte, der den Fall untersucht hat, ist mittlerweile im Ruhestand.«

»Oh. Wissen Sie, ob er noch in Amsterdam wohnt?«

»Ja, ich glaube schon ... aber ich müsste ... wollen Sie mit ihm reden?«

»Ich vermute, dass mein Bekannter mit ihm in Kontakt getreten ist.«

»Aha, ich verstehe. Ich werde mich erkundigen. Wo kann ich Sie finden?«

»Ich wohne auch im Prins Hendrik.«

»Sehr schön. Dann werde ich eine Nachricht für Sie hinterlassen, wenn ich irgendetwas herausfinde.«

»Danke schön.«

»Mr. Horne?« Er sieht mich nachdenklich an.

»Ja?«

Er misst seine Worte sehr sorgfältig ab. »Es ist ein Unterschied, ob jemand einfach abreist oder vermisst wird. Nichts für ungut, aber hatten Sie und Ihr Bekannter vielleicht Streit? Manchmal wollen Leute schlicht und einfach nicht gefunden werden.« Er bringt mich zur Tür. »Sogar Freunde tun manchmal merkwürdige Dinge.«

»Ja, da haben Sie wohl Recht.«

Draußen bleibe ich einen Augenblick auf der Treppe stehen. An dem, was Dekker gesagt hat, ist etwas dran. Vielleicht will Ace nicht gefunden werden – aber wann schlägt »nicht gefunden werden wollen« in »offiziell vermisst« um?

Die American-Express-Filiale liegt zwischen Rokin und Damrak, nicht weit vom Hauptbahnhof. Ich will Geld wechseln und ein paar Anrufe machen. An diesem Morgen ist nicht viel los. Zwei Studenten mit großen Rucksäcken wechseln Reiseschecks ein, und eine vierköpfige Familie studiert einen Stadtplan.

An einem der Schalter wechsle ich etwas Geld. »Ich möchte in die USA anrufen. Kann ich hier mit meiner Kreditkarte telefonieren?«

»Ja.« Die Bankangestellte zeigt auf die gläsernen Telefonzellen an der Wand gegenüber, ohne aufzublicken.

Als Erstes rufe ich die internationale Auskunft an und frage nach der Nummer der UNLV in Las Vegas. Ich atme einmal tief durch und wähle die Nummer.

»University of Nevada, Las Vegas.«

»Tag, können Sie mich bitte mit der Anglistik verbinden?«

»Einen Moment bitte.« Ich höre Summen und Klicken und dann eine andere Stimme.

»Fachbereich Anglistik«, sagt eine weibliche Stimme. »Was kann ich für Sie tun?«

»Könnte ich bitte mit Professor Buffington sprechen?«

»Professor Buffington hat ein Urlaubssemester. Er ist erst im nächsten Semester wieder da.«

»Das hatte er mir gesagt. Ich bin ein Bekannter von ihm. Wissen Sie vielleicht, wo ich ihn erreichen könnte?«

»Nein, leider nicht. Einen Augenblick.« Sie deckt die Sprechmuschel mit der Hand ab. Gedämpft höre ich, dass sie jemand anderen etwas fragt, aber sonst kann ich nichts verstehen. Dann ist sie wieder dran.

»Er ist in Europa und macht dort Forschungen. Weitere Informationen haben wir leider nicht.«

»Na, gut, trotzdem vielen Dank.«

Punkt eins abgehakt. Ich wähle die nächste Nummer, die ich ohne nachzusehen im Gedächtnis habe. Bei Ace zu Hause höre ich eine kurze Ansage auf dem Anrufbeantworter, dass er nicht ans Telefon gehen könne, man aber eine Nachricht hinterlassen solle.

»Hi, Ace, hier Evan, nur für den unwahrscheinlichen Fall, dass du schon wieder zu Hause bist. Falls du das hier hörst: Ich bin in Amsterdam im Prins Hendrik.«

Ich komme mir blöd vor, diese Nachricht zu hinterlassen, aber es kann ja nichts schaden. Zweiter Versuch.

Ein Anruf noch, und auch diese Nummer weiß ich auswendig.

»Santa Monica Police«, sagt ein Mann.

»Lieutenant Cooper, bitte.«

»Name?«

»Evan Horne.«

»Warten Sie bitte.«

Als Coop drangeht, klingt er ausnahmsweise mal ernstlich erfreut, meine Stimme zu hören. »Hey, Evan, wie gehts, wie stehts?«

»Gar nicht schlecht, Coop. Und bei dir? Wie gehts der Schulter?«

»Hervorragend. Hab deswegen 'ne Menge Urlaub bekommen.«

Gillian hatte Cooper einen tiefen Messerstich versetzt, und er musste ins Krankenhaus.

»Schön, Coop, freut mich, das zu hören.«

»Von wo rufst du an? Wie läufts da, wo immer du dich gerade rumtreiben magst?«

»Es läuft richtig gut, Coop. Ich bin in Amsterdam.«

»Amsterdam in Holland?«

»Genau da.«

»Wart mal. Ich muss kurz nachfragen, ob ich auch nicht für den Anruf zahlen muss.«

Ich lache. »Nein, ich weiß doch, dass du ein R-Gespräch nicht angenommen hättest.«

»Und was machst du da drüben?«

»Ach, das ist eine lange Geschichte. Ich arbeite hier in einem Club, vielleicht entwickeln sich noch andere Sachen daraus. Aber ich rufe wegen etwas anderem an.«

»Oh wei. Mir schwant Schlimmes.«

»Keine Panik, es ist nichts Großes.«

»Von wegen. Wenn ich mit dir rede, ist immer Panik angesagt. Was ist es?«

»Ich habe Ace getroffen, als ich in London war. Er war auf dem Weg nach Amsterdam, um etwas zu recherchieren, und wir hatten uns hier locker verabredet. Aber jetzt ist er plötzlich weg, abgereist, verschwunden. Ich hatte mich nur gefragt, ob du vielleicht etwas von ihm gehört hast.«

»Von Ace? Kein Wort. Nicht mehr, seit ich ihn damals in Las Vegas gesehen habe, als wir … na ja, du erinnerst dich.«

»Ich erinnere mich allerdings. Nun, es ist wahrscheinlich nichts.« Ich frage mich, ob ich Coop von der Mappe erzählen soll, und entscheide mich dann dagegen. »Hat sich wohl irgendwohin abgesetzt. Vielleicht taucht er ja noch mal auf, bevor ich abfahre.«

»Genau«, sagt Coop. »Eure Verabredung war ja sowieso nicht fest, oder?«

»Stimmt.« Ein kurzes Schweigen entsteht. Ich weiß, dass Coop sich die Sache durch den Kopf gehen lässt. »Ich habe allerdings von jemand anderem gehört, den du kennst. Von Natalie.«

»Wirklich? Wie geht es ihr?«

»Anscheinend gut. Ich soll dir jedenfalls einen Gruß ausrichten. Hör zu, mein Freund. Ich weiß ja nicht, wie lange du wegzubleiben gedenkst, aber an deiner Stelle würde ich sie mal anrufen. Wir waren zusammen ein Bier trinken und haben über alles geredet. Sie versteht die ganze Sache jetzt endlich. Vielleicht lässt sich da noch was retten.«

»Jetzt noch nicht, Coop. Ich bin noch nicht so weit.«

»Wollte es dir nur gesagt haben. Wird ja mittlerweile ganz schön teuer, unser Gespräch. Kann man dich irgendwo anrufen, falls ich was von Ace höre?«

Ich gebe ihm die Nummer des Hotels. »Morgens hiesiger Zeit erreichst du mich am besten. Wir sind Kalifornien acht Stunden voraus. Hinterlass ansonsten eine Nachricht.«

»Alles klar. Pass gut auf dich auf, ja?«

»Werd ich tun, Coop, werd ich tun.«

Widerstrebend lege ich auf. Es war gut, eine vertraute Stimme zu hören. Falls Ace schon wieder zurück in den Staaten ist, kommt er vielleicht nach L.A. und meldet sich bei Coop. Nichts würde mich glücklicher machen.

So, wie es aussieht, werde ich Coop und Inspektor Dekker von der Aktenmappe erzählen und das Ganze amtlich machen müssen.

Zurück im Hotel versuche ich erneut, eine logische Erklärung dafür zu finden, warum Ace seine Unterlagen zurückgelassen hat. Es ist natürlich weit hergeholt, aber ist ihm vielleicht etwas in die Hände gefallen, das ihn übervorsichtig gemacht hat? Hatte er Angst, dass jemand sie entdecken und herausfinden könnte, woran er arbeitete? Ich spiele im Geiste ein anderes Szenario durch, nur um zu sehen, ob es einen Sinn ergibt.

Was, wenn Ace gezwungen wurde, das Hotel zu verlassen und irgendwohin verschleppt wurde? Und vielleicht hatten seine Entführer – ist der Ausdruck zu stark? – ihn ja beim Packen überwacht. Sie hätten nichts von der Mappe und ihrem Versteck gewusst, und wenn dem so war, dann hätte Ace ihnen natürlich auch nichts davon gesagt. Nein, dann hätte er die Mappe schön da liegen lassen, wo sie war, in der Hoffnung, dass irgendjemand – das Zimmermädchen, der nächste Gast – sie früher oder später finden, abgeben und das Hotel alarmieren würde. Oder hat er damit gerechnet, dass ich sie finden würde? Als ich Fletcher gegenüber diese Möglichkeit erwähnt habe, hat er mit gutem Grund eingewendet, dass das ein bisschen sehr weit hergeholt sei. Aber ich bin mir da gar nicht mehr so sicher.

Als ich die Unterlagen erneut durchgehe, sehe ich, dass Ace seine Hausaufgaben zu Chet Baker gründlich gemacht hat. Ich kenne natürlich Chets Musik, besitze ein paar seiner Platten und habe einiges über seine legendäre Jazzkarriere gehört. Aber das ist nichts im Vergleich zu dem Dossier, das Ace zusammengestellt hat. Ich lese es vollständig durch, in der Hoffnung, einen Hinweis zu finden, wohin Ace als Nächstes gefahren und warum er so überstürzt abgereist sein könnte.

Chet Baker war seit den Fünfzigerjahren immer wieder kreuz und quer durch Europa gefahren. Er war in vielen europäischen Ländern aufgetreten, in Aufnahmestudios gewesen, verhaftet, eingesperrt und abgeschoben worden. In Italien hatte er länger eingesessen – sechzehn Monate – und eine Fährte hinterlassen, die einen Forschergeist wie Ace angestachelt haben musste. Sein Ruf folgte ihm überallhin, und die häufigen Zusammenstöße mit dem Gesetz sorgten für weitere Bekanntheit. Ace konnte in Italien, Frankreich, Skandinavien, sogar Spanien sein. In allen diesen Ländern hatte Chet mehr als einmal gespielt, aber in Amsterdam hatte er die meiste Zeit verbracht – zweifellos deswegen, weil Heroin hier leicht zu beschaffen war und die Gesetze sehr viel lockerer waren als anderswo.

Chet wuchs in Südkalifornien auf und fing gleich ganz oben an, mit einem Vorspiel bei Charlie Parker in L. A., bei dem er alle anderen Trompeter aus dem Feld schlug, die ein paar Gigs mit Bird spielen wollten. Als Parker zurück nach New York ging, sagte er zu Dizzy und Miles: »Da ist ein kleines weißes Kerlchen an der Westküste, das euch bei lebendigem Leib auffressen wird.« Neben dem Zitat ist ein handschriftlicher Vermerk von Ace, dass er es überprüfen muss.

Zu dem Zeitpunkt war Chet bereits Mitglied in dem »pianolosen« Quartett von Gerry Mulligan und auf dem besten Weg zu Ruhm und Erfolg.

Später hatte er zusammen mit dem Pianisten Russ Freeman seine eigene Band. Damit fing auch seine Gesangskarriere an. Jung, talentiert und gut aussehend, schien er zum Superstar vorherbestimmt. Hollywood war interessiert, aber der ganz große Erfolg wurde immer wieder durch Drogen zunichte gemacht. Ständig in neuen Methadonprogrammen – staatlichen und privaten –, war Chet 1969 in San Francisco ganz unten angelangt. Er wurde auf der Straße zusammengeschlagen.

Von dem Vorfall gibt es verschiedene Versionen. Aus den Zeitungsausschnitten geht nicht klar hervor, ob es ein einfacher Raubüberfall war oder ein Dealer, der es Chet heimzahlen wollte, dass er ihm Geld schuldig geblieben war. Wie dem auch gewesen sein mochte: Seine Zähne waren hin, und er musste wieder ganz von vorn anfangen und mit Gebiss spielen lernen. Er brauchte über drei Jahre dazu und hatte sein Come-back mit einer Reihe von eher kommerziellen als künstlerischen Einspielungen. Sie kamen nicht an, sodass Chet sich wie immer nach Europa zurückzog, wo er irgendwann nach Ansicht der Kritiker wieder besser als je zuvor spielte.

Weitere Plattenaufnahmen, Wiedervereinigung mit Gerry Mulligan, die Legende wurde immer größer. Leider auch die Drogensucht. Doch es gab immer noch genug Leute, die ihn spielen hören wollten, seine Platten kauften und auf mehr warteten. Ein Rattenschwanz von Frauen, Freundinnen und Kindern folgte ihm, aber nichts schien Chet Baker davon abhalten zu können, Jazz zu spielen.

Es gibt eine Reihe von Fotos, die ich auf dem Bett ausbreite: von den ganz frühen Tagen bis zur Zeit kurz vor seinem Tod – Chet auf einem Hocker auf der Bühne, die Trompete daneben, mit einem Ausdruck, als würde er denken: Was ist bloß mit mir geschehen? Er wirkt wie ein ins Gegenteil verkehrter Dorian Gray.

Ich sehe mir noch einmal die beiden Bilder von Ace an. Aus einer Eingebung heraus stecke ich eins davon in meine Passhülle. Alles andere verstaue ich wieder in der Ledermappe. Ich zünde eine Zigarette an und versuche, mich in Ace hineinzuversetzen. Chets letzte Platte – *My Favorite Songs: The Last Great Concert* – habe ich in meiner Sammlung. Vom Text auf der Hülle weiß ich, dass er direkt nach der Aufnahmesession irgendwohin zum nächsten Gig gefahren war. Dann mit einer Tasche voller Bargeld zurück nach Amsterdam. Zwei Wochen später war er tot.

Auf einem der Blätter fällt mir wieder das Niederländische Jazzarchiv ins Auge. Nach dem Hotel war das der Ort, an dem Ace anfangen würde, sich durch das Material hindurchzuarbeiten. Eine Bibliothek, in der er sich wie zu Hause fühlen musste. Vielleicht ist das der Schlüssel zu allem: Chet Baker finden heißt Ace Buffington finden.

6

Fletcher Paige ist ein Wunder. Jeden Abend spielt er mit der Professionalität eines erfahrenen Veteranen und der Begeisterung eines Jungen beim ersten Auftritt. Dieser Gig sollte einfach nicht zu Ende gehen. Das Publikum spricht auf uns an, die Band macht begeistert mit, und ich erfahre, was es heißt, mit einem Meister dessen zu spielen, was einige Kritiker Amerikas klassische Musik genannt haben. Und die spielen wir in einem fremden Land – ich, der Frischimport aus den Staaten, und Fletcher, der seit achtzehn Jahren im selbst auferlegten Exil lebt.

Persönlich könnte unser Verhältnis nicht besser sein. Wir haben denselben Sinn für Humor, erzählen uns Geschichten, reden über Musik, Politik, sogar über Rassenprobleme. Jim Crow, Crow Jim, den ganzen Mist. »Du bist zu jung, um dich an die Sechziger zu erinnern«, sagt Fletcher. »Das ging damals in beide Richtungen. Als Bobby Timmons bei Cannonball Adderly ausstieg, wollte Cannon Victor Feldman, den weißen englischen Pianisten, anheuern, aber er wusste, dass er damit bei den anderen in der Gruppe nicht durchkommen würde.«

»Ja, von Platten kenne ich den. Hat eine mit Miles aufgenommen, vor Herbie Hancock.«

»Genau den meine ich. Damals war 'ne Menge los, diese ganze Free-Jazz-Kacke und die militante Schwarzenbewegung. Die Panthers, Black Power. Nichts dagegen einzuwenden, aber die Politik kam der Musik in die Quere. Also hat Cannon dem Rest der Band eine Platte von Feldman vorgespielt und gesagt, dass er den wollte. Sie haben zugehört und gesagt: Ja, der ist es. Erst dann hat er ihnen verraten, wer das war.«

»So wie bei Miles damals, als er Bill Evans angeheuert hat.«

»Genau. So verbohrt Miles in vielem auch war, in der Musik spielte das für ihn keine Rolle.«

Ich höre mir diese und andere Anekdoten aus Fletchers Tagen bei Count Basie an. Wieder einmal wünsche ich mir, ich wäre früher auf die Welt gekommen. Ich habe das Gefühl, als würde ich Fletcher schon mein Leben lang kennen. Beiläufig frage ich ihn, ob er schon mal daran gedacht hat zurückzugehen. Meine Frage löst offensichtlich unangenehme Erinnerungen bei ihm aus.

»Warum sollte ich das tun, Mann?« Wir unterhalten uns direkt nach unserem Auftritt. Ein paar Leute sitzen noch über ihrem abgestandenen Bier. Ich beobachte Fletcher, wie er sein Instrument einpackt. Er lässt den Kasten zuschnappen und sieht mich scharf an. »Warum sollte ich wohl wieder um Gigs betteln müssen, für Leute spielen, die noch nicht mal wissen, wer ich bin? Die mich für tot gehalten haben?« Er stellt den Saxofonkoffer ab und steckt sich eine Zigarette an. Hinter seinem gutmütigen Äußeren verbirgt sich offensichtlich immer noch ein großer Zorn, den ich zum ersten Mal ausbrechen sehe.

»Ich hab mich mal mit Johnny Griffin unterhalten, weißt du, und ihm dieselbe Frage gestellt wie du gerade. Griff erzählte mir, dass er mal in der Carnegie Hall aufgetreten sei und die Bühnenarbeiter ihm blöd gekommen sind – wir wissen beide, warum. Carnegie Hall!« Er schüttelt den Kopf. »Nein danke, den Scheiß kenne ich zur Genüge. So was brauche ich nicht mehr. Mir gefällts hier ganz hervorragend.«

»Aber für Dexter Gordon war es doch anders, als er zurückgegangen ist, oder?«

»Tja, ich bin aber nicht Dexter Gordon.« Ein Grinsen breitet sich auf seinem Gesicht aus. »Verdammt, ich spiele sowieso besser als Dex. Lass uns über was anderes reden. Wie wärs mit was zu essen?«

Wir steigen in Fletchers Auto, einen alten VW. Fletcher schlängelt sich durch die Seitensträßchen Amsterdams, bis wir weit entfernt von der Altstadt vor einem kleinen Café anhalten. »Nicht da«, sagt er, als ich auf das Café zugehe. »Hier um die Ecke.«

Ich folge ihm hinein, wo wir von einer umwerfend schönen Indonesierin begrüßt werden, die Fletcher anlächelt, als sie ihn sieht. Sie hat glatte schwarze Haare, die ihr fast bis zur Taille reichen, große Augen und seidige dunkle Haut. »Fletcher, ich muss mit dir schimpfen«, sagt sie. »Du warst schon lange nicht mehr hier.« Sie umarmt ihn und wirft mir einen Blick zu.

»Maria, das ist mein Freund Evan«, sagt Fletcher. »Wir spielen zusammen im Bimhuis. Evan ist ein echt guter Klavierspieler. Und du warst auch noch nicht da, um mich spielen zu hören.« Scherzhaft droht er ihr mit dem Finger.

»Schon gut, schon gut«, sagt sie. »Immer zu viel zu tun. Wollt ihr was essen?«

»Wozu sind wir sonst da?«, erwidert Fletcher. »Du weißt, was ich mag. Für meinen Kumpel hier dasselbe.« Er sieht mich fragend an. »Okay?«

»Klar, immer her damit.«

»Du hast den Mann gehört«, sagt Fletcher. »Heiz die Pötte an.«

Sie führt uns zu einem Tisch hinten im Restaurant. Trotz der späten Stunde ist es noch gut besucht. Das Sprachengewirr von Touristen und Einheimischen umgibt uns, Düfte von scharfem Essen dringen mir in die Nase. Maria bringt uns zwei Bier.

»Es wird dir schmecken, Mann. Das beste indonesische Essen in ganz Amsterdam.«

Der Tisch ist bald bedeckt mit Unmengen kleiner Schalen, Tellerchen mit Saucen, Stövchen mit Teelichtern, die Edelstahlschalen warm halten, und weit mehr Essen, als wir zwei bewältigen können.

»Wow«, sagt Fletcher. »Ich hatte fast vergessen, wie gut es ist.« Er hebt sein Bier in Richtung Maria auf der anderen Seite des Raumes, und sie nickt lächelnd zurück. Beim Kaffee rauchen wir eine. Ich merke, wie Fletcher mich mustert. »Du siehst aus, als wärst du bei irgendwas ertappt worden. Du hast die Mappe doch nicht abgegeben, oder?«

»Nein. Ich habe den ganzen Morgen darin gelesen.«

»Und?«

»Es ist ein Dossier über Chet Baker mit Ace' gesammelten Notizen.« Ich gebe dem Kellner ein Zeichen, dass ich noch mehr Kaffee möchte, und sehe Fletcher an. »Ich würde gerne ein paar Möglichkeiten und Hypothesen mit dir durchspielen, okay?«

»Schieß los. Erwarte aber nicht, dass ich deiner Meinung bin.«

»Mal angenommen, Ace hat die Mappe da aufbewahrt, wo ich sie gefunden habe, um sicherzugehen, dass sie niemandem in die Hände fällt – nicht mal dem Zimmermädchen, wenn er nicht im Zimmer war.«

»Möglich«, sagt Fletcher.

»Angenommen, jemand zwang Ace, mit ihm mitzukommen, vielleicht sogar gewaltsam, ging mit hoch auf sein Zimmer, überwachte ihn beim Packen und beim Begleichen der Rechnung an der Rezeption.«

»Hmm.« Fletcher drückt seine Kippe aus. »Mach weiter.«

»Das würde jedenfalls erklären, warum die Mappe nach Ace' Abreise noch da war. Vielleicht hat er gehofft, dass jemand – nun ja, vielleicht sogar ich – sie finden, Alarm schlagen, das Hotel und dann vielleicht die Polizei benachrichtigen würde.« Noch während ich spreche, merke ich, wie weit hergeholt das klingt. Vielleicht haben Fletcher und Inspektor Dekker doch Recht. Meine Fantasie geht mit mir durch. »Ich tappe einfach völlig im Dunkeln, Fletcher. Ich weiß nur eins mit hundertprozentiger Sicherheit: dass Ace niemals ohne die Mappe weggehen würde.«

»Warst du schon bei der Polizei?«

»Ja, die wissen inzwischen alles außer der Sache mit der Mappe. Ich habe auch an der Universität und bei Ace zu Hause angerufen. An der Uni sagen sie, dass er ein Urlaubssemester hat. Da ist nichts faul. Außerdem habe ich einen befreundeten Bullen in L.A. angerufen. Ich habe ihm nicht alles erzählt, nur, dass er die Augen offen halten soll.«

Fletchers Augenbrauen rutschen nach oben. »Was hat die Polizei gesagt?«

»Nichts Besonderes. Sie erkundigen sich für mich nach dem Beamten, der den Tod von Chet Baker untersucht hat. Der ist jetzt pensioniert und wohnt irgendwo auf dem Land. Ace hat sich bestimmt mit ihm in Verbindung gesetzt.«

»Aha«, murmelt Fletcher. »Und was hast du als Nächstes vor?«

»Wenn ich das nur wüsste! Der Polizist hat mir gesagt, ich soll beim amerikanischen Konsulat nachfragen. Ich glaube aber kaum, dass Ace sich dorthin wenden würde.«

»Nein, wahrscheinlich nicht«, sagt Fletcher. »In all den Jahren, seit ich hier bin, habe ich das nie getan.«

»Morgen gehe ich beim Niederländischen Jazzarchiv vorbei. Das ist nicht weit vom Hotel. Vielleicht ist Ace da gewesen und hat mit jemandem geredet.«

Fletcher nickt. »Ich merke schon, die Sache beschäftigt dich. Aber ... möglicherweise gerätst du dabei in Schwierigkeiten.«

»Ich weiß, ich weiß. Aber ich werde das Gefühl nicht los, dass Ace etwas zugestoßen ist.«

Fletcher grübelt, dann verziehen sich seine Lippen zu einem Lächeln. »Weißt du was«, sagt er. »Wenn du den pensionierten Beamten besuchst, dann komme ich mit.«

»Wirklich?«

»Und ob. Ich will zu gern mit eigenen Ohren hören, wie es war.« Er lacht. »Vielleicht schreib ich dann selbst ein Buch.«

Wir fahren zum Hotel zurück. Als ich aus dem Auto ausgestiegen bin, ruft Fletcher mich noch einmal zurück. »Hör zu, Mann, vielleicht sollte ich das nicht sagen, aber ... finde deinen Freund. Vielleicht findest du dabei dich selbst.«

Dann fährt er los, und ich stehe da und frage mich, was er damit wohl meint.

Am Morgen gehe ich nach dem Frühstück fünfzehn Minuten die Prins-Hendrikkade herunter. Der Frühling ist eindeutig da, auch wenn es noch kühl ist. Im Hintergrund sieht man Schiffe, die am Kai liegen und entladen werden. Wie üblich sind überall Fahrräder, und ich muss an jeder Kreuzung aufpassen, um nicht überfahren zu werden. Sie wirken gefährlicher als die Autos oder die voll gestopften Straßenbahnen. Los Angeles ist eine solche Autostadt, dass mich die Straßenbahn, die die ganze Stadt durchkreuzt und offenbar immer überfüllt ist, fasziniert.

In einer Zeile grauer Gebäude finde ich die gesuchte Adresse und sehe das Schild des Niederländischen Jazzarchivs. Es geht ein paar Stufen nach unten ins Souterrain. Hinter einem kleinen Raum zu meiner Linken sehe ich hunderte von Büchern in grauen Metallregalen. Ich komme in einen größeren Raum, von dem seitlich einige Büros abgehen. Am hinteren Ende sitzen drei Männer um einen Tisch herum und diskutieren auf Englisch über Aufnahmen von Duke Ellington. Ihre Stimmen sind bis zu mir zu hören. Die Diskussion scheint ziemlich hitzig zu sein. Ich höre Johnny Hodges Namen, als mich von hinten jemand anspricht.

»Kann ich Ihnen helfen?«

Ich drehe mich um und sehe eine junge Frau, vielleicht Ende zwanzig, Anfang dreißig, mit kurzen, dunklen Haaren und einem freundlichen Lächeln. Wieder einmal bin ich dankbar, dass hier so viel Englisch gesprochen wird. »Ich hoffe es. Ein Freund von mir war möglicherweise hier, um über Chet Baker zu forschen. Ein Amerikaner. Er heißt Buffington, Charles Buffington.«

Sie denkt kurz nach. »Ah ja. Er war vor ein paar Tagen hier und hat sich unser Pressearchiv angesehen. Er hatte uns schon von Amerika aus geschrieben und um Erlaubnis dafür gebeten. Das war sehr höflich, aber im Grunde nicht notwendig.« Sie lächelt wieder. »Wir sind hier nicht so förmlich.«

»Es wollen doch sicher ziemlich viele Leute etwas über Chet Baker wissen.«

»Ja, viele Leute kommen nach Amsterdam, weil er hier gestorben ist. Möchten Sie sich etwas Bestimmtes ansehen? Sind Sie auch zu Forschungszwecken hier?«

»Äh, nein, ich bin Musiker. Ich trete im Bimhuis auf, zusammen mit Fletcher Paige.«

»Ja, ein berühmter Bürger der Stadt. Amsterdam hat ihn adoptiert. Welches Instrument spielen Sie?«

»Klavier. Ich bin hier, weil ich gehofft hatte, etwas über meinen Freund zu erfahren. Wir waren verabredet, aber er ist nicht mehr in seinem Hotel und hat keine Adresse hinterlassen.«

Ihr Gesichtsausdruck verändert sich plötzlich. »Sind Sie etwa Evan Horne?«

»Ja, warum? Woher wissen Sie das?«

»Sehr erfreut, Sie kennen zu lernen. Ich heiße Helen.« Wir geben uns die Hand. »Einen Augenblick, bitte.« Sie verschwindet wieder im

Büro und kommt mit einem Umschlag zurück. »Dann ist das hier für Sie. Mr. Buffington hat es hinterlassen. Er hat gesagt, Sie würden wahrscheinlich vorbeikommen.«

Ich reiße den Umschlag auf. »Haben Sie mit ihm geredet? Hat er Ihnen das gegeben?«

»Ja. Er hat einen ganzen Tag hier verbracht, aber ich habe nicht viel mit ihm gesprochen. Als er gegangen ist, hat er mir den Umschlag gegeben und gesagt, der wäre für Sie, falls Sie kämen.«

Die Sache wird jeden Moment unheimlicher. »Und wenn ich nicht hergekommen wäre?«

»Dazu hat er nichts gesagt. Tut mir Leid, mehr weiß ich auch nicht. Wenn Sie mich entschuldigen würden. Ich muss zurück an die Arbeit, aber melden Sie sich, wenn Sie sich etwas ansehen möchten.«

»Natürlich, danke.« Ich setze mich an einen Tisch und hole den Brief aus dem Umschlag. Es ist ein handgeschriebener Zettel, eindeutig in Ace' Handschrift.

> Lieber Evan,
> du bist hier und demzufolge der Fährte genauso heiß hinterher wie ich. Ich dachte mir, dass du ihr nicht würdest widerstehen können. Eine wundervolle Einrichtung hier, freundliche Angestellte. Lass dir die andere Skulptur zeigen. Sehr sehenswert! Schade, dass wir uns im Hotel verpasst haben, aber die Suche geht weiter.
>   Gruß, Ace

Ich lese es mehrmals durch, aber mir fällt nichts auf. Hat er das geschrieben, nachdem er aus dem Hotel verschwunden ist? Ich werde immer verwirrter. Allerdings bin ich neugierig, was Ace sich hier angesehen hat, und suche noch einmal Helen.

»Tut mir Leid, dass ich Sie noch mal stören muss. Könnte ich wohl die Materialien sehen, die sich mein Bekannter angesehen hat? Er hat außerdem eine Skulptur erwähnt – ist sie anders als die vor dem Hotel?«

Sie steht hinter ihrem Schreibtisch auf. »Ja. Kommen Sie, ich zeige sie Ihnen.« Sie führt mich um eine Ecke, und da steht auf dem Gang eine menschliche Gestalt, die anscheinend aus Baumzweigen gemacht ist. In sie verflochten ist eine alte Trompete. »Das ist Chet Bakers Trompete«, sagt sie.

»Das kann doch nicht wahr sein!« Der Glanz ist weg und das Metall völlig angelaufen. »Seine Verwandten wollten sie nicht haben?«

»Nein, niemand. Die Skulptur stand eine Zeit lang draußen, hinter dem Hotel, aber sie konnte nicht geschützt werden, und das Hotel fand es unpassend, sie auszustellen.«

»Ja, das kann ich mir denken.« Ich kann den Blick nicht davon abwenden. In New York hätte sie keine fünf Minuten überlebt. Immer wieder blicke ich zurück, als Helen mich in einen mit grauen Metallregalen voll gestellten Raum führt.

Sie zieht einen Ordner und zwei Videobänder heraus. »Diese Unterlagen hat er durchgesehen. Allerdings sind die meisten auf Niederländisch. Außerdem hat er sich diese Videos angeschaut.«

Ich sehe mir die Titel an. Eins ist eine Kopie von Bruce Webers Film über Chet, *Let's Get Lost,* der auch im Handel erhältlich ist. Auf der anderen Papphülle steht mit schwarzem Filzstift *Chet Baker: The Final Days.*

»Was ist das für ein Film?«

»Der wurde von einem holländischen Dokumentarfilmemacher gedreht. Die Interviews sind in englischer Sprache oder untertitelt. Er enthält auch ein Gespräch mit dem Polizisten, der Chets Todesfall untersucht hat.«

Ich kann mich nicht erinnern, je von diesem Film gehört zu haben. »Den würde ich mir gern mal ansehen, wenn das möglich ist.«

»Natürlich.« Sie führt mich in einen kleinen Raum mit einem Videorekorder und einem Fernseher. »Lassen Sie sich Zeit. Ich bin im Büro, falls Sie etwas brauchen.« Sie legt das Video ein.

»Danke.«

Ich drücke auf die Playtaste. Anfangs bin ich von der Stimme der Sprecherin ziemlich irritiert. Sie ist sehr kalt, unbeteiligt, fast grob.

»Chet Baker, Trompeter und Sänger, starb am dreizehnten Mai 1988 in Amsterdam. Sein Tod wurde durch Sturz oder Sprung aus einem Hotelfenster verursacht. Chet Baker war achtundfünfzig Jahre alt.«

Ich spule zurück und sehe mir diesen Teil noch einmal an. Kalte, harte Fakten, sonst nichts. Als Nächstes kommt ein Schwarzweißfoto von Chet, der in der Gasse auf der Seite liegt. Die Sprecherin fährt fort.

»Sein Gesicht ist blutüberströmt. Anfänglich hält ihn die Polizei für einen zirka dreißigjährigen Drogensüchtigen. Im Hotelzimmer werden die Papiere eines achtundfünfzigjährigen Amerikaners namens C. H. Baker gefunden. Deswegen wird vermutet, dass es sich um einen Junkie handelt, der einen Touristen ausgeraubt hat.«

Bei dem Schwarzweißfoto drücke ich auf die Pausetaste. Ich merke, wie sich altbekannte Gefühle in mir regen – als würde ich über den Rand eines dunklen, tiefen Abgrunds blicken, könnte aber keinen Schritt zurück tun. Einen Augenblick lang bin ich genau da, in dem Foto, betrachte Chets Leichnam und sehe hoch zum Fenster seines Zimmers. Doch da ist nichts, was mir irgendetwas verrät. Nichts, was die wahre Geschichte erzählt. Nicht Chetty oder Chet mit der goldenen Trompete. Nur ein toter Junkie mit blutverschmiertem Gesicht, der in einer Hintergasse in einem fremden Land aufgefunden wird.

Der Rest des Films ist ebenfalls hochinteressant. Ich frage mich, warum er nie in den Staaten gelaufen ist. Für den Kultursender PBS scheint er wie gemacht. Unter anderem zeigt er Interviews mit Russ Freeman, Chets langjährigem Pianisten, dem Fotografen William Claxton, mit Musikproduzenten, Freunden und einem Pianisten aus Rotterdam, der sich an einen Abend erinnert, an dem Chet unangemeldet in den Club kam und fragte, ob er mitspielen dürfe. Er enthält ebenfalls eine Szene mit Chet und Bassist Red Mitchell, die zusammen am Klavier sitzen, reden, Erinnerungen nachhängen und ein paar Stücke zusammen spielen. Red mit freundlichem Lächeln, Chet mit der Trompete in der Hand und Red abwartend beobachtend, der die Akkorde von »My Romance« spielt.

Die Story wird chronologisch vom 7. Mai an erzählt, fünf Tage vor Chets Tod. Trotz des Interviews mit dem Polizisten, der die Szene beschreibt und unverblümt seine Meinung zum Besten gibt, bleiben die Umstände seines Todes vage und wenig schlüssig.

»Wir glauben«, sagt der ermittelnde Beamte, »dass Mr. Baker unter Drogeneinfluss stand und aus dem Fenster seines Hotelzimmers gestürzt ist. Er wurde gegen drei Uhr morgens tot aufgefunden. Es gab keinerlei Anzeichen für Vorsatz oder Fremdeinwirkung, sein Zimmer war von innen verschlossen. Vielleicht war er überzeugt, dass er fliegen konnte«, sagt der Kommissar, aber er lächelt nicht. Sogar ein Interpol-Dokument wird kurz eingeblendet, auf dem vermutlich Chets Zusammenstöße mit dem Gesetz in diversen Ländern verzeichnet sind.

Ich spule das Band vor, wobei ich die zahlreichen Musikmitschnitte aus verschiedenen Stadien von Chets Karriere überspringe, in denen sein körperlicher Verfall deutlich zu sehen ist. Hin und wieder halte ich an, um mir ein paar der Interviews anzusehen. Wenn ich mehr Zeit hätte, würde ich mir gern den ganzen Film anschauen. Ich schalte das Videogerät aus und denke über die Bemerkungen des Kriminalbeamten nach. Ich muss mir noch mal die Schlösser an den Hoteltüren ansehen. Wenn es ein Schnappschloss war, hätte jemand die Tür einfach hinter sich ins Schloss ziehen können. Falls der Betreffende wirklich Angst hatte, gesehen zu werden, hätte er auch die berühmt-berüchtigte Regenrinne herunterrutschen können, die aber mit keinem Wort erwähnt wird. Nichts von alledem sagt mir etwas über Ace' Verbleib. Und obwohl ich es abgelehnt hatte, Ace zu helfen, sitze ich hier, grüble herum und habe mich bereits tief in die Geschichte hineinziehen lassen.

Ich schiebe das Band zurück in die Schachtel. In dem Ordner voller Zeitungsausschnitte finde ich nur zwei auf Englisch. Die nehme ich heraus und gehe mit ihnen zurück zum Büro. »Helen?«

Sie telefoniert gerade. Sie hält einen Finger hoch, redet noch kurz weiter und legt dann auf.

»Vielen Dank für Ihre Bemühungen«, sage ich. »Eine Bitte hätte ich noch. Kann ich Kopien dieser zwei Artikel bekommen?«

»Natürlich.« Sie nimmt sie mir aus der Hand und verschwindet in einem Nebenzimmer. Nach einigen Minuten ist sie wieder da und gibt mir die Kopien. »Ich ordne die Originale wieder ein«, sagt sie. »Ich hoffe, Sie haben gefunden, was Sie gesucht haben.«

»Das wird sich zeigen«, antworte ich. »Das Video könnte ich nicht zufällig ein paar Tage lang ausleihen?«

»Nein.« Sie schüttelt den Kopf. »Das ist nicht erlaubt. Sie können es sich jederzeit ansehen, aber unsere Bestände dürfen die Bibliothek nicht verlassen.«

»Ich verstehe. Vielen Dank jedenfalls, Helen. Sie haben mir sehr geholfen.« Ich gehe in Richtung Tür und drehe mich dann noch einmal um. »Einen Gefallen könnten Sie mir noch tun.«

»Ja?«

»Sagen Sie meinem Freund, dass ich hier war, falls er wiederkommt.«

Auf dem Weg zum Hotel lasse ich die Bilder des Films noch einmal im Geist Revue passieren. Das Interview mit dem Kriminalbeamten ist mir am stärksten im Gedächtnis haften geblieben. Er schien völlig überzeugt zu sein, dass Chet Bakers Tod ein Unfall war, ein Sturz aus dem Fenster, möglicherweise unter Drogeneinfluss. Angesichts von Chets Vergangenheit erscheint das nur logisch. Aber dass Chet gedacht haben soll, er könne fliegen? Das glaube ich kaum. Chet konnte fliegen, aber nur mit der Trompete an den Lippen.

Vor dem Hotel betrachte ich noch einmal die Skulptur. *Nur du weißt, wie es wirklich war, Chet. Und du redest nicht.* Als ich hineingehe, drehen sich zwei Männer an der Rezeption zu mir um. Einer von ihnen ist der Polizeibeamte, mit dem ich auf der Wache geredet habe, Inspektor Dekker. »Ah, Mr. Horne«, sagt er. »Wir haben gerade nach Ihnen gefragt.«

Ich bemerke, dass der andere Mann eine Plastiktüte in der Hand hält. »Ja. Stimmt etwas nicht?«

»Das ist Wachtmeister Vledder.« Er nickt in Richtung des anderen Mannes. »Könnten wir vielleicht auf Ihr Zimmer gehen und uns da unterhalten?«

»Ja, natürlich.« Der Klang seiner Stimme gefällt mir ganz und gar nicht, und ich bereue es schon, auf die Polizeiwache gegangen zu sein. Als wir mit dem Aufzug hochfahren, kann ich den Blick nicht von der Tüte in der Hand des anderen Polizeibeamten wenden. Ich schließe auf. Das Zimmermädchen hat schon aufgeräumt.

»Um was geht es denn?«

Dekker bedeutet Vledder, ihm den Beutel zu geben, und zieht eine dunkelbraune Wildlederjacke heraus. »Ich hätte gern gewusst, ob Sie die Jacke hier wiedererkennen.« Er hält sie hoch. Sie ist groß, und ich sehe sofort, dass sie Ace passen würde. Ich versuche, sie mir an ihm vorzustellen. »Wo haben Sie die gefunden?«

»Sie erkennen Sie also.« Er beobachtet mich ganz genau. »Könnte es sich um die Jacke Ihres Bekannten handeln?«

»Ich bin mir nicht ganz sicher. Es scheint die richtige Größe zu sein. Er ist sehr groß.«

»Sie wurde in einem Coffeeshop in einer Sitzecke gefunden. Ein Kunde hat sie beim Besitzer abgegeben, und der hat dann die Polizei gerufen.«

»Warum glauben Sie, dass die von meinem Bekannten sein könnte?« Doch noch während ich spreche, weiß ich genau, dass es Ace' Jacke ist.

»Deswegen.« Er fasst in die Innentasche der Jacke und zieht einige Visitenkarten heraus, die von einem Gummiband zusammengehalten werden. Er zeigt mir eine. Darauf ist das rote Siegel der University of Nevada, »Prof. Charles Buffington, Ph. D., Fachbereich Anglistik«, und die Nummer von Ace' Büro zu sehen.

Ich setze mich aufs Bett, starre die Karte an und weigere mich, darüber nachzudenken, was das bedeuten könnte. »Ist so etwas nicht merkwürdig? Warum wurde die Jacke abgegeben?«

»Das ist schwer zu sagen. Sie war offensichtlich teuer. Der Finder hofft wahrscheinlich auf einen Finderlohn. Oder er ist einfach ein ehrlicher Mensch. Soll hin und wieder vorkommen. Sogar in Amsterdam.«

»Natürlich. Ich wollte damit gar nicht sagen –«

»Schon in Ordnung. Die Visitenkarten erkennen Sie aber.«

»Ja, die gehören meinem Bekannten.« Ich sehe nochmals Jacke und Karten an. »Irgendwelche Ideen?«

»Nein, leider nicht, außer ...« Er wirft seinem Kollegen einen Blick zu. »Sie wurde in einem der Coffeeshops gefunden, in denen legal Marihuana konsumiert werden darf. Hat Ihr Freund möglicherweise dieses Laster?«

Ich lache. »Ace? Nein, das glaube ich kaum. Mehr als zwei Gläser Wein verträgt der nicht.«

»Ace also? Nicht Charles?«

»Ace ist sein Spitzname. Er spielt viel Tennis.«

»Aha, ich verstehe.« Dekker und Vledder wechseln einen Blick und einige Worte auf Holländisch. »Haben Sie uns sonst noch etwas zu sagen, Mr. Horne?«

Jetzt wäre der Zeitpunkt, Dekker die Ledermappe auszuhändigen – sich etwas auszudenken, warum ich ihm nicht früher davon erzählt habe – und alles Weitere von der Polizei regeln zu lassen. Natürlich tue ich nichts dergleichen. »Was zum Beispiel?«

Dekker lächelt nachsichtig. »Das wissen Sie besser als ich, Mr. Horne. Ihr Bekannter wird seine Jacke sicher irgendwann vermissen. Es ist nicht zwingend, aber die Jacke weist darauf hin, dass er noch in Amsterdam sein könnte.«

»Ich verstehe, was Sie meinen. Ich würde Ihnen gerne noch mehr sagen, aber mehr weiß ich auch nicht.«

7

Im Bimhuis werde ich mitten im zweiten Set an den Film erinnert. Wir haben gerade einen stürmischen Blues beendet und brauchen ein bisschen was zum Abkühlen. Fletcher steht neben mir am Flügel.

»Mann, das hat ja nur so gebrodelt«, sagt er und nickt dem Drummer aufmunternd zu, der sich grinsend das Gesicht trocken wischt. »Hast du irgend 'ne Ballade auf Lager?«

»Kennst du ›On Green Dolphin Street‹?«, frage ich Fletcher. Er wirkt überrascht. Es gehört zu den Standards jeder Jamsession und war bei Miles anfangs immer Teil des Programms. Jeder hat es schon unzählige Male gespielt, aber es ist trotzdem immer wieder eine schöne, melancholische Melodie.

»Yeah, das kenne ich.« Er lächelt, weil er errät, was ich denke. »Balladentempo?« Das Stück wird für gewöhnlich im mittleren Tempo oder sogar noch schneller gespielt, wobei die ersten und dritten acht Takte einen südamerikanischen Einschlag erhalten.

»Fast. Locker eben«, sage ich, während ich im Geist die Akkordfolge durchgehe.

Fletcher lächelt. »Ich habe eine Idee.« Er geht rüber zum Schlagzeuger und zum Bassisten und sagt etwas zu ihnen, woraufhin sie die Bühne verlassen. Fletcher kommt zurück. »Nur du und ich bei dem hier, okay?«

»Klar.« Ohne jede weitere Diskussion fange ich mit einer Rubato-Einleitung an und benutze nur Mollakkorde in einem Out-of-tempo-Chorus. Dann spiele ich einen Auftakt im Tempo, ein bisschen schneller als eine Ballade. Fletcher schleicht sich herein, als würde er einen Vorhang teilen, ist plötzlich da, gleitet in die Melodie, lässt sein Horn singen und überwältigt mich und die Zuhörer mit langen, eleganten Linien, die bisweilen fast wie Schreie klingen und wie wattige Wolken noch lange in der Luft hängen, nachdem sie schon verklungen sind. Er spielt drei Chorusse, die man aufnehmen müsste, damit die Saxofonisten der Welt hören können, wie dieses Stück gespielt werden kann und sollte.

Ich folge ihm. Meine Hände scheinen ganz von allein zu spielen.

Mit guten Musikern zusammenzuarbeiten, schärft die Aufmerksamkeit. Man entdeckt plötzlich Fähigkeiten an sich selbst, von denen man nie etwas geahnt hat. Ich spüre Fletcher neben mir und weiß ohne aufzublicken, dass er lächelt. Nach zwei Chorussen fällt er ein, und wir spielen zusammen, als hätten wir einen für uns geschriebenen Kontrapunkt wochenlang geprobt, greifen die Ideen des anderen auf, verändern sie, zitieren sie oder setzen von neuem an. Dann kommen wir so still zum Abschluss, wie wir angefangen haben, als löse sich das Stück im Nebel auf.

Wir sehen uns an, als die letzten Noten zu nichts als einem Echo aus dem Flügel und Luft aus Fletchers Tenorsaxofon verklungen sind. Es entsteht ein sehr lang wirkender, perfekter Augenblick völliger Stille, als wolle das Publikum die Verzauberung nicht durchbrechen. Erst als ich die Hände von den Tasten nehme, brandet lauter Applaus auf. Fast erstaunt, dass Publikum anwesend ist, blicke ich auf.

»Hey«, sagt Fletcher. »Wir machen besser Schluss, solange wir so gut sind.« Er nimmt das Saxofon vom Hals und stellt es in den Ständer. »Lass uns rausgehen. Ich muss mit dir über was reden.«

Wir schaffen es durch die vielen Menschen hindurch zum Ausgang. Für Fletcher sind das vielleicht alles altbekannte Dinge, aber mir klingen noch die Ohren. Draußen stecken wir uns beide eine Zigarette an und gehen einmal um den Block.

»Solche Augenblicke erlebt man nicht oft«, sagt er.

»Ich weiß. Ich könnte jetzt nach Hause gehen und hätte das Gefühl, dass der Abend gut gelaufen ist.«

Fletcher nickt. »Wie bist du auf ›Green Dolphin‹ gekommen?«, fragt er mich.

»Ich habe heute im Jazzarchiv einen Film über Chets letzte Tage gesehen. Eine holländische Fernsehproduktion. Ich wollte wissen, ob Ace im Archiv gewesen ist.«

»Und, war er das?«

»Ja. Hat mir sogar einen Brief hinterlassen. In dem Film kommt ein Interview mit einem Pianisten in Rotterdam vor. Er ist im Dizzy Café aufgetreten. Er hat gesagt, dass Chet einfach hereingekommen und zur Bühne gelaufen ist und gefragt hat, ob er mitspielen darf.

Zwei Stücke haben sie gemacht. Eines davon war ›On Green Dolphin Street‹.«

Fletcher nickt. »Ja, das hat er oft gespielt.«

»Der Pianist sagte, dass es vielleicht das allerletzte Stück war, das Chet gespielt hat. Schien mir einfach angebracht, es zu spielen.« Wir gehen zurück in Richtung Bimhuis. »Ziemlich traurig, oder?«

Fletcher sagt nichts, sondern geht nur mit gesenktem Kopf langsam weiter.

»Worüber wolltest du mit mir reden?«

»Du hast es nicht wahnsinnig eilig, von hier wegzukommen, oder? Aus Amsterdam meine ich.«

»Nein, warum?«

»So schön dieser Gig auch ist, aber am Wochenende ist es vorbei. Mich hat jemand angerufen, den ich kenne. Er macht einen neuen Laden auf. Einen kleinen Club. Er hat mich gefragt, ob ich mir ein Duo vorstellen könnte.« Fletcher dreht sich zu mir um. »Hättest du auf so was Lust? 'ne Menge Kohle wird dabei nicht rüberkommen, aber er ist cool. Wir können spielen, was wir wollen. Könnte eine längerfristige Sache werden.«

»Ist das dein Ernst? Ja, natürlich hätte ich darauf Lust. Wann solls losgehen?«

Fletcher lächelt. »Vielleicht schon nächste Woche. Wir können einen auf Kenny Barron und Stan Getz machen. Ich habe gerade was Neues gehört, wo Herbie Hancock und Wayne Shorter was Ähnliches durchziehen. Pure Musik, Klavier und Saxofon. Ich habe auch 'n paar Sachen geschrieben, die wir ausprobieren könnten. Vielleicht können wir bei mir zu Hause 'n bisschen rumprobieren. Ich habe ein altes Klavier.«

Fletchers Enthusiasmus ist ansteckend, und ich bin natürlich von der Vorstellung begeistert, weiter mit ihm spielen zu können. »Ich bin dabei, Fletch.«

Er lächelt wieder. »Na ja, zum Teil hat es finanzielle Gründe. Du kennst die Clubbesitzer. Dem Kerl gefällt die Vorstellung, dass er nur zwei Musiker zu bezahlen braucht. Reich werden wir nicht dabei.«

»Weißt du, wie man mit Jazzspielen eine Million Dollar macht?«

Fletcher lacht. »Ja, man fängt mit zwei Millionen an. Na komm, Mann, einen Set haben wir noch, dann kannst du mir von dem Film und dem Brief deines Freundes erzählen.«

Nach dem Gig sitzen Fletcher und ich in einer kleinen Bar und schlürfen Brandy – wieder eines seiner Stammlokale. Wohin wir auch kommen, er wird begrüßt wie ein alter Freund. Er ist fast ein Promi, und wenn es irgendeine Gerechtigkeit auf der Welt gäbe, wäre das in Amerika genauso. Man versteht sofort, warum er in Europa geblieben ist, warum das so viele getan haben. Und jetzt ziehe ich diese Möglichkeit selbst in Betracht. Ich bin noch völlig aufgedreht vom Spielen. Gegen Ende hatten wir uns an einem weiteren Duett versucht, diesmal »My Foolish Heart«.

»Ich glaube, diese Duo-Idee gefällt mir. Was meinst du, wird das wirklich klappen?«, frage ich Fletcher. Entspannt, mit gelockerter Krawatte auf seinem Stuhl sitzend, wirkt er richtig cool.

»Oh yeah, Baby. Dafür werde ich sorgen. So was wie uns zwei gibts nicht alle Tage.« Er stellt das Glas ab. »Und, erzählst du mir jetzt von diesem Brief?«

»Okay.« Ich hatte damit hinterm Berg gehalten, weil ich die Stimmung nicht zerstören wollte. »Er hatte ihn bei einer Frau hinterlassen, die im Archiv arbeitet.« Ich berichte ihm vom Inhalt.

»Heiß auf der Fährte? Dein Freund scheint dich ja gut zu kennen, vielleicht besser als du selbst – oder hat er einfach ins Blaue hinein geraten?«

Darüber grüble ich schon seit heute Nachmittag nach. Ich hatte mir schon alles Mögliche überlegt. Im besten Fall würde Ace noch einmal im Archiv vorbeigehen, hören, dass ich den Brief erhalten hatte, plötzlich wieder auftauchen und sagen: »Reingelegt, was, Evan?« Ich wäre sauer, aber wenigstens wüsste ich, dass mit ihm alles in Ordnung ist.

»Er kennt meine Vergangenheit zu gut. Er ist Teil davon. Und ich muss zugeben, dass der Film faszinierend war.« Ich trinke einen weiteren Schluck Brandy. »Weißt du, was das Traurigste an dem Film war? Da war so ein Interview mit einem Tontechniker, der von einer

Session mit Chet erzählte. Die Geräusche, die Chet machte, die Spucke, die er aus der Trompete blies, waren während des Klaviersolos zu hören, also steckte er Chet in eine Kabine. So eine Studioisolierkabine. Aus Glas, damit man was sieht, Tür, Kopfhörer.«

»Hm«, sagt Fletcher. »Kenne ich aus eigener Erfahrung ganz gut.« Er lacht.

»Tut mir Leid. Anfangs wusste Chet nicht so recht, was er davon halten sollte, aber dann sagte er dem Mann, dass sie ihm gefiel, und nannte sie das Zimmer. Er meinte, es wäre gemütlich da drin und er hätte nie sein eigenes Zimmer und erst recht kein eigenes Haus gehabt. Dann wollte er wissen, ob er die Kabine mieten könnte.«

Fletcher hört kopfschüttelnd zu. »Jedenfalls dachte der Typ vermutlich, dass Chet ihn auf den Arm nehmen wollte. Er meinte: Na klar, Chet. Komm wieder, mach noch 'ne Platte, dann kannst du sie für 'nen Batzen Geld mieten.« Ich kippe den restlichen Brandy herunter. »Aber weißt du was, Fletcher? Ich glaube, Chet hat das ernst gemeint.«

Fletcher nickt. »Der Kerl war ein Nomade. Wie heißt das gleich, ein Troubadour. In den letzten Jahren hier in Europa zog er mit nichts als einer Tasche und der Trompete von Ort zu Ort. Trat überall auf, wo er konnte, wo ihn jemand haben wollte. Er hat übernachtet, wo es gerade ging, in Hotelzimmern oder bei Freunden. Spielen war das Einzige, was er hatte. Du weißt von San Francisco? Wo ein paar Typen ihm in den Arsch getreten und die Zähne eingeschlagen haben?«

»Ja, die Geschichte ist allgemein bekannt. Russ Freeman hat im Film davon geredet, Chet auch. Er hat erzählt, dass er über drei Jahre brauchte, bis er mit dem Gebiss spielen konnte.«

»Genau. Daran kann man sehen, wie unbedingt er spielen wollte, spielen musste.«

»Ja, ich kenne das Gefühl.« Ich strecke meine rechte Hand aus und spreize sie. Von Schmerzen keine Spur. Vor meinem Unfall hatte ich meine Hände immer als selbstverständlich hingenommen.

Fletcher sieht die Hand an. »Macht sie manchmal noch Schwierigkeiten?«

»Ja, manchmal, aber nichts, womit ich nicht klarkomme.«
»Du hast Glück gehabt.« Fletcher steht auf und streckt sich. »Tja, ich bin ein alter Knacker. Ich muss ins Bett. Komm, ich setz dich am Hotel ab.«
»Warte, ich muss dir noch was erzählen.«
»Scheiße, will ich das wirklich hören?«
»Die Polizei war heute bei mir im Hotel. Ace' Jacke wurde gefunden, in der Tasche waren seine Visitenkarten.«
»Verdammt.« Fletcher reibt sich die Augen und setzt sich wieder hin. »Dann brauche ich noch was zu trinken.« Er gibt dem Kellner ein Zeichen. »Brauchst gar nichts zu sagen. Ich weiß schon, dass du ihnen nichts von der Aktenmappe erzählt hast. Hab ich Recht?«
»Es schien mir nicht der geeignete Zeitpunkt dafür zu sein.«
»Und ich sitze da und trinke mit einem Dummkopf. Wann ist denn der geeignete Zeitpunkt, Mann? Du musst diese blöde Mappe morgen früh zur Polizei bringen. Damit du sie los bist, kapiert?«
»Ja, ich weiß. Aber ich habe …«
»Kannst sie nicht loslassen?«
»Nein, noch nicht.«
»Jetzt weiß ich auch, wie du in diesen anderen Mist mit Wardell und den Clifford-Brown-Bändern reingeraten bist.« Fletcher schüttelt nur den Kopf. »Du bist verrückt, Mann, weißt du das?«
»Da bin ich nicht so sicher, aber ich wirke wahrscheinlich so.«
Fletcher kippt seinen Drink herunter und steht auf. »Ich glaube, mehr verkrafte ich heute Abend nicht mehr. Lass uns gehen.«
»Danke, du brauchst mich nicht zu bringen. Das ist ein Umweg für dich. Ich nehm ein Taxi. Vielleicht trink ich noch was.«
Fletcher wirft mir einen kurzen Blick zu. »Okay. Wir sehen uns morgen.« Er dreht sich noch einmal um. »Ich hoffe bloß, dass dein Freund auftaucht, bevor der neue Gig anfängt. Wär schön, wenn du dich darauf konzentrieren könntest.«
»Keine Bange.«
»Wenn du das sagst. Bis später.«
Ich bleibe noch ein paar Minuten allein sitzen, will aber nichts mehr trinken. Draußen finde ich relativ leicht ein Taxi. Am Hotel

angekommen, bleibe ich einen Augenblick stehen und betrachte Chets Statue. Sie wirkt wie ein Magnet auf mich. Ich überlege, was ich machen soll. Schlafen kann ich nicht. Mit Ace ist nichts gelöst.

Ich entschließe mich, ein bisschen durch die Altstadt zu laufen und vielleicht noch eine Kleinigkeit zu essen. Die Touristen und Gaffer sind trotz der späten Stunde in größeren Trupps unterwegs. Aus etlichen Kneipen dröhnt Musik: Laute, betrunkene Stimmen hallen durch die Kopfsteinpflastergassen, die in das Licht von grell blinkenden Neonreklamen und orangefarbenen Straßenlaternen getaucht sind.

Spontan bleibe ich vor einem Coffeeshop stehen. Vielleicht wäre das das Richtige für mich. Warum nicht? Ich habe so was schon ewig nicht mehr gemacht. Dunkelgrüne Vorhänge verdecken die Fensterfront, die Tür ist aus schwerem Holz mit einem bunten Glasfenster darin. Als ich eintrete, ist es drinnen nicht laut wie in einer Kneipe. Die Leute sitzen entspannt und ruhig da. Marmortische, junge Kellnerinnen, die Milchkaffee servieren, und über allem hängt der unverkennbare Geruch. Aus einigen Sitzecken ist Lachen zu hören, das aber ganz anders als das betrunkene Grölen in einer Kneipe klingt. Auch die Musik wabert gedämpft aus den Lautsprechern. Als sich meine Augen an das Dämmerlicht gewöhnt haben, sehe ich eine freie Sitzgruppe und rutsche auf die Polsterbank mit Blick zur Tür.

Ich bestelle einen Kaffee bei einer Kellnerin, und sie weist mich auf eine kleine Theke an der Seite des Raumes hin, wo ich meine andere Bestellung aufgeben kann. Eine Speisekarte für Marihuana in der Hand zu halten, ist ein merkwürdiges Gefühl. Die Sorten werden komplett mit Stärke, Eigenschaften und Herkunftsland beschrieben: Thai Sticks, Maui Wowie, marokkanisches Haschisch und jede Menge andere Varianten, von denen ich noch nie gehört habe, darunter auch Skunk, die lokale Spezialität. Bevor ich es mir anders überlegen kann, bestelle ich schnell einmal mittelstark aus Humboldt County in Nordkalifornien. Warum nicht die Heimatmannschaft unterstützen?

Während ich warte, sehe ich einen Mann hereinkommen, der mir einen schnellen Blick zuwirft und auf die Theke zugeht. Er kommt mir irgendwie bekannt vor, aber ich kann ihn nicht einordnen. Als der Joint fertig ist, gehe ich zurück an meinen Tisch und stecke ihn an. Ich atme den süßlichen Rauch tief ein und halte so lange wie möglich die Luft an. Unwillkürlich blicke ich hinter mich. Ganz ruhig. Es ist alles legal. Wir sind in Amsterdam.

Ein junges Paar an einem Tisch in der Nähe beobachtet mich und lächelt. Wenn wir Gläser hätten, würden wir uns jetzt zuprosten. Ich nehme noch einen langen Zug und merke, wie es meinen Körper erfasst – viel zu schnell. Vielleicht habe ich »mittelstark« unterschätzt.

Ich lehne mich zurück und höre zwar noch die Musik und die gedämpften Gespräche, doch plötzlich ist alles verschwommen und dreht sich. Die Hängelampen über den Tischen scheinen zu schwanken und ziehen einen Lichtschweif hinter sich her. Um mich festzuhalten, lege ich die Hände auf den Tisch, obwohl ich mich ja gar nicht bewege. Ich schließe kurz die Augen, aber das macht alles nur noch schlimmer. Das Zeug ist viel zu stark für mich. Wie lange ist es her, dass ich außer Mentholzigaretten etwas geraucht habe? Panik erfasst mich, ich habe das Gefühl zu fallen und beobachte mich selbst dabei, wie ich die Tischkante umklammere, um mein Gleichgewicht wiederzufinden. Ich lehne mich zurück in das Polster, versuche mich zusammenzureißen, aber alles ist wie in einem wirbelnden Nebel. Ich muss hier raus und an die frische Luft.

Nach ein paar Minuten stehe ich auf. Die Tür scheint so weit weg zu sein, dass ich es niemals bis dahin schaffen werde. Leute zeigen auf mich. Ein Kellner kommt und nimmt mich am Ellbogen, um mich zu stützen. »Alles in Ordnung?«, fragt er.

»Ja, alles … okay … will nur raus … Danke.«

Er hält mir die Tür auf. Ich trete ins Freie und spüre die herrlich frische Nachtluft. Ich lehne mich an die Wand und hoffe, dass das Schwindelgefühl aufhört. Wie lange ich so dastehe, weiß ich nicht. Ich weiß nur eins: So was habe ich noch nie geraucht. Ich blicke die Straße hoch. Die Neonlichter der Bars und Restaurants sind verwischt und tanzen schrecklich und faszinierend zugleich um mich herum. Ich muss ins Hotel und mich hinlegen. Nach wenigen Schritten habe ich aber das Gefühl, mich an etwas festhalten zu müssen. Mich dicht am inneren Rand des Bürgersteigs haltend, taste ich mich an den Häusern entlang. Nur irgendwo im Unterbewusstsein merke ich, dass Leute an mir vorbeikommen, mich ansehen, lachen, auf mich zeigen.

Ich habe mich verlaufen, aber schließlich sehe ich das blaue Schild der Polizeiwache. Das Hotel ist direkt um die Ecke – wenn ich es bloß bis dahin schaffe. Vorne auf den Stufen stehen zwei Polizisten, die mich aber nicht weiter beachten. Ich komme an ihnen vorbei und biege in die schmale Gasse hinter dem Prins Hendrik Hotel ein. Direkt da vorn sind Gracht und Hauptstraße. Wieder muss ich stehen bleiben und mich an die Wand lehnen. Ich schließe die Augen, weil ich hoffe, dass sich dann nicht mehr alles dreht. Es scheint ein bisschen nachgelassen zu haben, aber ich kann es einfach nicht unter Kontrolle bekommen. Mein Kopf sinkt nach hinten gegen die Backsteinmauer. Als ich die Augen wieder aufmache, kann ich mein Zimmerfenster sehen. Die kurze Gasse ist menschenleer, doch aus dem Nichts ist auf einmal jemand da, steht rechts von mir mitten in der Gasse und sieht mich an.

Ich kneife die Augen ganz fest zu, blinzle und mache sie wieder auf, aber er ist immer noch da. Oh Gott, dieses Zeug ist Wahnsinn. Solche Halluzinationen habe ich noch nie gehabt. Ich sehe ihn deutlich: das glatte, junge Gesicht, die Tolle, die ihm in die Stirn fällt.

Die Lippen verziehen sich ein wenig nach oben, und Chet Baker lächelt mich an.

Ich schließe die Augen wieder, versuche die Vision auszublenden, aber er ist immer noch da und blickt jetzt das Abflussrohr an, das am Gebäude hoch zu dem Zimmer führt, aus dem er gestürzt ist. Wieder sieht er mich an und lächelt. Ich will etwas sagen, aber es geht nicht. Jetzt hebt er die Hand, zeigt auf das Rohr, lächelt wieder und sieht mich dann fragend an.

Ist das die Lösung? Ist es doch so passiert? Nein, nein, ich sehe nicht Chet Baker vor mir. Ich bin total high, völlig breit und lehne an einer Hauswand. Da ist niemand, sage ich mir. Ich betrachte das Regenrohr, dann wieder die Gestalt. Er nickt fast unmerklich, dann dreht er sich um und geht weg. Ich höre meine eigene Stimme ihm hinterherrufen: »Chet, warte!« Doch er ist weg, verschwunden. Da ist niemand.

Was hat er mir zeigen wollen? Was soll ich machen? Ich überquere die Gasse, bis ich direkt vor der Regenrinne stehe. Mit ausgestrecktem Arm berühre ich sie. Sie ist sehr solide und gut im Gebäude verankert. Ich packe sie mit beiden Händen; das Metall fühlt sich kalt und etwas feucht an. Es ist zu schaffen, oder? Chet, wo bist du? Du musst es mir sagen. In meinem Kopf dreht es sich nicht mehr so schnell. Es ist ein gutes Gefühl, sich an dem Rohr festzuhalten. Sicher. Mein Anker. Ich lasse die Hände am Rohr entlangrutschen, bis sie über meinem Kopf sind, und fange an, mich hochzuziehen.

Ich stütze mich mit den Füßen an der Wand ab und finde Halt zwischen den Backsteinen, doch als ich hochblicke, sieht es aus, als sei der erste Stock sehr weit weg. Ich klammere mich fest und presse die Knie zusammen wie ein Matrose am Mast. Nur nicht nach unten gucken. Ein paar Zentimeter versuche ich noch, aber ich rutsche immer wieder ab. Ich blicke hinunter. Die Straße scheint plötzlich sehr weit weg zu sein. Das Schwindelgefühl ist wieder da, und ich klammere mich an das Rohr. Wie komme ich jetzt bloß nach unten? Es geht in keiner Richtung weiter. Meine Hände sind glitschig, rutschen dann ganz ab. Ich merke, wie ich rückwärts falle. Wie tief? Nur einige Zentimeter? Alles scheint ewig zu dauern, wie in Zeitlupe.

Schließlich kommen meine Füße doch noch auf dem Kopfsteinpflaster auf. Mein Körper ist so kraftlos, dass ich einfach nach hinten umfalle. Es fühlt sich an wie eine Explosion, als mein Kopf auf die Steine knallt. Ich schließe die Augen, alles dreht sich. Als ich sie wieder aufmache, blicke ich hoch in den Nachthimmel. Ich höre etwas, kann mich aber nicht bewegen. Mein Kopf fällt nach rechts, und da ist er wieder.

Chet Baker betrachtet mich mit einem kleinen Lächeln auf den Lippen. Ich kann nur denken: Wo ist seine Trompete?

Ich schließe wieder die Augen und überlasse mich dem Gefühl von Ruhe und Frieden.

29. April 1988

Chet rast durch Deutschland, rast durch die Zeit auf der Autobahn; er liebt das und fährt mit dem Alfa, so schnell er will. Er fährt gern allein. Sein Mund verzieht sich zu einem Lächeln, als ihm wieder einfällt, wie er mit Russ Freeman in L.A. ohne nach links oder rechts zu sehen um die Kurven geheizt war und den Wagen und Russ' Nerven bis aufs Äußerste beansprucht hatte. Russ war ausgestiegen und hatte gesagt, dass er mit dem Taxi zurückfahren würde. Wie lange war das her!

Rast durch die Zeit. Der Sommer 1952 fällt ihm wieder ein, ebenfalls in Los Angeles. Gerade aus der Armee entlassen, dann eine Weile mit Vido Musso gespielt, dann mit Stan Getz. Als er eines Tages nach Hause kommt, findet er ein Telegramm von Dick Bock von Pacific Jazz Records vor. Trompeter würden für ein Vorspiel bei Charlie Parker für ein paar Auftritte in Kalifornien gesucht. Um fünfzehn Uhr müsse er da sein.

Er hetzt hin, ist ein bisschen zu spät da und hört Bird schon, als er aus dem Auto steigt. Im dunklen Tiffany Club kann er nach dem grellen Sonnenlicht draußen fast nichts sehen. Irgendwann erkennt er auf der Bühne Bird, der in rasendem Tempo einen Blues spielt. Als sich seine Augen an die Dunkelheit gewöhnt haben, blickt er sich um, sieht fast jeden Trompeter der Stadt da herumstehen, von denen etliche mehr Erfahrung haben als er und Noten lesen können.

Pause. Jemand geht zur Bühne und flüstert Bird etwas zu. Er tritt ans Mikrofon. »Ist Chet Baker hier?«

»Hier bin ich, Bird.«

»Kommst du bitte hoch und spielst was mit mir?«

Etwas verlegen geht Chet zur Bühne, holt seine Trompete heraus und fingert an den Ventilen herum, während ihn jeder in dem Laden beobachtet. Zweiundzwanzig Jahre alt und steht vor Bird, vor Charlie Parker. Sie spielen zwei Stücke: »The Song Is You« und dann einen Blues von Bird namens »Cheryl«. Chet ist erleichtert, dass er beide Stücke kennt.

Er braucht sich nicht lange zu fragen, wie er wohl gespielt hat.

Sobald sie fertig sind, beugt Bird sich wieder über das Mikrofon. »Ich danke allen fürs Kommen«, sagt er. »Das Vorspiel ist beendet.«

Sie machen zwei Wochen im Tiffany – jeden Abend mit Bird. Nach dem halsbrecherischen Tempo des ersten Stücks jedes Sets spielen sie den Rest easy. Bird behandelt Chet wie einen Sohn und wimmelt jeden ab, der versucht, Chet Drogen anzudrehen.

Zwischen den Sets fährt Chet mit Bird zum Tacostand und sieht ihm zu, wie er die Taquitos mit grüner Chilisoße hinunterschlingt. Tagsüber fahren sie zusammen an den Strand. Auf einer Klippe stehend, starrt Bird hinaus aufs Meer und beobachtet die Wellen, die sich an den Felsen brechen.

Weitere Gigs folgen. Bei Billy Berg im 54 Ballroom auf der Central Avenue. Dann weiter nach San Francisco, Seattle und Vancouver; auf der Tournee sind auch Dave Brubeck und Ella Fitzgerald mit von der Partie. Dann wieder runter nach San Francisco in den Say When Club. Bird schläft in seinem Hotelzimmer mit einer brennenden Zigarette in der Hand ein, sodass die Matratze Feuer fängt. Als Chet aufwacht, sieht er gerade noch, wie die Matratze hinaus auf die Straße geworfen wird. Die Band wird gefeuert. Nicht deswegen, sondern weil Bird versucht, ohne Wissen des Clubbesitzers auf der Bühne Geld zur Behandlung seiner angeblichen Muskeldystrophie zu sammeln. Dann ist Bird verschwunden, zurück nach New York. Viel später hört Chet davon, dass Bird Miles und Dizzy von ihm vorgeschwärmt haben soll.

Bei diesen Erinnerungen schüttelt Chet lächelnd den Kopf – rasende Fahrt durch die Zeit.

In einer Kurve schaltet er herunter, dann tritt er das Gaspedal wieder voll durch und spürt, wie der Motor des Alfa ihn im Fahrersitz nach hinten drückt. Bis Paris ist es nicht mehr weit. Da kann er eine Weile abhängen und in den Jazzkellern spielen

Es bis zum nächsten Gig locker angehen lassen, das Geld ausgeben, hoch nach Amsterdam düsen, das Feeling wiederkriegen.

8

»Bist du denn völlig verrückt geworden, du blöder Hund?«

Die Stimme, die ich höre, klingt gar nicht mehr wie Chet Baker. Ich mache die Augen auf. Ich liege immer noch, aber unter mir fühlt es sich nicht mehr wie kaltes, hartes Kopfsteinpflaster an. Es ist weich. Ein Bett. Die Stimme ist die von Fletcher Paige.

Die Welt dreht sich nicht mehr, und allmählich kann ich Fletchers Gesicht erkennen. Er starrt mich durchdringend an. Direkt hinter ihm steht ein anderer Mann ganz in Weiß. Ein Arzt? Um mich herum ist alles weiß, und rund um das Bett hängt ein pastellgrüner Vorhang.

»Biste jetzt wieder bei dir, Alter?«, fragt Fletcher.

Ich kneife die Augen zusammen und öffne sie dann wieder. »Ja, ich glaube schon.« Ich versuche, mich aufzurichten, fühle mich aber immer noch schwindlig.

»Was zum Teufel soll das? Über eine Stunde lang hast du was von Chet Baker geheult. Ich weiß nicht, was du da geraucht hast, aber es war auf jeden Fall das Falsche. Mann, warst du fertig!« Fletcher blickt vorwurfsvoll auf mich herunter.

Ich setze mich auf. So weit, so gut. »Ich habe wirklich Chet Baker gesehen«, sage ich, obwohl mir sofort klar ist, wie albern das klingt. Langsam erinnere ich mich wieder an alles.

»Einen Scheißdreck hast du gesehen«, entgegnet Fletcher aufgebracht. Der Arzt legt ihm beschwichtigend die Hand auf den Arm. Fletcher spricht leiser. »Du hast versucht, die Regenrinne an deinem Hotel hochzuklettern, weil du diese blöde Story glaubst, dass Chet das probiert hat, runtergefallen und dabei zu Tode gekommen ist.«

»Nein, es war ganz anders. Es war, ich weiß nicht, merkwürdig, wie ein schlimmer Traum.«

Fletcher lacht, und ich sehe, wie der Ärger auf seinem Gesicht Erleichterung weicht. »Das kannst du aber laut sagen! Mutterseelenallein hast du da draußen auf der Straße gelegen. Zum Glück hat Darren sich gerade in der Gegend rumgetrieben. Er hat dich gefunden, hier eingeliefert und mich benachrichtigt. Endlich hat der Junge mal was zu Stande gebracht. Irgendwas verschweigt er mir allerdings.

Da ist noch was im Busch, aber ich finde es heraus, darauf kannst du dich verlassen.«

Der Arzt, der sich die Unterhaltung schweigend angehört hat, tritt jetzt vor. »Mr. Horne?«

»Ja.«

»Sie haben anscheinend keine ernsthaften Verletzungen davongetragen. Allerdings müssen Sie einige Formulare ausfüllen, bevor ich Sie entlassen kann.« Er wirft Fletcher einen Blick zu. »Sie haben eine größere Menge eines starken Betäubungsmittels zu sich genommen. In diesen Mengen ist es sehr gefährlich.«

Ich fasse an meinen Hinterkopf, wo ich ein Pflaster und darunter eine Beule spüre.

»Eine kleine Schürfwunde am Kopf«, sagt der Arzt. »Nichts Ernstes.«

Ich kann am Gesicht des Arztes ablesen, was er von mir hält. Für ihn bin ich bloß ein leichtsinniger amerikanischer Tourist, der es schrecklich aufregend findet, in einem fremden Land legal Haschisch zu rauchen.

»Muss wohl so gewesen sein.«

»Sie müssen vorsichtiger sein«, sagt er. »Haschisch ist sehr stark.«

Ich sehe Fletcher an und schüttle den Kopf. »Werde ich tun. Vielen Dank, Doc.«

Er zieht den Vorhang auseinander, und ich kann den Rest des Krankensaals sehen, in dem noch einige andere Betten belegt sind. Manche Leute schlafen, andere sind wach, beobachten uns oder gehen herum.

»Na komm schon«, sagt Fletcher. »Lass uns hier verschwinden. Ich kümmere mich um ihn«, erklärt er dem Arzt. »Hier, Kumpel, zieh die Schuhe an.«

Ich bin noch fast ganz angezogen. Beim Aufstehen probiere ich aus, wie es mit meinem Gleichgewichtssinn steht. Ein bisschen tatterig, aber ich kann laufen. Die Muskeln in meinem Bauch tun weh, als hätte jemand hineingeboxt.

»Ja, ist alles wieder draußen«, sagt Fletcher. »Hast Glück gehabt.«

Auf Fletcher gestützt gehe ich zur Aufnahme.

Nicht mal an die Kotzerei kann ich mich erinnern. An der Aufnahme des kleinen Krankenhauses fülle ich die Formulare aus und gehe dann mit Fletcher zusammen zu seinem Auto.

»Danke, dass du gekommen bist«, sage ich. »Jetzt schaffe ich das schon.« Ich steige ins Auto und lasse den Kopf gegen die Kopfstütze fallen. Fletcher lässt den Wagen an.

»Nichts da«, sagt Fletcher. »Du kommst schön mit zu mir nach Hause und nicht zurück ins Hotel. Ich will nicht, dass du wieder Chet siehst.«

Ich bin zu schwach, um ihm zu widersprechen.

Das Erste, was ich beim Öffnen der Augen sehe, ist schon wieder Chet Baker. Diesmal allerdings auf einem Foto neben einer Frau. Beide sitzen auf einer Mauer und lächeln. Ein Schwarzweißbild in nicht sehr guter Qualität, dem Aussehen nach mehrere Jahre vor seinem Tod aufgenommen. Es ist der gealterte Chet, der sein jugendliches Aussehen bereits eingebüßt hat.

Der Wecker neben dem Bett zeigt mir, dass ich mehrere Stunden geschlafen habe. Ich bin in Fletchers Wohnung, aber dieses Zimmer wird von einer Frau bewohnt. Auf der Kommode stehen noch mehr Fotos, Kämme, Bürsten und Parfümfläschchen. Der offene Schrank hängt voller Kleider.

Im Bad spritze ich mir kaltes Wasser ins Gesicht und riskiere einen Blick in den Spiegel. Nicht berauschend. Immerhin fühle ich mich besser, als ich aussehe. Meine Bauchmuskulatur tut immer noch weh, aber wenn mir sonst nichts passiert ist, kann ich von Glück sagen. Wie weit bin ich an diesem Regenrohr hochgeklettert? Ich muss völlig von Sinnen gewesen sein. Und Wahnvorstellungen hatte ich auch. Oder vielleicht habe ich den Typ gesehen, der sich wie Chet zurechtmacht – was ich stark hoffe. Ich habe wohl Chet-Baker-Zwangsvorstellungen.

Von irgendwo in der Wohnung, vom Ende des Flures, ertönt Musik. Ein Tenorsaxofon, irgendeine alte Aufnahme. Ich folge den Klängen. Fletcher sitzt an einem großen Tisch am Fenster und liest ein Taschenbuch mit einem knallig gelben Einband. *Auch die Toten dürfen hoffen.* Er lässt das Buch sinken. »Na endlich«, begrüßt er mich.

»Lester Young?« Diese weichen, hingehauchten Tenorklänge sind unverkennbar.

»Meine tägliche Dosis Prez«, sagt er. Er zeigt mir das Buch. »Und Hoke Moseley. Eine gute Mischung zum Tagesanfang. Bist du wieder bei dir?«

»Ja, ich glaube schon.« Ich setze mich ihm gegenüber.

Fletcher schmunzelt. »Als ich das erste Mal Shit geraucht habe, war ich in Kansas City und gerade bei Basie eingestiegen – hat mich auch schwer erwischt, aber mit dir nicht zu vergleichen. Du warst ja echt erledigt, Mann!«

»Erinnere mich nicht daran. Es war total merkwürdig.« Ich taste nach meinen Zigaretten.

»Kannst rauchen. Mach aber das Fenster auf, okay? Margo will nicht, dass alles vollgequalmt wird.«

»Margo?«

»Ja, Margo Highland. Der gehört die Wohnung. Ich bin ihr Untermieter, passe auf die Wohnung auf und kümmere mich um alles, wenn sie weg ist.«

»Wer ist sie?«

Fletcher betrachtet mich. »Lass mich erst mal Kaffee machen, dann erzähl ich dir von ihr. Und du kannst mir berichten, was letzte Nacht los war.«

»Okay, dann kann ich vielleicht rausfinden, ob nicht alles nur ein Traum war.«

»Ein Traum war das schon, ein THC-Traum. Bin gleich wieder da.« Fletcher lacht, während er in die Küche geht. Ich höre ihn murmeln: »Scheiße, der Junge hatte den echten Kifferwahn.«

Ich sehe mich in dem großen Wohnzimmer um, das mit Polstersesseln, Bücherregalen und vermutlich eichenen Beistelltischen möbliert ist. An den Wänden hängen ein paar Drucke und über einer Konsole mit dem Fernseher und der Stereoanlage darauf zahlreiche Fotos. Selbst aus dieser Entfernung kann ich auf einem Fletcher mit derselben Frau erkennen, die auch auf dem Foto im Schlafzimmer zu sehen ist.

Aus dem Fenster blickt man hinunter auf eine Straße an einer

Gracht. Auf der anderen Seite der Gracht sind ein paar kleine Läden und eine Bäckerei, aus der die Leute mit in weißes Papier eingeschlagenen Broten herauskommen. Plötzlich bin ich sehr hungrig.

Fletcher kehrt mit einer Bodum-Kaffeepresse und einem Teller voller Croissants zurück. Dazu gibt es Butter und dicke Marmelade aus einem Topf. »Das wirst du jetzt sicher nötig haben«, sagt er und stellt alles auf den Tisch. Er sieht mir zu, wie ich zwei Croissants verputze und mit einer halben Tasse Kaffee herunterspüle, gießt mir nach und beobachtet mich mit einem verschmitzten Lächeln.

»Ist das im Schlafzimmer Margo, auf dem Bild mit Chet?«

»Genau. Sie waren gut miteinander befreundet. Ich glaube, sie hat mal was mit ihm zusammen aufgenommen.«

Margo Highland. Den Namen kenne ich von irgendwoher. Von einem der Dokumente in Ace' Mappe. »Warum hast du mir noch nichts von ihr erzählt? Wo ist sie jetzt?«

Fletcher zuckt die Achseln. »Hat sich noch nicht ergeben. Sie hat ein Haus in Kalifornien, nördlich von San Francisco. Wenn Chet in der Gegend war, hat er immer bei ihr gewohnt.« Fletcher wirft einen Blick aus dem Fenster. »Sie weiß wahrscheinlich mehr über Chet als sonst jemand.« Er dreht sich wieder mir zu. »Aber jetzt erzähl doch mal von deinem nächtlichen Abenteuer.«

Ich erzähle Fletcher, wie ich in der Altstadt in den Coffeeshop gegangen bin und den Joint bestellt habe.

»Weißt du noch, wie der Laden hieß?«

»Nein, aber ich würde ihn wahrscheinlich erkennen, wenn ich ihn noch mal sehen würde.«

»Okay. Und dann?«

»Ich weiß noch, dass mir nach nur ein, zwei Zügen so wahnsinnig schwindlig wurde, dass sich alles um mich herum drehte.«

»Wie hast du das bloß geschafft? Hast du das stärkste Zeug bestellt, das sie auf Lager hatten?«

»Nein. Es sollte angeblich mittelstark sein.«

»Aha. Darauf kommen wir gleich zurück. Und dann?«

»Ich weiß nicht mehr. Ich wollte nur noch da raus, zurück ins Hotel und mich hinlegen, damit sich endlich nicht mehr alles dreht.

Bis in die Straße hinter dem Hotel habe ich es geschafft, und da habe ich dann –«

»Chet Baker gesehen.« Fletcher verdreht die Augen.

»Ich weiß, dass es sich verrückt anhört.«

»Ja, verdammt noch mal, es ist verrückt! Das arme Schwein ist seit elf Jahren tot. Wahrscheinlich hast du diesen Typen gesehen, der sich so zurechtmacht wie Chet.«

»Ja, so muss es gewesen sein. Darauf bin ich in dem Moment aber nicht gekommen.« Hoffentlich war es so. Das wäre wesentlich angenehmer als vollkommen realistisch wirkende Hallus. »Er sah sehr echt aus. Er stand da in der Gasse, lächelte mich an und zeigte auf sein Zimmerfenster und das Abflussrohr.«

Fletcher schüttelt den Kopf. »Und da hast du dir gedacht: Da probier ich doch mal aus, was der, wer immer es auch sein mag, von mir will.«

»Ja. Ich weiß, ich weiß, ich war nicht mehr zurechnungsfähig.«

»Mann, du musst ja auf einem irren Trip gewesen sein.«

»Wahrscheinlich. So was wie das Zeug habe ich in meinem Leben noch nicht geraucht, und so … total desorientiert habe ich mich auch noch nie gefühlt.«

»Aha. Wahrscheinlich glaubst du die Story, Chet hätte seinen Schlüssel vergessen, versuchte dann, an dem Rohr hochzuklettern, klatschte runter, landete auf seinem dummen Kopf und krepierte unten auf der Straße.«

»Das scheint mir eine Möglichkeit zu sein.«

»Haben sie in dem Film darüber geredet?«

»Nein, das wurde noch nicht mal erwähnt.«

»Na siehste. Hast du schon mal überlegt, dass sie bloß deshalb nicht darüber geredet haben, weil es für diese Hypothese nur einen einzigen Beweis gäbe: wenn ihn jemand beobachtet und am Haus hochklettern gesehen hätte?«

Das nimmt mir den Wind aus den Segeln. Auf die Idee war ich noch nicht gekommen.

»Und wenn dem so gewesen wäre«, fährt Fletcher fort, »hätte derjenige, der es beobachtet hätte, ihm nicht helfen müssen?«

»Natürlich.« Ich unterbreche mich, weil mir etwas einfällt. »Außer …«

»Außer was?«

»Außer derjenige, der es beobachtet hat, wollte ihm nicht helfen. Oder er kriegte es mit der Angst zu tun und rannte weg.«

»Oh Mann.« Fletcher verdreht die Augen, aber bevor er etwas dazu sagen kann, klingelt das Telefon. Er geht ins Nebenzimmer, und ich denke über seinen Einwurf nach. Ich hatte gerade sagen wollen: Außer jemand hat die ganze Sache eingefädelt.

Fletcher kommt zurück. »Das war Darren, der wissen wollte, ob du dich an den Namen von dem Etablissement erinnerst. Er will sich da mal umsehen.«

»Nein. Ich weiß nur noch, dass grüne Vorhänge vor den Fenstern hingen, sonst eigentlich nichts.«

»Ja, das habe ich Darren auch gesagt. Er hat Connections und könnte ein bisschen mit dir rumlaufen, vielleicht findest du es wieder.«

»Warum?«

»Weil das, was du da intus hattest, nicht das war, was du bestellt hast.«

»Aber warum –«

Fletcher wehrt ab. »Das wollen wir ja gerade wissen. Darren findet es eventuell raus. Ich hab dir doch erzählt, dass er Detektiv werden will. Er wird begeistert sein.«

Ich zucke die Achseln. »Na schön.«

»Ich hab noch 'ne Idee«, sagt Fletcher. »Wenn der Gig im Bimhuis am Samstag zu Ende geht, dann wird auch das Hotel nicht weiter bezahlt, stimmts?«

»Vermutlich nicht. So war es jedenfalls mit Walter Offen abgemacht.«

»Und wenn wir den Duo-Gig durchziehen, musst du irgendwo unterkommen. Wie wärs, wenn du hier einziehst? Hier haben wir ein Klavier, wir können proben, quatschen und so weiter.«

Ich hatte bisher nicht über Samstag hinausgedacht. »Na ja, klingt gut. Was ist mit Margo? Hat sie nichts dagegen?«

Fletcher schüttelt den Kopf. »Keine Ahnung, wie lange sie noch weg ist. Sie hat Verwandte in Kalifornien und fährt öfter mal rüber, um sie zu besuchen. Das ist überhaupt kein Problem. Ich sag ihr Bescheid.«

»Wunderbar, gern.«

Fletcher grinst. »Es wird dir hier noch viel besser gefallen, wenn du erst mein Essen probiert hast.« Er wird ernst und zeigt mit dem Finger auf mich. »Du musst aus dem Hotel da raus. Du hast jetzt genug Gespenster gesehen.«

Bei Tageslicht wirkt die Gasse hinter dem Prins Hendrik harmlos. Nur eine praktische Abkürzung von der Hauptstraße in die Altstadt. Als ich an der Rückseite des Hotels stehe, betrachte ich die Stelle, wo ich gestürzt bin. Wo Chet Baker vor elf Jahren gestürzt ist. Gestern Nacht sah es hier noch ganz anders aus. Ich wende den Blick nach links, wo ich haschischumnebelt die Erscheinung von Chet Baker gesehen habe. Bei Tage betrachtet, scheint alles nur eine Halluzination gewesen zu sein. Aber nichts ist so, wie es zu sein scheint.

»Hey, Pianomann.« Es ist Darren, immer noch mit Ledermantel, dem kahl geschorenen, dunkelmahagonibraunen Kopf und natürlich der Sonnenbrille. Fletcher hat Recht. Er wirkt etwas Furcht einflößend, aber das breite Lächeln und die ausgestreckte Hand ändern alles.

»Hey, ich muss mich wohl noch für gestern Nacht bedanken.«

»Nicht nötig, mein Freund, nicht nötig. Ich war hier, und du warst da.« Er zeigt auf den Boden. »Schicksal, mein Freund, Schicksal.« Er lächelt wieder breit.

Wirklich? Ein Gedanke durchzuckt mein Gehirn, den ich zu unterdrücken versuche. »Na ja, jedenfalls trotzdem danke.«

Darren blickt hoch zum Hotelfenster. »Wenn ich 88 schon hier gewesen wäre – na ja, das ist eine andere Geschichte. Fletcher sagte jedenfalls, dass du das Café vielleicht wiedererkennst.«

»Vielleicht«, sage ich.

»Gehen wir.«

Wir laufen in der Altstadt herum. Ein paar Mal schlage ich falschen Alarm, während ich mich zu erinnern versuche, wo ich entlanggelaufen bin, aber nach nicht mal zehn Minuten stehen wir davor. »Das ist es«, sage ich.

Darren sieht sich den Laden an und nimmt die Sonnenbrille ab. »Ganz sicher?«

»Ja. Das Poster im Fenster erkenne ich.« Jetzt bemerke ich auch den Namen. Mellow Yellow.

»Okay. Du wartest hier. Ich muss mal ein Wörtchen mit denen quatschen.«

Ich sehe Darren hinterher, wie er hineingeht, stecke eine Zigarette an und beobachte die Touristen und Einheimischen, die vorbeikommen. Lange brauche ich nicht zu warten. Nach ein paar Minuten geht die Tür auf, und Darren winkt mich herein.

Ich folge ihm nach drinnen an die Theke. Ganz hinten sitzt ein Mann in einer der Sitzecken. Ich erkenne ihn nicht, aber er nickt, als wir näher kommen.

»Tag«, sagt er, wobei er sich halb erhebt und die Hand ausstreckt. »Tut mir sehr Leid wegen gestern Nacht. Darren hat mir gesagt, was passiert ist. Wenn ich das geahnt hätte, hätte ich das nie getan.« Es scheint ihm ernsthaft Leid zu tun, weswegen ich mit meiner Empörung an mich halte.

»Was getan?«, frage ich.

Darren setzt sich neben den Mann. Wegen der Sonnenbrille kann ich seine Augen nicht sehen, aber er hält den Kopf starr geradeaus und spricht mit seiner anderen Stimme. »Der Mann sagt, dass deine Bestellung in marokkanisches Hasch umgeändert wurde und ein Typ den Rest bezahlt hat. Er hat behauptet, er wäre dein Freund.«

»Wer war das?«, frage ich den Kellner.

Er zuckt die Achseln, aber sein Blick wandert rastlos umher. Ich weiß, dass er lügt. »Keine Ahnung. Er hat einfach nur auf dich gezeigt, dann war er verschwunden.« Ich erinnere mich jetzt wieder, dass direkt nach mir ein Mann hereingekommen war, aber ich weiß immer noch nicht, wer das war und ob er etwas mit der geänderten Bestellung zu tun hatte.

Darren nimmt die Sonnenbrille ab und sieht mich mit hochgezogenen Augenbrauen an. »Zufrieden?«

»Klar, danke.«

Wir laufen durch die Altstadt zurück zum Hotel. »Sieht so aus, als hättest du einen anonymen Freund«, sagt Darren.

»Allerdings. Wüsste gern, wer das ist.«

»Sollten wir abchecken. Vielleicht kann ichs für dich rausfinden.« Er blickt die Straße hoch und winkt mich zu sich. »Komm, ich will dir jemanden vorstellen.«

Mit mir im Schlepptau geht er auf eine Frau und einen Mann zu, der uns den Rücken zuwendet. Der Mann dreht sich um. Als ich das Gesicht sehe, bleibe ich wie angewurzelt stehen. Er hat immer noch Jeans, T-Shirt und Lederjacke an, die dunklen Haare fallen ihm als Tolle in die Stirn. Es ist mitten am helllichten Tage, und das ist Chet Baker, oder genauer gesagt, der Doppelgänger aus dem Bimhuis.

Darren bemerkt meinen Gesichtsausdruck und lacht. »Der beißt nicht, Mann.« Ich komme näher. Selbst bei hellem Tageslicht ist die Ähnlichkeit unheimlich, aber es ist eindeutig nicht Chet. »Das ist Philippe.«

Ich strecke die Hand aus. Philippe hat die Hände tief in den Taschen vergraben. Er zögert und schüttelt mir dann die Hand, sagt aber nichts. Darren findet das Ganze offensichtlich amüsant.

»In Las Vegas gibt es Elvis-Imitationen. Amsterdam hat Chet-Baker-Imitationen, allerdings nur eine, ihn hier.« Philippe wirft Darren einen misstrauischen Blick zu, nickt in meine Richtung und geht. Ich blicke ihm mit einem Gefühl der Erleichterung hinterher.

»War das der von gestern Nacht?«, frage ich Darren.

»Ja. Er hat dich gesehen, Schiss bekommen, nach Hilfe gesucht und ist dabei mir über den Weg gelaufen. Wenigstens weißt du jetzt, dass du kein Gespenst gesehen hast.«

Gerettet von Chet Bakers Geist. »Ja.«

»Okay, man sieht sich.« Darren setzt die dunkle Brille wieder auf und geht um die Ecke davon.

Fletcher hat sich ja für Darren verbürgt, aber ist das nicht ein bisschen zu viel des Zufalls, dass er direkt nach meinem Sturz in derselben Gasse unterwegs war wie ich? Und dieser Philippe auch noch?

Darüber brüte ich immer noch nach, als ich wieder beim Hotel ankomme.

Diesmal warten keine Polizeibeamten auf mich, aber ich habe eine Nachricht von einem – von Inspektor Dekker. Ich traue mich fast nicht, ihn zurückzurufen, aber wenn etwas Schlimmes mit Ace wäre, würde Dekker bestimmt persönlich kommen. Nachdem ich etliche Male weiterverbunden worden bin, habe ich ihn endlich an der Strippe.

»Inspektor, Evan Horne hier.«

»Ah ja, Mr. Horne. Ich habe Neuigkeiten für Sie.«

»Von meinem Bekannten?« Ich umklammere den Hörer fester und versuche, mir einen Reim auf Dekkers Tonfall zu machen.

»Nein, leider nicht, aber ich habe mit dem Kollegen gesprochen, der damals den Tod von Chet Baker untersucht hat. Sie haben doch nach ihm gefragt.«

Ich seufze und zünde eine Zigarette an. »Stimmt. Was hat er gesagt?«

»Er hat gesagt, Sie könnten ihn gern anrufen, aber es muss diese Woche sein, weil er bald verreist.«

»Wunderbar.« Ich notiere die Telefonnummer. »Herzlichen Dank, Inspektor.«

»Keine Ursache.«

Die Vorwahl gehört zu einem kleinen Ort ungefähr fünfzig Kilometer von Amsterdam entfernt. Nach dem dritten Klingeln hebt jemand ab.

»Hallo.«

»Mr. Engels? Ich heiße Evan Horne. Ich habe mit Inspektor Dekker gesprochen; er sagte, dass ich Sie anrufen dürfe.«

»Ja, wir haben miteinander gesprochen. Es geht um die Chet-Baker-Sache, nicht wahr? Das ist schon sehr lange her, Mr. Horne.«

»Ich weiß. Tut mir Leid, Sie deswegen zu belästigen, aber ich versuche, einen Freund zu finden. Er macht Recherchen für ein Buch. Vielleicht hat er sich bei Ihnen gemeldet.«

Es entsteht eine Pause. »Ich habe mit einem Professor Buffington gesprochen. Ist das der Freund?«

»Ja. Wann war das?«

»Vor ein paar Tagen.« Engels lacht ein wenig. »Sehr wissbegierig, Ihr Freund.«

»Das glaube ich. Mr. Engels, wäre es möglich, dass wir uns treffen? Wenn es Ihnen recht wäre, könnte ich auch zu Ihnen kommen.«

Engels überlegt. »Gut. Ich sage Ihnen, wie Sie fahren müssen.« Ich notiere seine Wegbeschreibung.

»Würde Ihnen morgen passen?«

»Ja, morgen ist in Ordnung. In der Nähe meines Hauses gibt es ein kleines Lokal. Rufen Sie mich von da aus an, ich komme dann. Zwölf Uhr mittags. Passt Ihnen das?«

»Ja, sehr gut. Vielen Dank. Bis morgen.«

»Auf Wiedersehn, Mr. Horne.«

Bei Engels habe ich ein gutes Gefühl. Ich glaube, er wird mir einiges beantworten können. Ich hole die Mappe heraus und suche in Ace' Forschungsmaterial nach Margo Highlands Namen.

Auf der Mitte einer Seite mit Telefonnummern und Adressen ist eine handschriftliche Notiz neben einem unterstrichenen Namen: Margo Highland – Chets Freundin? Nordkalifornien.

Keine Adresse oder Telefonnummer, aber eine Informationsquelle, die Ace offensichtlich gerne untersucht hätte und über die ich durch Fletcher Näheres herausfinden kann. Ich denke wieder an den Film, den ich im Jazzarchiv gesehen habe. Wie ich Ace und seine Methoden kenne, wird er alle die im Film erwähnten Orte aufsuchen wollen, an denen Chet in seinen letzten Lebenstagen war. Also könnte Ace in Rotterdam sein, um sich im Dizzy Café oder im Thelonious Jazz Club umzusehen und zu versuchen, Musiker ausfindig zu machen, die damals mit Chet zusammengearbeitet haben. Es ist einen Versuch wert.

Verdammt noch mal, Ace, warum hast du nirgendwo eine Nachricht hinterlassen? Wo zum Teufel steckst du?

9

Der freie Abend und viel Schlaf tun mir gut. Ich genieße Amsterdam auf einem langen Spaziergang über den Dam und durch eine belebte Einkaufsgegend. Es gibt Waren aus aller Welt und verschiedenste Restaurants. Auf einer der großen Grachten liegen Ausflugsschiffe mit Glasverdeck. Zurück im Hotel, lege ich mich etwas hin, nehme in der Nähe ein frühes Abendessen zu mir, finde einen englischsprachigen Film im Fernsehen und gehe schlafen – das aufregende, glanzvolle Leben eines Musikers auf Tournee.

Als ich aufwache, fühle ich mich wieder fast normal. An der Hotelbar hole ich mir einen Kaffee und ein Croissant. Ich will früh losfahren, damit ich rechtzeitig bei Engels bin, möchte aber vorher noch mal beim Jazzarchiv vorbei und mir den Film ansehen.

Ich habe keine Zeit mehr, Fletcher anzurufen, obwohl er hatte mitfahren wollen. Der Rezeptionist im Hotel hilft mir dabei, alles mit dem Autoverleih zu arrangieren; man verspricht mir, das Auto pünktlich zu meiner Rückkehr vom Archiv bereitzustellen.

Die Straßen sind wie immer belebt, als ich die Hendrikkade zum Gebäude des Jazzarchivs entlanglaufe. Unter den Radfahrerinnen sind viele ältere Damen, aus deren am Lenker hängenden Körbchen die Baguettes ragen.

Im Archiv finde ich Helen wieder in ihrem Büro vor, aber etwas an ihrer Art und ihrem Gesicht verunsichert mich. Sie ist zwar höflich, aber äußerst kühl.

»Tag, Helen. Ich würde mir gerne noch einmal den Film ansehen.«

Das scheint sie zu verwirren. »Haben Sie den nicht gestern schon gesehen?«

»Gestern? Nein, gestern war ich nicht hier. Warum?«

»Oh, da muss ich Sie wohl verwechselt haben.« Sie runzelt die Stirn und wirkt betreten.

»Wie meinen Sie das?«

»Ich hatte gestern frei, aber ich habe gehört, dass jemand hier war, der sich den Film angesehen hat. Der Film war danach zunächst nicht mehr aufzufinden, wofür mir mein Vorgesetzter die Schuld gegeben hat. Ich habe den ganzen Morgen gebraucht, um ihn zu finden.« Sie wirft mir ein erleichtertes Lächeln zu. »Ich bin froh, dass Sie das nicht waren.«

Nicht aufzufinden, weil ihn jemand versteckt hatte? »Sie wissen nicht, wer das war?«

»Nein, irgendein Ausländer. Ich bin einfach davon ausgegangen, dass Sie das gewesen sein müssten. Tut mir Leid.«

»Kein Problem. Und, trauen Sie mir jetzt wieder? Ich gebe Ihnen den Film persönlich zurück, wenn ich fertig bin.«

»Ja, natürlich.«

Sie bringt mich wieder in den Vorführraum und holt das Video. »Vielleicht wäre es wirklich besser, wenn Sie es mir zurückbringen. Um ganz sicher zu gehen.«

»Kein Problem.«

Ich schiebe das Band in den Videorekorder und frage mich, wer sich sonst noch dafür interessieren könnte. Auf dem Hotelbriefpapier, das ich mitgebracht habe, mache ich Notizen und schreibe die Daten vom Siebten bis zum frühen Morgen des Dreizehnten auf, an dem Chet gefunden wurde. Ich lasse den Teil mit dem Engels-Interview ein paar Mal laufen, um zu sehen, ob mir etwas entgangen ist. Engels wirkt tüchtig und seiner Sache sicher, fühlt sich aber offensichtlich vor der Kamera unwohl. Für ihn scheint es eindeutig zu sein, dass keine anderen Personen beteiligt waren und kein Verbrechen stattgefunden hat.

Sonst brauche ich nichts, aber ich stoppe den Schnelldurchlauf an einem Interview mit Chet irgendwann im Jahre 1987. Seine Haare sind ungepflegt, er hat eine getönte Brille auf der Nase und ein Glas Bier in der Hand. Er sieht schlecht aus, vielleicht ist er sogar high, aber sein zerknautschtes Gesicht hellt sich auf, als er von Diane redet, einer Frau, mit der er damals zusammen war.

»Sie ist ein Geschenk, das jeder Mann schätzen würde«, sagt er. »1988 braucht nicht besser zu werden. Wenn es so gut wird wie 1987, dann bin ich zufrieden.« Tja, das war es dann auch, zumindest vier Monate lang.

Ich lasse das Band bis zum Ende vorlaufen und lese den Abspann durch, kenne aber keinen der Namen. Ich bringe es Helen zurück. »Bitte schön«, sage ich. »Und nochmals vielen Dank.«

»Tut mir Leid, dass ich dachte, Sie wären das gestern gewesen. Immer noch keine Spur von Ihrem Freund?«

»Nein, noch nicht. Könnten Sie mir einen Gefallen tun?« Ich schreibe die Nummer des Hotels auf einen Zettel und gebe ihn ihr. »Falls irgendjemand kommt und nach dem Video verlangt, würden Sie mich dann anrufen?«

»Ja, natürlich.« Sie nimmt den Zettel und legt ihn in eine Schreibtischschublade.

»Danke. Ich hoffe, wir sehen uns noch einmal.«

»Ja, ich auch.«

Im Hotel händigt mir der Angestellte am Empfang den Schlüssel für einen VW Golf aus und zeigt mir, wo er steht. Ich lese mir noch einmal Engels' Wegbeschreibung durch und finde die richtige Landstraße problemlos. Ich wende mich nach Südwesten in Richtung Keukenhof. Ungefähr dreißig Kilometer weiter fahre ich von der zweispurigen Landstraße ab. Laut Engels' Beschreibung müsste die Straße nach Nordwijk führen.

Das Land ist so flach wie Texas und von kleinen Kanälen und Teichen durchzogen. Es gibt nicht viel Autoverkehr, aber auch hier Radfahrer – Kinder, Frauen, vielleicht Hausfrauen beim Einkaufen, und Radwanderer, die mit Rucksäcken und Satteltaschen beladen durch die Dünen voller Seevögel zuckeln.

Ich suche nach der Grachtenfähre. An der Zufahrt steht ein hölzernes Tor, das wie ein Viehgatter aussieht, und eine Glocke, die man läuten muss. Ein Mann in einem ärmellosen grauen Parka kommt heraus und winkt mich vorwärts auf die Fähre, die nichts weiter als ein großes Floß ist, auf dem bestenfalls zwei Autos Platz haben. Über die Gracht hinweg führt ein Stahlseil auf die andere Seite, wo ich ein paar Häuser und noch mehr flaches Land sehe.

Der Fährmann schließt das Tor und dreht an einem großen Rad, das mit dem Stahlseil verbunden ist. Rechts und links ist kein Platz, um aus dem Auto auszusteigen, als wir langsam auf die andere Seite übersetzen. Abgesehen von der Bugwelle der Fähre ist das Wasser im Kanal völlig ruhig. Am anderen Ufer öffnet er ein ähnliches Tor und nimmt das Geld von mir entgegen. Die Leute auf dieser Seite der Gracht müssen jeden Tag so zur Arbeit fahren. Ich bin sehr weit weg von der Rushhour auf dem Freeway 405 in Los Angeles.

Die gewundene Straße führt durch ein Wohngebiet mit kleinen, soliden Backsteinhäuschen und mündet auf einen Marktplatz. Da gibt es einen kleinen Einkaufsladen, der mich an einen amerikanischen Eckladen erinnert, eine Kirche und ein Restaurant mit Bar aus rotem Backstein. Ich parke auf dem leeren Stellplatz und gehe hinein. Der öffentliche Fernsprecher hängt beim Eingang. Nach dem zweiten Klingeln hebt Engels ab.

»Mr. Engels, Evan Horne hier.«

»Ach so, Sie sind es. Warten Sie. Ich bin gleich da.« Ich sehe mich im Lokal um. Hinter der Theke sitzt eine Frau auf einem Barhocker und liest die Zeitung. Sonst ist niemand da. Ich bestelle bei ihr einen Kaffee und setze mich an einen Tisch am Fenster, von dem aus ich den Platz überblicken kann.

Nach nicht einmal fünf Minuten sehe ich Engels zügig über den Platz hinweg auf das Restaurant zukommen. Er winkt jemandem zu, der gerade aus dem Einkaufsladen kommt. Im Restaurant spricht er erst mit der Frau und zeigt auf mich, dann kommt er herüber.

»Mr. Horne.«

»Ja. Danke, dass Sie gekommen sind.« Er ist nicht so alt, wie ich gedacht hatte, und mir wird klar, dass der Film erst vor relativ kurzer Zeit gemacht worden ist.

Er zeigt auf die Speisekarte. »Wollen Sie vielleicht etwas zu Mittag essen? Ich habe jedenfalls Hunger.«

»Ein Sandwich vielleicht, aber bitte, ich lade Sie ein.«

Er lächelt. »Wie Sie wünschen.« Die Wirtin kommt und bringt ihm ein Bier vom Fass. Sie konferieren kurz über das Speisenangebot. »Für Sie auch ein Bier?«, fragt er mich.

»Ja, klingt gut.« Sie verschwindet wieder.

»Es gibt hier eine gute Suppe, und die belegten Brote sind hausgemacht. Haben Sie ohne Probleme hergefunden?«

»Ja, Ihre Wegbeschreibung war sehr gut. Ein schöner Kontrast zu Amsterdam hier draußen. Die Grachtüberquerung hat mir Spaß gemacht.«

»Ja«, antwortet er. »Nichts für ungeduldige Pendler. Mir gefällt es hier sehr, aber manchmal vermisse ich die Stadt. Dann fahre ich in die City hinein und gehe in der Altstadt spazieren.«

»Da wohne ich. Im Prins Hendrik Hotel.«

»Das wundert mich nicht. Wie ich höre, hat es sich zu einer ziemlichen Attraktion für Musiker und Jazzfans entwickelt, die nach Amsterdam kommen.«

»In Jazzkreisen war Chet Baker sehr berühmt.«

»Ja, wie sehr, wurde mir erst viel später bewusst«, erwidert Engels. »Damals sah es nach einer einfachen Untersuchung aus, einem Unfall, aber es entwickelte sich dann doch ganz anders. Als er erst einmal identifiziert worden war, wurde die Polizei mit Anrufen aus aller Welt bombardiert.«

»Ich habe den Film gesehen, in dem Sie interviewt werden. Erinnern Sie sich noch an etwas anderes aus jener Nacht?«

Er nippt an seinem Bier und blickt zum Fenster hinaus. »Nein, leider nicht. Wir erhielten die Meldung, dass ein Mann auf der Straße gefunden worden war. Jemand rief aus einem Lokal an, wollte aber seinen Namen nicht nennen. Ich wurde hingeschickt. Wir fanden Mr. Bakers Pass und andere Ausweise in seinem Zimmer, sein Gepäck, seine Trompete. Sie lag nicht im Koffer, sondern auf dem Boden. Auf dem Tisch war eine beträchtliche Menge Heroin und Kokain.«

»Speedball«, sage ich.

»Was?«

»Das ist ein Slangausdruck für die Mischung von Heroin und Kokain.« Meine Fantasie überschlägt sich. Chet setzt sich den Schuss. Vielleicht spielt er ein bisschen Trompete, beschließt, sich aufs Fensterbrett zu setzen und die Straßenszenerie zu betrachten. Oder hat jemand an die Tür geklopft? Legt er die Trompete auf dem Boden ab, als er die Tür aufmachen will? Die Verschwörungstheorien lassen sich einfach nicht vertreiben.

Engels spricht weiter. »Irgendjemand, ich weiß nicht mehr, wer, hat seinen Agenten benachrichtigt, der dann kam. Er hatte nicht einmal gewusst, dass Mr. Baker in Amsterdam war. Baker war erst am selben Nachmittag angekommen, und die Hotels, in denen er früher übernachtet hatte, waren alle belegt gewesen. Der Agent, Peter Huijits, erklärte mir, wer Mr. Baker war.« Engels sieht mich wieder an. »Sie hatten auf ihn gewartet. Er hätte an jenem Abend ein Konzert geben sollen.«

»Stimmt, zusammen mit Archie Shepp.«

»Tut mir Leid«, sagt Engels. »Den Namen kenne ich nicht.«

Die Wirtin kommt mit unserem Essen wieder, zwei Tellern dampfender Linsensuppe und mit Wurst und Käse belegten Sandwiches aus getoastetem Brot. Als sie wieder weg ist, sage ich: »Auch ein berühmter Musiker.«

»Ja«, entgegnet Engels, »vermutlich. Ich bin leider kein so großer Jazzfan.«

Wir essen einige Minuten lang schweigend, dann fährt Engels fort. »Eine Schande mit Baker«, sagt er. »Nicht nur sein Tod, auch seine Drogenabhängigkeit. Als ich bei Interpol nachfragte, stellte sich heraus, dass er in Europa bestens bekannt war. Sechzehn Monate Haft in Italien, zahlreiche andere Festnahmen.«

Ich nicke, während ich die eine Sandwichhälfte verputze. »Ja, er war für seine Drogenprobleme genauso bekannt wie für seine Musik. Aber, wie man so sagt: Er hat es sich selbst angetan.«

Ich weiß, dass Engels' Gedächtnis nicht derart gut sein kann und Ace ihn an vieles erinnert haben muss.

»Was meinen Freund anbelangt, Professor Buffington – Sie haben also auch mit ihm gesprochen?«

»Ja, aber nicht hier. Ich war in Amsterdam und habe vorgeschlagen, dass wir uns dort treffen, damit er nicht hier rauszufahren braucht. Wir haben zusammen einen Kaffee getrunken. Er hat viele Notizen gemacht.« Engels lächelt, als er daran zurückdenkt. »Er ist, könnte man sagen, sehr begeistert bei der Sache? Ja?«

»Absolut. Und wann war das? Letzte Woche?«

»Ja, am Donnerstag, glaube ich. Wir haben uns ungefähr eine Stunde lang unterhalten.«

Am Tag, bevor ich in Amsterdam ankam.

»Hat er gesagt, welche weiteren Pläne er hatte? Wo er als Nächstes hin wollte? Etwas in der Art?«

»Nein, nicht, dass ich wüsste. Nur dass er weiter Mr. Bakers Aufenthalt hier untersuchen wollte.«

»Hat er meinen Namen erwähnt?«

Engels wirkt überrascht. »Nein. Bis zu Inspektor Dekkers Anruf hatte ich noch nichts von Ihnen gehört.«

Das erscheint mir merkwürdig. Aber um mit einem Polizeibeamten zu reden, braucht Ace mich nicht. »Wissen Sie noch, ob er eine lederne Mappe dabei hatte, mit Reißverschluss auf drei Seiten?«

»Ja«, sagt Engels. »Die lag bei unserem Gespräch aufgeklappt vor ihm auf dem Tisch, weil er sich auf einige seiner Unterlagen bezog. Warum fragen Sie?«

Ich esse mein Sandwich auf und hole die Zigaretten heraus. »Stört es Sie?«

»Nein, bitte.«

Ich stecke mir eine an und blicke Engels ins Gesicht. »Kann ich Ihnen etwas im Vertrauen erzählen? Ich meine, ich weiß, dass Sie in Pension sind.«

»Was denn? Es geht also doch noch um etwas anderes bei Ihrem Besuch, ja?«

Ich erzähle ihm von Ace und unserer lockeren Verabredung, der Kneipe, in der seine Jacke gefunden wurde, den Visitenkarten und dem für Ace sehr ungewöhnlichen Verhalten. Ich berichte ihm auch von den Gesprächen mit Dekker. Dann lehne ich mich zurück und warte ab, wie Engels reagiert.

Er schweigt eine ganze Weile. Er hat jetzt seine Polizistenmiene aufgesetzt und verarbeitet und sortiert das von mir Gesagte. Dann blickt er mir fest in die Augen. »Sie haben etwas ausgelassen.«

Ich nicke und lächle. »Sie müssen ein guter Kommissar gewesen sein.«

Engels lässt sich von dem Kompliment nicht ablenken. »Für das Verhalten Ihres Freundes gibt es vermutlich eine logische Erklärung, aber andererseits ...« Er spricht nicht zu Ende, und sein Blick wird noch bohrender.

Da mache ich Nägel mit Köpfen – das Schlimmste, was passieren kann, ist, dass ich Dekker ebenfalls davon erzählen muss. Ich berichte Engels, wie ich die Aktenmappe gefunden habe.

Als ich fertig bin, sieht er zum Fenster hinaus, dann wieder mich an. »Sie haben Inspektor Dekker nichts von diesem Fund gesagt?«

»Nein.«

»Falls Dekker mich fragt, muss ich es ihm sagen. Falls nicht...« Er zuckt mit den Achseln.

»Nun, ich habe sowieso vor, Dekker von der Mappe zu berichten.«

»Gut«, erwidert Engels. »Ich halte das für notwendig. Dass Ihr Bekannter die Mappe zurückgelassen und versteckt hat, ist merkwürdig. Polizisten sind von Natur aus misstrauisch«, fügt Engels hinzu, »aber in diesem Fall scheint mir Anlass dafür zu bestehen.«

Ich bin erleichtert, das von ihm zu hören. Ich scheine mir das Ganze nicht nur einzubilden.

Engels sieht auf die Uhr. »Tut mir Leid, aber ich muss jetzt los.« Er gibt der Wirtin ein Zeichen, uns die Rechnung zu bringen.

»Ich würde Ihnen raten, Dekker alles zu sagen, damit die Polizei ihn offiziell als Vermissten suchen kann. Ihrem Bericht nach halte ich das für geboten. Überlassen Sie das der Polizei, Mr. Horne.«

Wir gehen gemeinsam hinaus zu meinem Auto.

»Nochmals vielen Dank, dass Sie sich die Zeit für mich genommen haben«, sage ich. Wir geben uns die Hand.

Engels bleibt kurz stehen und blickt hinauf in den Himmel.

»Ist noch etwas?«, frage ich.

»Nein«, sagt Engels, »ich habe nur gerade gedacht, wie schön es ist, kein Polizist mehr zu sein.«

Am Empfang erwartet mich nur eine Nachricht. Ich werfe einen Blick auf den Zettel. »Kein Ace«, steht da. »Coop.«

In meinem Zimmer rufe ich Fletcher an und erzähle ihm von meinem Besuch bei Engels.

»Verdammt«, sagt er. »Ich wollte doch mitkommen.«

»Ich weiß, aber die Zeit hat nicht gereicht, um dir Bescheid zu sagen. Er fährt morgen weg. Irgendwas Neues?«

»Ich habe gerade eine E-Mail von Margo bekommen. Ich habe ihr von dir erzählt und dass du eine Weile hier bleiben wirst. Alles in Butter«, sagt Fletcher.

»Gut. Mir reicht es erst mal mit Hotels.«

»Bei mir kommt jetzt der Sandmann. Zeit für den Mittagsschlaf«, sagt Fletcher. Ich höre ihn gähnen. »Wir sehen uns heute Abend. Der Typ mit dem Duo-Gig kommt vorbei, vielleicht können wir ein bisschen mit ihm plaudern, nachdem wir ihm hübsch aufgespielt haben.«

»Gut, Fletch, bis dann.«

Ich lege auf und öffne den Schrank, um die Mappe herauszuholen und zur Polizei zu bringen. Ich erstarre und gucke noch einmal, schiebe Dinge zur Seite, finde jedoch nichts.

Die Mappe ist verschwunden.

Ich sehe mich im Zimmer um. Alles wirkt völlig unverändert.

Jetzt muss ich wirklich mit Dekker reden.

»Gehen wir in mein Büro, Mr. Horne.« Er wirkt aufgebracht, weshalb ich vermute, dass er bereits mit Engels geredet hat. Ich fürchte mich vor dem, was kommt.

Er zeigt auf den Stuhl, während er hinter dem unordentlichen Schreibtisch Platz nimmt. »Ich bin froh, dass Sie sich gemeldet haben. Ich wollte Sie auch gerade anrufen«, sagt er. Sein Gesicht wirkt sehr ernst. Nicht ärgerlich, sondern so, als hätte er schlechte Neuigkeiten.

Ich versuche, ihn milde zu stimmen. »Ich war den ganzen Tag über unterwegs und habe Kommissar Engels besucht.«

»Darum geht es nicht«, sagt Dekker kurz angebunden. »Ich habe leider schlechte Nachrichten.« Er ist jetzt kein freundlicher Polizeibeamter mehr, der sich die Sorgen eines Touristen um seinen verloren gegangenen Freund geduldig anhört. Ich weiß, dass er meine Reaktion genau beobachten wird.

»Was für Nachrichten?«

Er zieht einen großen Aktenschrank neben seinem Schreibtisch auf und fasst in die Schublade. Und da ist sie – Ace' Ledermappe.

Dekker lässt sie auf den Tisch fallen und blickt mich an. Ich brauche keine Überraschung zu heucheln, als sie mit einem Klatsch landet.

»Das ist die Mappe Ihres Freundes, oder etwa nicht?« Ich nicke und greife danach. Auf den ersten Blick scheint nichts zu fehlen. Ich lege sie wieder hin und wage einen Blick in Richtung Dekker.

»Ich verstehe nicht. Wo –«

Dekker unterbricht mich. »Sie wurde gestern Nacht gefunden und bei mir abgeliefert.«

»Nicht schon wieder im Coffeeshop. Wer hat sie gefunden?«

Er könnte jetzt einfach sagen, dass es mich nichts angeht, dass ich zurück an mein Klavier gehen soll, darauf beharren, dass von jetzt an alles Sache der Polizei ist.

Dekker fährt sich mit der Hand über die an den Wangen deutlich sichtbaren Bartstoppeln. »Ich bin schon seit vielen Jahren in der Altstadt tätig, Mr. Horne. Ich kenne viele der Rotlichtmädchen. Hin und wieder geben sie mir Tipps oder tun mir einen Gefallen. Die Mädchen stehen unter ständiger Kontrolle und tun im Allgemeinen nichts, was ihre Arbeitserlaubnis gefährden würde, weswegen sie mit der Polizei zusammenarbeiten, wann immer sie können.«

»Mein Freund war es nicht, vermute ich.«

»Nein«, antwortet Dekker. »Der Mann, der die Mappe zurückgelassen hat, kann der Beschreibung nach nicht Ihr Freund gewesen sein. Da war sich die Dame ganz sicher. Es kamen mehrere Kunden in Betracht. Sie fand die Mappe später unter dem Bett, kann also nicht genau sagen, von wem sie stammt.«

Dekker beugt sich vor. »Die Sache ist leider wesentlich ernster, als wir anfangs dachten. Ihr Bekannter reist aus dem Hotel ab, ohne irgendeine Nachricht zu hinterlassen. Wir finden seine Jacke, seine Visitenkarten und jetzt seine Aktenmappe, die wahrscheinlich wichtiger als die Jacke ist.«

»Ja, absolut. Ich kann mir nicht vorstellen, dass Ace sie aus den Augen lassen würde.«

»Genau«, erwidert Dekker. »Gibt es noch irgendetwas, was Sie mir mitteilen könnten? Mr. Buffington ist ab sofort eine amtlich für vermisst erklärte Person, und wir müssen die Möglichkeit in Betracht ziehen, dass ihm etwas zugestoßen ist.«

In meinem Kopf dreht sich alles, und ich hätte mir zu gern eine Zigarette angezündet. Ich habe Engels versprochen, Dekker darüber aufzuklären, dass ich die Mappe hatte. Jetzt muss ich es auch tun. »Ja, da ist noch etwas, das Ihnen nicht gefallen wird.«

Dekker wartet, als wüsste er bereits, was kommt. Ich berichte ihm, wie ich die Mappe in Ace' Zimmer gefunden und behalten habe, versichere ihm aber, dass ich ihm genau das jetzt hatte beichten wollen, wie ich es Engels versprochen hatte.

»Deswegen bin ich hergekommen«, schließe ich.

Dekker sieht mich stirnrunzelnd an. »Ich wusste, dass da noch etwas im Busch war, als ich Ihnen neulich die Jacke zeigte. Mein Kollege hatte den gleichen Eindruck, aber ich habe nicht nachgehakt. Vielleicht hätte ich das tun sollen … Jetzt«, er zeigt mit dem Finger auf mich, »werden wir Ihretwegen länger brauchen, um herauszufinden, was mit Ihrem Bekannten passiert ist. Und passiert ist ihm auf jeden Fall etwas.«

»Ja, ich weiß. Es tut mir Leid, dass ich Ihnen nicht früher etwas gesagt habe.«

»Sie haben ja sicherlich schon ausreichend darüber nachgegrübelt, warum die Mappe nach seiner Abreise noch in dem Zimmer lag. Wie steht es mit Ihrem Zimmer? Fehlte sonst noch etwas?«

»Nein. Ich habe erst bemerkt, dass sie nicht mehr da war, als ich mich auf den Weg zur Polizei machen wollte. Der Dieb hat offensichtlich nur nach den Unterlagen gesucht. Er muss einen Schlüssel gehabt haben. Das Zimmer war verschlossen, als ich zurückkam.«

»Irgendwelche Vermutungen?«

Ich schüttele den Kopf. »Keine.«

»Wie es scheint, wusste derjenige, der in Ihrem Zimmer war, dass er die Mappe dort finden würde, oder?« Dekkers Kopf schnellt hoch. »Vielleicht, weil sie nicht mehr in dem Zimmer war, in dem Ihr Freund wohnte. War das nicht das Zimmer, aus dem Mr. Baker stürzte?«

»Ja, war es.« Ich grüble nach. Wer wusste sonst noch, dass ich dort wohne?

»Mr. Horne, haben Sie die Möglichkeit in Betracht gezogen, dass es etwas mit dem Tod von Mr. Baker zu tun haben könnte? Die Mappe enthält nichts außer Zeitungsausschnitten, Fotos und Notizen über Chet Baker.«

»Ja, ich weiß, ich habe das meiste davon gelesen.«

Dekker sieht aus, als wünsche er sich, nie von mir oder Chet Baker oder Ace gehört zu haben. »Ich hoffe, wir verstehen uns recht, Mr. Horne. Wenn Ihnen irgendetwas dazu einfällt, will ich es wissen. Wenn wir herausfinden wollen, was mit Ihrem Freund passiert ist, müssen wir zusammenarbeiten.«

Er durchwühlt die Papiere und zieht das Foto von Ace heraus, wie er vor dem Hotel steht. »Wie Sie ja offensichtlich wissen, war das ebenfalls in der Mappe. Dies ist Ihr Freund, nicht wahr?«

»Ja, das ist er. Der Hotelbesitzer hat das Bild gemacht. Ich habe neulich mit ihm gesprochen.« Ich erhebe mich, um zu gehen. »Es tut mir wirklich Leid, dass ich Ihnen vorher nichts von der Mappe gesagt habe.«

»Mir tut das noch viel mehr Leid«, entgegnet Dekker. »Ich will, dass Sie darüber nachdenken, Mr. Horne, wie und warum sie überhaupt hinter die Heizung kam. Wenn wir das herausfinden, werden wir vielleicht wissen, wo sich Ihr Freund befindet und was mit ihm passiert ist.«

An unserem letzten Abend ist das Bimhuis brechend voll. Schon als ich die Treppe hochkomme, höre ich die vielen Stimmen an der Bar. An der Theke stehen sie in drei Reihen, bestellen Getränke, lachen und reden, und ich muss mir den Weg durch einen Pulk Leute bahnen, die den Eingang zum Hauptbereich des Clubs blockieren. Auch hier sind die Sitzreihen bereits voll belegt, auf dem Gang darüber stehen Grüppchen beieinander und unterhalten sich, wobei sie hin und wieder einen Blick Richtung Bühne werfen und auf die Uhr sehen.

Fletcher sitzt auf der unbeleuchteten Bühne auf der Klavierbank, hat das Sax am Hals und spielt ein paar Akkorde.

»Neues Arrangement?«

»Hey«, sagt er und lächelt mich an. »Nein, ich probiere nur gerade was aus. Wie gehts dir?«

»Geht so.«

»Aha. Na, das wirst du mir sicher später erzählen. Der Typ, von dem wir gesprochen haben, Eric Hagen, kommt heute Abend, um uns auf den Zahn zu fühlen. Wir spielen ein paar extra Duoeinlagen für ihn, okay?«

»Na klar. Die machen mir langsam richtig Spaß.« Ohne das Netz aus Bass und Schlagzeug zu spielen, ist eine neue Erfahrung für mich, aber Fletcher macht es einem leicht. Sein Timing ist sehr gut. Ich weiß nicht, ob es mit jemand anderem klappen würde, aber zwischen Fletcher und mir besteht ein Einverständnis, das ich nicht erklären kann, als könnten wir die Gedanken des anderen lesen. Der Film fällt mir wieder ein, ein kurzer Abschnitt mit Chet und Stan Getz auf einer ansonsten leeren Bühne. Nur die beiden spielen, im Hintergrund sind der auf der Seite liegende Kontrabass und das Schlagzeug deutlich sichtbar, als ob die anderen beiden Musiker vorzeitig nach Hause gegangen wären. Chet und Stan spielen, hören zu, reagieren aufeinander, kommentieren die Linien des anderen. Phrasen werden ergänzt, wiederholt oder kontrapunktiert. Eine intime musikalische Zwiesprache über Gerry Mulligans Stück »Line for Lyons«. Ich habe jetzt einen ganz anderen Zugang dazu und merke, dass Fletcher und ich uns auf dieses Niveau zubewegen.

»Cool«, sagt er. »Lass uns erst mal mit der ganzen Band loslegen, damit diese aufgekratzten Eingeborenen ein bisschen zur Ruhe kommen.« Er steht auf und rückt das Saxofon am Gurt um seinen Hals zurecht. »Und vergiss nicht, dass du morgen dieses Geisterhotel verlässt.«

Ich lache. »Nein, das vergesse ich nicht.«

Das Publikum lässt sich allmählich nieder, hält Plätze für Freunde frei und holt Getränke. Über allem hängt eine blaue Rauchglocke. Ja, in Europa gibt es die guten alten Jazzclubs noch.

Als das Licht im Saal ausgeht und die Bühne auf einmal in einen warmen, roten Schein getaucht ist, löst sich Walter Offen aus der Menge. »Seid ihr so weit?«, fragt er.

»Hey, wir warten nur auf dich. An die Arbeit!«, erwidert Fletcher.
Ich will dem Bassisten und dem Schlagzeuger etwas sagen, beschließe aber, damit noch zu warten. Walter sagt uns an, und wir legen mit einem mäßig schnellen Blues los. Fletcher macht sich einen Spaß daraus, das Kommende nur anzudeuten. Als ihn das Spotlight trifft, lehnt er sich zurück, und das leicht zur Seite gehaltene Horn blitzt im Licht auf. Ich kann mir gut vorstellen, wie er damals zusammen mit Count Basie dastand, vor der feurigen Band in Newport, als er jetzt Chorus um Chorus spielt, bevor er schließlich in meine Richtung nickt und langsam in den Hintergrund tritt.

Mein gesamter erster Chorus geht in den Beifallsschreien des Publikums unter. Entspannt spiele ich noch zwei und denke dabei an Wynton Kelly mit Miles, wie sie durch »Freddie Freeloader« taumeln, oder Victor Feldman bei »Basin Street Blues«, Ron Carter und Frank Butler direkt hinter ihm wie ein Paar Leibwächter. Ein guter Swing hat noch nie geschadet. Ich steigere mich langsam, spüre, wie Bass und Schlagzeug meine Stimmung aufgreifen, während ich mit der linken Hand Akkorde schlage und mit der Rechten rasende Läufe spiele. Bei den letzten beiden Chorussen fange ich mit zweihändigen Blockakkorden an und spüre, wie Fletcher sich neben mir hin- und herwiegt, bis ich an den Bassisten abgebe.

Fletcher grient ins Publikum und zeigt auf mich, als wollte er sagen: Und? Was sagt ihr dazu? Er beugt sich zu mir herunter und sagt: »Wenn du weiter so gut spielst, lasse ich dich keine Soli mehr machen.« Besser als jedes Kritikerlob, das ich je kriegen könnte.

Alle steigen wieder ein, und wir wechseln uns ein paar Runden lang mit Chorussen ab, lassen dem Schlagzeuger ein paar Chorusse lang das Wort und bringen es dann schließlich zum Abschluss. Wir könnten jetzt schon einpacken, und ich wäre zufrieden. Es ist schwer, sich selbst zu übertreffen.

Das Publikum stößt einen kollektiven Seufzer der Befriedigung aus und wird dann wieder still. »Der Typ vom Club ist da«, sagt Fletcher zu mir. »Wie wärs mit ›Sophisticated Lady‹?«

Ich nicke, spiele ein Intro und höre dann zu, wie Fletcher dem Thema Leben einhaucht. Als er mit der Melodie beginnt, halte ich mich im Hintergrund und lege ihm bloß die fettesten, dichtesten Akkorde vor, die ich finden kann. Bei seinen Linien bleibt mir der Atem weg, und ich bedauere nur, dass ich ihm folgen muss. Ich mache eine kleine Anspielung auf Duke Ellington, und mir wird wieder einmal bewusst, wie sehr ich Balladen liebe. Wir machen mit einer Melodie weiter, die Fletcher geschrieben hat, einem weiteren Blues, den wir fast vollständig im Kontrapunkt spielen, und beenden den Set mit »My Foolish Heart«, was in mir die Frage hervorruft, wie wohl Bill Evans und Chet Baker zusammen geklungen hätten.

Fletcher ruft meinen Namen, und ich stehe zu einer kurzen Verbeugung auf, aber die Show gehört ihm. »Einen Set haben wir noch hier im Bimhuis«, sagt er ins Mikrofon. »Wir hoffen, Sie bleiben noch so lange.«

Ein großer, dünner Mann um die vierzig klettert auf die Bühne und kommt auf Fletcher zu. Er hat einen Bürstenschnitt und eine leicht getönte Brille. Fletcher nimmt ihn am Ellbogen und führt ihn zum Flügel. Er lächelt mich an und streckt die Hand aus. »Sie beide ergänzen sich wundervoll«, sagt er. »Ganz wundervoll. Ich bin Eric Hagen.«

Wir geben uns die Hand, und Fletcher hinter ihm strahlt. »Guten Abend«, sage ich. »Ich freue mich, dass Ihnen die Musik gefallen hat.«

»Oh ja, und wie. Bitte, wir müssen miteinander reden.« Wir gehen in einen kleinen Raum hinter der Bühne, um den vielen Menschen zu entkommen. Alles steht voll mit Instrumentenkoffern und an der Wand gestapelten Weinkartons und Bierkästen. Fletcher macht die Tür zu und schließt das Getöse des Clubs aus.

»Fletcher hat Ihnen also von meinem Vorschlag erzählt?«

»Ja«, antworte ich. »Klingt sehr interessant.«

»Mein Club ist klein, mit dem hier gar nicht zu vergleichen, aber es wird Ihnen sicher dort gefallen. Ich habe auch einen feinen Flügel.« Er blickt Fletcher um Zustimmung heischend an.

»Ich war letztens nachmittags mal da«, erläutert Fletcher. »Ziemlich cool.«

»So«, fährt Hagen fort, »dann würde ich Sie also gern nächstes

Wochenende anfangen lassen, erst mal versuchsweise, danach können wir uns dann über ein langfristiges Engagement unterhalten.« Er sieht uns beide an.

»Ich bin dafür«, sagt Fletcher.

»Ich auch.«

Hagen grinst uns an. »Hervorragend. Ich rufe Sie dann am Montag an, Fletcher, dann können wir alles Weitere regeln. Leider kann ich heute Abend nicht mehr länger bleiben. Es hat mich sehr gefreut, Sie kennen zu lernen, Evan. Ich freue mich auf nächste Woche.«

Nachdem er gegangen ist, sehen Fletcher und ich uns an, dann lachen wir beide los und lassen die Hände aneinander klatschen. »Ich habe dir doch gesagt, dass es dir hier in Amsterdam gefallen wird«, sagt er.

Und ob. Und jetzt bleibt mir mehr Zeit.

10

Der Sonntagmorgen beginnt friedlich. Ich dusche und ziehe mich an, packe meine Reisetasche und sehe mich dann noch einmal gründlich im Zimmer um, ein Ritual, das ich auf Tourneen bereits in zahllosen Hotels vollzogen habe. Nichts wird dagelassen, außer ich will es dalassen.

Ich führe mir wieder einmal vor Augen, dass Ace ganz genau das Gleiche getan hätte, wenn er das Prins Hendrik Hotel unter normalen Umständen verlassen hätte. Ace wollte die Mappe zurücklassen, und er wollte, dass ich sie finde.

Ich werfe einen letzten Blick aus dem Fenster nach unten auf die Straße und die Grachtbrücke am Ende. Diesen Blick werde ich so schnell nicht wieder haben.

An der Rezeption addiert der Hotelangestellte meine Barrechnungen, die ich zusammen mit den Telefongesprächen bezahle. Alles andere wurde bereits von Walter Offen beglichen. Bleibt nur noch, Fletcher vom Telefon in der Halle aus anzurufen.

»Hey, Fletch, schon munter und bereit für deinen neuen Untermieter?«

»Wenns denn sein muss«, entgegnet Fletcher verschlafen. »Kommst du jetzt rüber?«

»Ja, ich geh noch einen Kaffee trinken und nehm mir dann ein Taxi.«

»Im Hotel? Ich hol dich ab.«

»Neben dem Hotel ein paar Häuser weiter ist ein Café. Ich bin da drin oder davor.«

»Alles klar. In einer Stunde bin ich da.«

»Bis dann«, sage ich und lege auf.

Draußen betrachte ich wieder die Skulptur von Chet und die Liste der Sponsoren. Irgendetwas macht in meinem Kopf klick, als ich die Liste der Namen von Einzelpersonen und Plattenfirmen durchlese. Was sie wohl gekostet haben mag? Wer hat sie in Auftrag gegeben? Wer war der Künstler? Ich schreibe schnell alle Namen ab und gehe dann zum Café.

Ich muss Dekker meine neue Adresse geben. Allerdings habe ich mich bereits mit der Idee abgefunden, dass ich selbst die Initiative ergreifen muss, wenn die Sache vorankommen soll. Im Polizeibezirk Altstadt passiert viel. Ein »möglicherweise« vermisster Tourist wird keine hohe Priorität haben.

Ich nippe an meinem Kaffee und versuche, mich in Ace hineinzuversetzen. Er würde versuchen, Chets letzte Tage nachzuvollziehen. Angefangen mit dem Thelonious in Rotterdam, würde er sich bis Amsterdam zurückarbeiten, bis zum Nachmittag des 12. Mai. Selbst mit den Informationen des Films gibt es einige zeitliche Lücken, und diese Lücken würde Ace versuchen zu füllen.

Am 11. und 12. Mai, zwei Tage und Nächte – warum wusste niemand, wo Chet in dieser Zeit war? Und was war, wenn es doch jemand wusste und Ace denjenigen gefunden hatte? Wenn ich das herausfinden könnte, würde ich Ace vielleicht finden. Dekker kann das nicht. Er weiß nichts über Chet Baker, Musiker oder die Freunde von Musikern oder was es für einen Junkie bedeutet, verzweifelt nach dem nächsten Schuss zu suchen. Wenn Chet erst am 12. Mai nach Amsterdam gekommen war und als Letztes in Rotterdam gesehen wurde, dann muss er dort einen Drogenkontakt gehabt haben. Diese Person muss ich finden.

Draußen sehe ich Fletcher vorfahren. Ich schnappe mir mein Gepäck und gehe zu seinem Wagen. Auf der kurzen Fahrt zu seiner Wohnung ist Fletcher merkwürdig still. Er bugsiert das Auto in eine Parklücke bedenklich nahe an der Gracht zwischen einen Kleinlaster und einen Mercedes. An der Grachtseite wird diagonal eingeparkt, an der anderen Seite parallel zum Bürgersteig. Auf der schmalen Einbahnstraße bleibt gerade noch genug Platz für ein Auto.

»Ein Glück, dass Margo hier eine Parkerlaubnis hat«, sagt Fletcher beim Aussteigen. Wir hören ein helles Klingeln und springen beide zurück zwischen die parkenden Autos.

»Verdammt, ich bin so viele Jahre hier und habe mich immer noch nicht an diese Fahrräder gewöhnt.«

Ich grinse ihn an, als wir die Straße entlang zu Margos Wohnung und meiner vorübergehenden Unterkunft für Gott weiß wie lange gehen. »Du solltest dir eins besorgen«, sage ich. »Mach ein Foto und schick es an *Downbeat*.«

»Ja, ja«, gibt Fletcher zurück. »Spiel du nur dein Klavier.«

Drinnen angekommen gibt Fletcher mir einen Schlüssel, der auf dem Tischchen im Flur liegt. »Das ist der Ersatzschlüssel«, sagt er.

Ich soll in Margos Zimmer schlafen, in dem ich an dem Tag nach meiner Kifferwahnnacht, wie Fletcher es nennt, aufgewacht bin. Für die wenigen Kleidungsstücke, die ich mitgebracht habe, schaffe ich ein wenig Platz im Schrank, die kleineren Gegenstände lasse ich in der Tasche. Fletcher steht in der Tür und sieht mir zu. »Viel Gepäck hast du ja wirklich nicht«, sagt er.

»Na ja, ich wusste nicht, ob ich für zwei Wochen oder für zwei Monate komme. Wenn ich etwas brauche, kann ich mir ja immer noch was kaufen – wenn ich länger bleibe, lasse ich mir aus L. A. was von meinen dort untergestellten Sachen nachschicken.«

»Fühl dich ganz wie zu Hause. Ich werde jetzt üben. Ich versuche, jeden Tag ein paar Stunden zu spielen. Wenn du Lust hast, kannst du das Klavier ausprobieren.«

Ich sehe Fletcher an. »Danke für alles, Mann. Echt nett.«

»Kein Problem. Ich hab gern Gesellschaft, und du wirst hier keine Gespenster sehen.« Er verschwindet in seinem Zimmer, und ein paar Minuten später höre ich ihn auf dem Saxofon Tonleitern spielen und Übungen machen, während ich mir den Rest der Wohnung ansehe.

Ich denke über Fletcher und sein selbst auferlegtes Exil nach. Wie so viele Musiker, die in Europa geblieben sind, wurde Fletcher hier mit offeneren Armen aufgenommen als in seinem eigenen Land, doch ironischerweise spielt er immer noch amerikanische Musik.

Eine Wohnung in Amsterdam ist etwas völlig anderes als mein altes Apartment in Venice Beach. Mir wird etwas wehmütig ums Herz, als ich an die langen Spaziergänge am Strand und den Geruch des Meeres denke. Hier gibt es schwere Holzmöbel, große Teppiche auf den Dielenböden und hohe Decken. Durch die großen Fenster, deren schwere Vorhänge jetzt aufgezogen sind, strömt das Sonnenlicht herein. Die Küche muss irgendwann einmal renoviert worden sein. Sie ist mit relativ modernen Geräten und einem gut bestückten

Kühlschrank ausgestattet. Wegen des Einkaufens muss ich mich mit Fletcher absprechen, besonders wenn seine Kochkünste wirklich so gut sind, wie er versprochen hat.

In einer Ecke des Wohnzimmers steht ein Klavier. Einige handgeschriebene Notenblätter liegen auf dem Notenständer – vermutlich Stücke, an denen Fletcher gerade arbeitet. Der gepolsterte Klavierhocker ist einer von der Sorte, deren Höhe durch Drehen des Sitzes reguliert wird. Ich stelle ihn auf meine Höhe ein und setze mich. Die Töne erklingen laut und klar, das Klavier ist erstaunlich gut gestimmt, trotz der Feuchtigkeit vom Kanal, die ihm sicherlich zusetzt. Ich greife ein paar Akkorde, klimpere ein paar Tonleitern, wärme mich ganz locker auf und staune wieder einmal darüber, wie schmerzfrei meine Hand ist.

Ich bin mir bewusst, dass Fletcher im Nebenzimmer spielt, aber es reicht nicht aus, um mich abzulenken. Einmal bemerke ich einige Momente Stille; dann setzt er wieder ein und spielt Variationen des Stücks, an dem ich mich gerade versuche. Eine Stunde später habe ich mich an den Anschlag des Klaviers gewöhnt und fange an, es zu mögen. Auf einmal merke ich, dass Fletcher hinter mir steht und zuhört.

»Nicht schlecht, was?«

Ich unterbreche mein Spiel und drehe mich um. »Nein, ganz und gar nicht. Hast du es stimmen lassen?«

»Ja, ein paar Mal schon. Wie wärs mit was zu Mittag?«

»Klingt gut.« Ich folge Fletcher in die Küche.

»Ich hab noch Hühnchen von gestern übrig und was von meinem kreolischen Reis. Was sagst du dazu?«

»Ich esse alles.«

Fletcher holt den Reis heraus. »Im Kühlschrank steht eine Flasche Weißwein, mach die doch schon mal auf. Dann kannst du mir von deinem Rendezvous mit der Polizei erzählen.« Er gibt mir einen Korkenzieher.

Ich sehe Fletcher zu, wie er sich in der Küche zu schaffen macht, in der er sich offensichtlich genauso zu Hause fühlt wie auf der Bühne. Er macht das Hühnchen in einem schweren gusseisernen Topf und den Reis in einem Stieltopf heiß. Die Küche wird erfüllt vom Duft nach Knoblauch und etwas, das ich nicht erkennen kann. Er schneidet mehrere Scheiben von einem großen Brotlaib ab, dreht die Flamme unter dem Huhn herunter und sieht nach dem Reis. Alles im Griff.

»Sieht aus, als hättest du das schon ein paar Mal gemacht.«

Er lacht. »Ja, in meiner Familie haben alle gekocht. Auf Tournee mit Basie, da haben wir manchmal was Längerfristiges bekommen und uns dann häuslich eingerichtet. Haben versucht, Motels mit Küche zu finden. Ein Paar von den Jungs hatten ihre eigenen Pfannen dabei.«

»Das müssen gute Zeiten gewesen sein.«

Er lächelt bei der Erinnerung. »Ich stieß dazu, nachdem er die Band umgebaut hatte. Ende der Fünfziger, Anfang der Sechziger. Ich habe Joe Williams nur knapp verpasst. Eine Menge gute Musik, gute Zeiten, gutes Essen und meine Herrn, jede Menge Frauen.« Er verschränkt die Hände und macht ein paar Tanzschritte. »Da könnte ich dir Geschichten erzählen. Was ich allerdings überhaupt nicht vermisse, ist dieser Bus. Oh nein, mein Lieber.« Er sieht wieder in beide Töpfe und dreht die Temperatur noch einmal herunter. »Such uns doch noch Musik aus. Dann essen wir. Margo hat eine Menge Platten, und von mir ist auch einiges dabei.«

Ich nehme mein Weinglas und gehe ins Wohnzimmer. Unter der Stereoanlage steht auf Regalen eine größere Auswahl an CDs und eine stattliche Anzahl Schallplatten. Einen Plattenspieler gibt es auch. Ich wähle einen frühen Chet Baker aus – die Band mit Russ Freeman am Klavier –, als Fletcher mit zwei dampfenden Tellern voller Huhn und Reis hereinkommt.

»Wusste ichs doch«, sagt er, während er die Teller auf den Esstisch stellt. »Na komm, lang zu.«

Wir setzen uns hin und legen los. Nach den ersten paar Bissen sage ich Fletcher, dass er jederzeit ein Restaurant eröffnen könnte, falls er jemals aufhört zu spielen. »Es schmeckt fantastisch. Womit hast du das Huhn gewürzt?«

Offensichtlich befriedigt nickt er. »Keine Fragen, bitte. Das

Rezept stammt von meiner Großmutter und bleibt ein Familiengeheimnis, weißer Knabe.«

Nach dem Essen öffnet Fletcher das Fenster. Wir rauchen zum restlichen Wein eine Zigarette und hören Chet Baker zu. Ich erzähle Fletcher von Russ Freemans Kommentar im Film, Chet hätte nichts von Harmonielehre gewusst. »Er hat gesagt, dass Chet immer nur den ersten Ton hören wollte und dann von da losspielte. Er muss ein phänomenales Gehör gehabt haben.«

»Allerdings«, sagt Fletcher. »Man konnte ihm Akkordwechsel unter die Nase halten, und die bedeuteten ihm gar nichts. Ich habe gehört, dass Leute ihn hereinzulegen versuchten und ihm die falsche Tonart ansagten. Aber die Probleme hatten dann verdammt noch mal sie. Chet spielte einfach nur, Mann. Ich glaube, er wusste nicht mal, wie er es machte. Gesungen hat er genauso. Ich zeig dir was.«

Er geht hinüber zum Regal und legt ein Video in den Rekorder ein. »Hat Margo aufgetrieben. Es wurde bei Ronnie Scott's aufgenommen, ungefähr ein Jahr vor seinem Tod.«

In der ersten Einstellung sieht man Chet auf einem Barhocker sitzen und seine Trompete nur anstarren, als müsse er erst die Kraft sammeln, zu spielen oder sie überhaupt in die Hand zu nehmen. Die Kamera bleibt scheinbar ewig lange auf ihn gerichtet, bis er sich schließlich zum Pianisten umdreht und beide beginnen. Kein Schlagzeug, nur Chet, Klavier und Bass.

Der Song ist »Just Friends«, ein lockeres, federndes Tempo, aber Chet hat ganz offensichtlich zu kämpfen, obwohl der Pianist ihm einen üppigen Akkord nach dem anderen vorlegt. Er quält sich durch ein paar Chorusse und hört dann mit gesenktem Kopf dem Flügel und dem Bass zu. Dann singt er. Es ist nicht mehr die Stimme eines jungen Menschen. Sie ist jetzt tiefer und rauer, hat aber auch mehr Ausdruck. Auch hier muss er sich anstrengen, als würde er es nicht schaffen, aber irgendwie schafft er es dann doch und umhüllt den bekannten Standard mit seiner Stimme, dass es einem einfach zu Herzen gehen muss. Einen Chorus singt er als Scat, und die Phrasierung klingt haargenau wie bei seinem Trompetenspiel, als wollte er sagen: Mit der Trompete schaffe ich es nicht mehr, aber so würde es klingen, wenn ichs noch könnte. Keinerlei auffallende Technik oder Vibrato in der Stimme. Er endet mit einem sehr hippen kleinen Geflirre aus Noten und Lächeln. Aber er sieht so schrecklich müde aus. Es folgen ein paar Balladen und eine komplizierte kleine Bop-Blues-Melodie von Kenny Dorham, die er einstimmig zusammen mit dem Pianisten spielt.

Chet Baker, wie er reinen Jazz spielt und singt. Er spielt nicht aus der Seele – der Jazz ist seine Seele.

Wir hören uns noch ein paar Stücke an, dann steht Fletcher auf und stellt das Video ab. »Das war der beste Teil«, sagt er. »Danach kommen noch ein paar Popsänger zu ihm auf die Bühne. Keine Ahnung, was das sollte. Wollten wohl Platten verkaufen. Verkauft dieser Kenny-G-Typ immer noch viel?«

»Und ob. Millionen.«

Fletcher sagt: »Er ist der Anti-Bird, aber manchen Leuten scheint so was ja ans Gemüt zu gehen.«

»Chets Spiel bewegt einen wirklich, oder? Mich auf jeden Fall schon.«

»Ja, und wie er das macht, ist genauso ein Geheimnis wie das Hühnchenrezept meiner Großmutter.«

Bilder und Klänge des Films noch im Kopf, rechne ich schnell nach. »Wenn er noch leben würde, dann wäre er jetzt ungefähr in deinem Alter, stimmts?«

Fletcher nickt. »Ich glaube schon.«

»Was er jetzt wohl machen würde?«

»Dasselbe wie immer.« Fletcher zuckt die Achseln. »Jazz spielen und Dope ranschaffen. Irgendjemand fragte ihn mal: ›Was ist das Schlimmste an Drogen?‹ Und weißt du, was er geantwortet hat?«

»Was?«

»Der Preis.«

Ich schüttle den Kopf. »Ich frage mich, ob er damit nur das Geld meinte. So spielen zu können. Was für eine Verschwendung.«

»Das Zeug hat Chet früh in die Klauen bekommen und nie mehr losgelassen. Alle aus der Zeit sind entweder clean geworden oder gestorben.« Fletcher steht auf und reckt sich. »Da dir meine Kochkünste so zusagen, weiß ich, dass es dir nichts ausmachen wird, das Geschirr zu spülen. Ich setze Kaffee auf.«

Wir räumen die Küche auf und gehen zurück ins Wohnzimmer. Diesmal wählt er die Musik aus: Miles 1964 im Lincoln Center mit George Coleman am Tenorsax. Sie spielen ihre Version von »All of You«. Kurz vor dem Ende von Colemans Solo hält Fletcher die Hand hoch. »Hör dir das an.«

Sie haben mittlerweile das Tempo – anfangs war es noch eine Ballade gewesen – verdoppelt. Coleman spielt ein Gewirbel von Sechzehntelnoten und geht dann zu der Einleitung über, mit der das Ganze angefangen hatte, und leitet so Herbie Hancocks Solo ein.

»Wahnsinn«, sagt Fletcher. »Das macht einen einfach fertig. Da hatte Herbie was, über das er nachdenken konnte.« Nach Herbie ist Miles wieder da, verloren und trauernd, wie ein kleiner Junge, der ins Zimmer gelassen werden will. »Okay, das wars«, sagt Fletcher und dreht die Anlage leiser. »Jetzt erzähl mir von der Polizei.«

Ich fasse meinen Besuch bei Kommissar Engels zusammen und berichte vom überraschenden Auftauchen der Mappe in Dekkers Büro.

»Verdammt noch mal«, sagt Fletcher. »Das ist ja richtig schräg.«

»Ja, er wird jetzt offiziell als vermisst behandelt, aber das will nicht viel heißen. Wenn wir Ace finden wollen, dann werde ich das wohl selbst tun müssen.«

Fletcher sagt einen Augenblick lang gar nichts. »Ich weiß, dass du mit ihm befreundet bist, aber gehst du nicht ein bisschen zu weit? Willst du das Ganze nicht lieber der Polizei überlassen?«

»Du hast wahrscheinlich Recht. Angesichts meiner früheren Erlebnisse sollte ich es besser wissen. Aber es geht nicht nur um Freundschaft. Nach meinem Unfall habe ich fast gar nicht mehr gespielt. Ich konnte nicht. Ich hatte mein Selbstvertrauen verloren. Eine Weile dachte ich, dass ich nie wieder spielen würde. Und dann arrangierte Ace einen Gig für mich. Er setzte sich im Fachbereich Musik an der UNLV für mich ein und brachte mich als Gast unter. Der Fachbereich versorgte die Klavierstudenten mit Auftrittsmöglichkeiten. Es war ein blödes Engagement in einer Shopping Mall in

Las Vegas, aber so fing ich wieder an zu spielen.« Ich sehe Fletcher an. »Ich bin ihm verpflichtet, Fletch. Ich muss ihn finden.«

Fletcher nickt. »Leuchtet mir ein. Ich werde nicht versuchen, dich zu überzeugen. Also, was hast du vor?«

»Ich will das tun, was Ace meiner Meinung nach getan hätte. Chets letzte Lebenstage nachvollziehen. In dem Film haben sie das zum Teil zumindest getan. Er war am 7. Mai im Thelonious in Rotterdam, drei Tage später ist er dort im Dizzy Café aufgetaucht und hat ein paar Stücke mit der Band gespielt.«

Fletcher nickt. »Ich kenne die Läden.«

»Wenn ich da mit Leuten rede, kann ich zumindest rausfinden, ob Ace in Rotterdam gewesen ist. Chet muss dort einen weiteren Drogenkontakt gehabt haben. Zwei Tage waren vergangen, bis er am Zwölften wieder in Amsterdam aufkreuzte. So lange hätte er es nicht ohne ausgehalten.«

Fletcher läuft hin und her. »Es ist zwar schon Jahre her, aber ich kannte jemanden in Rotterdam. Er brachte oft Leute für einen Veranstalter bei sich unter. Ich hab auch mal bei ihm gepennt. Ich glaube, der hatte irgendwelche Drogenconnections.«

»Erinnerst du dich daran, wie er hieß?«

Fletcher schüttelt den Kopf. »Block oder Blove oder Stove, einer der wenigen holländischen Namen ohne Van-der-Irgendwas. Habs vergessen. Ist lange her. Lass uns doch mal hinfahren. Vielleicht hilft das meinem Gedächtnis auf die Sprünge.«

»Uns?«

»Na klar. Ich will mit von der Partie sein.« Ich muss an Pappy Dean denken, Cal Hughes, Natalie, Coop. Fletcher bemerkt meinen veränderten Gesichtsausdruck. »Was ist?«

»Es ist nicht so, als könnte ich Hilfe nicht gut gebrauchen, aber in der Vergangenheit, na ja, da wurden Leute auf eine Art und Weise hineingezogen, die ich nicht beabsichtigt hatte. Ich will dich nicht in irgendwas verwickeln, nur weil ich meine Nase überall reinstecken muss.«

Fletcher lacht. »Das war schon alles? Mach dir bloß keine Sorgen um mich, Mann! Ich bin in Harlem aufgewachsen. Ich kenne den ganzen Scheiß. Du kannst vielleicht noch jemanden brauchen, der dir den Rücken deckt, und ich bin dein Mann. Außerdem – hab ichs dir nicht gesagt: Ich lese Hoke-Moseley-Krimis.«

Es ist offensichtlich. Ich brauche gar nicht erst zu versuchen, ihn zu überzeugen. Wer kann einem Fletcher Paige schon widerstehen?

»Okay, Hoke. An die Arbeit.«

»Hey«, sagt Fletcher. »Ich weiß, warum du das tust. Ace hat Glück, dich zum Freund zu haben. Ich hoffe nur, er weiß es zu schätzen.«

Am Montagmorgen, als Fletcher noch schläft, rufe ich Inspektor Dekker an.

»Gut, dass Sie anrufen, Mr. Horne. Ich wollte mit Ihnen sprechen. Ich habe im Hotel angerufen und gehört, dass Sie dort nicht mehr sind.«

»Ja, ich wohne bei einem Freund. Ist etwas passiert?«

»Nein, es geht um etwas anderes. Könnten Sie heute Morgen auf die Wache kommen? Ich möchte, dass Sie etwas für mich tun.«

»Ja, natürlich.«

Was soll das jetzt, wenn es nicht um Ace geht? Als ich auf der Wache ankomme, werde ich sofort in Dekkers Büro geführt. »Danke, dass Sie so schnell kommen konnten, Mr. Horne.« Auf dem Schreibtisch liegt Ace' Mappe.

»Sie sagten, ich sollte etwas für Sie tun.«

»Ja«, antwortet Dekker. Er klopft auf die Mappe. »Ich gehe davon aus, dass Sie die Unterlagen durchgesehen haben, als sie sich in Ihrem Besitz befanden?«

Ich zucke die Achseln. »Nun ja, habe ich, tut mir Leid.«

»Das sollte keine Kritik sein, Mr. Horne. Das würde jeder tun. Es wäre gut, wenn Sie die Papiere jetzt noch einmal durchsehen und überprüfen könnten, ob etwas fehlt oder, vielleicht noch wichtiger, ob etwas dabei ist, das nicht da sein sollte.«

»Ich verstehe nicht.«

Dekker sieht mich an wie ein ungeduldiger Lehrer einen begriffsstutzigen Schüler. »Kennen Sie sich mit Literatur aus, Mr. Horne?«

Die Frage überrascht mich, weil ich nicht weiß, worauf er hinaus will. »Na ja, auf dem College habe ich Seminare besucht. Ich lese relativ viel.«

»Hemingway?«

»Auch, etwas. Warum fragen Sie?«

Dekker lehnt sich zurück. »Kennen Sie die Geschichte von Hemingways Koffer und den verlorenen Kurzgeschichten?«

Ich meine mich vage an irgendetwas zu erinnern. »Nein, nicht genau.«

Dekker scheint sich fast über meine Antwort zu freuen. Jetzt hat er Anlass, die Geschichte zum Besten zu geben. »Hemingway war in der Schweiz. Er hatte eine Anzahl von Kurzgeschichten, an denen er gerade arbeitete, in seiner Wohnung in Paris gelassen. Seine Frau sollte ihm nachreisen. Beim Packen steckte sie aus eigenem Entschluss auch die Manuskripte mit ein, weil sie dachte, dass er in den Ferien daran würde arbeiten wollen. Doch im Bahnhof in Paris stellte sie den Koffer einen Augenblick lang ab, und er wurde gestohlen. Sie suchte wie eine Wahnsinnige, aber er war weg. Bei ihrer Ankunft musste sie Hemingway das Missgeschick beichten. Er nahm die Nachricht relativ gelassen auf, zumindest nach Darstellung einiger Biografen. Über ein Dutzend Short Storys in verschiedenen Stadien der Vollendung waren verloren gegangen. Er versuchte sie neu zu schreiben, gab jedoch irgendwann auf. Nur eine einzige wurde gerettet. Sie war in der Wohnung in Paris hinter die Kommode gerutscht und nicht im Koffer gewesen.«

Dekker macht eine fast dramatische Pause, um das Gesagte wirken zu lassen. »Der Koffer wurde nie gefunden, und über sein Verschwinden gibt es natürlich viele Spekulationen. Man muss sich allerdings vor Augen halten, dass Ernest Hemingway damals noch nicht berühmt war, sondern nur ein unbekannter junger Schriftsteller, der um Anerkennung rang. Manche vermuten, dass der Dieb Kleider und eine Reihe von maschinenbeschriebenen Blättern fand. Die Storys hätten ihm nichts bedeutet. Vielleicht nahm der Dieb nur das, was er wollte, und warf den Rest weg oder ließ den Koffer irgendwo stehen, wo ihn jemand anders finden würde. Wie dem auch gewesen sein mag: Der Koffer tauchte nie wieder auf. Eine andere Theorie besagt, dass der Koffer längst vergessen noch irgendwo auf einem Dachboden in Paris steht. Können Sie sich vorstellen, was für ein literarisches Ereignis das wäre? Die verlorenen Kurzgeschichten Ernest Hemingways.« Dekker schüttelt gedankenverloren den Kopf.

»Inspektor Dekker, Sie sind ein Romantiker.«

»Hmm. Ja, vielleicht schon.« Er gestattet sich ein Lächeln.

»Und was hat das jetzt –«

Er klopft auf die Mappe. »Ich habe den Eindruck, dass es sich bei der Mappe Ihres Freundes ähnlich verhält, nur dass sie wieder aufgetaucht ist – und sich noch eine Menge anderer Fragen außer der nach dem Dieb ergeben. Warum wurde sie liegen gelassen? Wollte der Dieb – wir werden ihn der Einfachheit halber so nennen –, dass sie zurückgegeben wurde und niemand bemerkt, dass etwas fehlte? Oder wurde dem Inhalt vielleicht unbeabsichtigt etwas hinzugefügt, oder etwas, das gefunden werden sollte? Können Sie mir folgen, Mr. Horne?«

Dekker wirkt so befriedigt, als hätte er das ganze Wochenende damit verbracht, sich dieses Szenario auszudenken. Ich kann ihm zwar überhaupt nicht folgen, aber ich nicke trotzdem.

»Soll ich es mir gleich hier ansehen?«

»Das wäre schön«, sagt Dekker, »lassen Sie sich Zeit. Sie können sich in ein Zimmer setzen, wo Sie ungestört sind und sogar rauchen dürfen, wenn Sie möchten.« Er nimmt die Ledermappe und geht mir voran durch den Gang. Das Zimmer ist klein und kahl – graue Wände, ein Linoleumboden, vermutlich ein Verhörzimmer. Außer einem kleinen Tisch und zwei Stühlen steht nichts darin. »Ich bin dann in meinem Büro. Bitte sagen Sie mir Bescheid, wenn Sie fertig sind.« Dekker legt die Mappe auf den Tisch und geht.

Ich mache mich an die Arbeit. Den Großteil des Materials kenne ich bereits, aber drei oder vier Zigaretten später bin ich wieder völlig in die Artikel vertieft und erfahre immer mehr über Chet Baker – darüber hinaus allerdings nichts.

Nach über einer Stunde habe ich den Eindruck, dass nichts fehlt. Etwas Neues sehe ich erst recht nicht.

Ein letztes Mal sehe ich mir die Mappe noch an. Hinten hat sie eine Innentasche, in der ich die Fotos von Ace gefunden hatte. Eins davon hat Dekker, das andere habe ich, weswegen ich der Tasche bisher keine weitere Beachtung geschenkt habe. Aber jetzt ist da plötzlich etwas. Ich fühle darin herum und berühre ein kleines Stück Papier. Es ist ein holländischer Kassenbon. Er ist schwer zu lesen, das Farbband in der Kasse muss fast verbraucht gewesen sein. Ich sehe noch einmal in der Innentasche nach, aber da ist sonst nichts. Als ich gerade nach Dekker suchen will, kommt er zurück ins Zimmer.

»Gutes Timing«, sage ich.

Dekkers Gesichtsausdruck hat sich verändert – er wirkt nicht direkt wütend, aber von irgendetwas genervt. »Haben Sie was gefunden?«

»Nur das hier.« Ich gebe ihm den Kassenbeleg.

Dekker versucht, die verblasste Schrift zu entziffern. »Er stammt aus einem Copyshop hier in Amsterdam am Dam.« Er blättert den Stoß Papier durch. »Der Summe nach zu urteilen wurde vermutlich der gesamte Inhalt kopiert.« Dann sieht er mich an, als wüsste ich, was das zu bedeuten hat.

Ich zucke die Achseln. »Keine Ahnung.«

»Ja, es ist merkwürdig«, sagt er. Er legt alle Artikel zurück in die Mappe, den Kassenbeleg obenauf. Er sieht mich an wie einen Tatverdächtigen, von dem er jetzt ein Geständnis haben will.

»Ich habe gerade mit Lieutenant Cooper von der Santa Monica Police gesprochen. Er hat sich ebenfalls Sorgen gemacht, weil Sie nicht mehr im Hotel waren.«

»Ach, richtig, ich wollte ihm Bescheid sagen. Wir sind alte Freunde aus der Schulzeit.«

»Was Sie nicht sagen«, sagt Dekker. »Von Lieutenant Cooper habe ich gehört, dass Sie bereits mit einer ganzen Reihe kriminalistischer Untersuchungen zu tun hatten, einmal sogar als Mitarbeiter des FBI. Ich bin beeindruckt, Mr. Horne.«

Oh nein, nicht schon wieder. »Mein Anteil an der Sache war eher gering, wie Ihnen Cooper sicher mitgeteilt hat.«

Dekkers Augenbrauen gehen ein wenig nach oben. »Ich würde die

Festnahme eines Serienmörders nicht als geringfügig bezeichnen.« Er legt die Mappe wieder auf den Tisch und fährt fort. »Wie dem auch sein mag, Mr. Horne – ich sehe mich gezwungen, Ihnen mitzuteilen, dass die Amsterdamer Polizei keinerlei Einmischung von außen dulden wird. Ich möchte Sie außerdem daran erinnern, dass Sie sich in Amsterdam nicht auskennen. Ihr amerikanischer Pass macht Sie nicht unangreifbar für das niederländische Gesetz. Wenn Sie also bitte Ihre Neigungen, auf eigene Faust zu handeln, wie Detective Cooper es, glaube ich, ausdrückte, im Zaum halten könnten. Ich verstehe Ihre Sorgen um das Schicksal Ihres Freundes, aber überlassen Sie das bitte uns. Wenn Sie irgendwelche Vorschläge haben, werde ich mir die gerne anhören, aber sonst nichts.«

»Ja, natürlich.«

»Gut. Lieutenant Cooper meinte, ich müsste Ihnen das etwas deutlicher sagen.«

»So war das also.« Dekker springt nicht darauf an. Ich gebe ihm Fletchers Nummer und verspreche, brav zu sein. »Ich fahre vielleicht für ein paar Tage nach Rotterdam, aber ich bleibe mit Ihnen in Kontakt.«

»Ach?«

»Ja, es gibt dort zwei Jazzclubs, die ich mir gern mal ansehen möchte. Wegen möglicher Arbeit. Hat mit meinem Freund nichts zu tun.«

»Aha«, sagt Dekker, aber ich sehe ihm an, dass er mir nur halb glaubt. »Na dann, gute Reise.«

Ich gehe rüber zur American Express-Filiale, um Geld zu wechseln, und beschließe, Coop zu Hause anzurufen, selbst wenn ich ihn wegen der Zeitverschiebung aus dem Bett klingeln muss.

»Was?«, meldet sich eine unfreundliche Stimme.

»Hey, Coop, warum bist du so spät noch wach?«

»Ich gucke mir einen Film an. Wie ich höre, hast du dich bei den Amsterdamer Kollegen bereits lieb Kind gemacht. Das ging ja fix.«

»Für einen Bullen bist du ganz schön geschwätzig. Musstest du Dekker meine gesamte Lebensgeschichte auftischen?«

Coop lacht. »Das hat mir richtig Spaß gemacht. Nur damit sie wissen, mit wem sie es zu tun haben.« Sein Tonfall ändert sich wieder genauso schnell. »Von Ace keine Spur, vermute ich.«

»Nein, nichts. Dekker hat dir vermutlich alles erzählt.«

»Ja, klingt reichlich komisch. Mit Dekker würde ich allerdings aufpassen. Denk dran, dass du nicht zu Hause bist.«

»Er hat mir den ›Halt dich raus, sonst setzts was‹-Vortrag schon gehalten. Ich kapiers einfach nicht, Coop. Mittlerweile frage ich mich wirklich, was hier vor sich geht. Ace' Aktenmappe ist aus meinem Hotelzimmer gestohlen worden und dann völlig unversehrt wieder bei Dekker aufgetaucht.«

»Davon hat er mir nichts gesagt.«

Ich bringe Coop auf den neuesten Stand.

»Das ›Hab ichs dir nicht gesagt‹ werde ich mir ersparen«, meint er. »Außer Ace wollte noch jemand die Sachen haben, fand nicht, wonach er suchte, und ließ sie dann liegen. Übrigens, hast du eine neue Nummer, wo man dich erreichen kann, Kumpel?«

»Ja.« Ich gebe ihm Fletchers Telefonnummer. »Ein Musiker, mit dem ich hier zusammenarbeite.«

»Okay«, sagt Coop. »Schlag nicht zu doll über die Stränge. Ach, übrigens, ich habe jemanden getroffen, den du kennst.«

»Ach? Wieder Natalie?«

»Nein, die habe ich in letzter Zeit nicht mehr gesehen. Ich musste zu so einem Wochenendseminar vom FBI. Andie Lawrence. Sie hat sich nach dir erkundigt – ziemlich ausgiebig, wie ich hinzufügen darf –, aber ich habe ihr nur gesagt, dass du immer noch in Europa bist.«

»Gut.«

»Sie arbeitet jetzt beim Regionalbüro in San Francisco.«

»Solltest du mir das mitteilen?«

»Nein, ich sags nur so.«

»Na, schön, Coop. Danke. Guck weiter deinen Film. Welcher ist es denn?«

»*French Connection*. Bin schon dabei«, erwidert Coop.

Ich gehe nach draußen. Die Straßen sind wie immer voller Shopper und Touristen, als ich in Richtung Dam laufe, wo mehrere breite

Straßen aufeinander treffen. Ich suche mir eine freie Bank auf dem Platz, um nachzudenken.

Auf der anderen Seite des Platzes drängt sich meinem Blick ein Ladenname so deutlich auf, als wäre es ein blinkendes Neonzeichen: der Name von dem Kassenbeleg. Drinnen ist es so voll und laut wie in jedem amerikanischen Kinko's. Es gibt eine Reihe von Selbstbedienungskopierern, einen Tresen zum Bezahlen und dahinter mehrere Angestellte, die die größeren Kopiergeräte bedienen. Der junge Mann, der mich bedient, trägt ein weißes Hemd und ein blaues Namensschild, auf dem »Jerrod« steht. Er kann mit meiner Frage nichts anfangen und holt jemand anderen zu Hilfe. Obwohl es wenig Erfolg versprechend erscheint, beschreibe ich dem Zweiten die Seiten, die kopiert wurden.

»Können Sie sich vielleicht an den Mann erinnern, der die Kopien anfertigen ließ? Es ist wichtig.«

Der Angestellte denkt kurz nach. »Ah ja, Chet Baker. Ich erinnere mich. Wir haben uns über seine Musik unterhalten. Ich bin auch ein Fan von ihm. Baker ist hier gestorben.«

»Wie sah der Mann aus?«

»Hmmm ... sehr groß mit einem Bart, glaube ich. Und genau, er war Amerikaner.«

Ich hole meine Passhülle heraus und zeige ihm das Foto von Ace. »Ist er das?«

Der Angestellte nimmt das Bild in die Hand und betrachtet es. »Ja, das ist der Kunde.«

»Wissen Sie noch, wann das war?«

Er zuckt die Achseln. »Erst vor ein paar Tagen. Auf jeden Fall vor weniger als einer Woche.«

»Danke, ganz herzlichen Dank.«

»Gern geschehen.«

Ich trete wieder hinaus auf den belebten Platz, nehme aber nichts wahr außer der Stimme in meinem Kopf, die fragt: Warum sollte Ace den gesamten Inhalt seiner Mappe kopieren?

11

Als ich zurück in die Wohnung komme, ist es ein bisschen zu still. Es läuft keine Musik, kein Ton aus Fletchers Saxofon. Nichts. Ich lausche einen Augenblick. »Fletch, bist du zu Hause?«

»Hier«, ruft er aus seinem Zimmer. Ich atme erleichtert auf und gehe über den Flur. Sein Saxofon liegt auf dem ordentlich gemachten Bett. Er ist in Jeans, T-Shirt und Sandalen und hält am Schreibtisch mit einer Hand etwas vor eine extrem helle Lampe. In der anderen Hand hat er ein kleines Messer. Er unterbricht sich, um die Brille auf der Nase nach oben zu schieben. Ich sehe mich zum ersten Mal in seinem Zimmer um.

»Bin gleich so weit«, sagt er. Er wirft mir über den Rand der Brille hinweg einen kurzen Blick zu. »Ich bin ein Ordnungsfanatiker, was?«

Allerdings. Nicht nur das Bett ist gemacht, alles scheint seinen vorherbestimmten Platz zu haben. An einer Wand stehen Bücher in einem niedrigen Regal, und ich weiß ohne nachzusehen, dass sie alphabetisch nach Autoren geordnet sind. Ein paar Bücher liegen ordentlich der Größe nach aufgestapelt auf seinem Nachttisch. Die Bilder an den Wänden, Poster von Jazzfestivals, sind symmetrisch aufgehängt. Hinter der offenen Schranktür sind mehrere Anzüge zu sehen, die in regelmäßigem Abstand auf Kleiderbügeln hängen.

»Ich mach sie mir so zurecht, wie ich sie brauche«, sagt er, ohne aufzusehen. Jetzt erkenne ich auch, dass er ein Rohrblatt in der Hand hat, dessen Kanten er vorsichtig mit dem kleinen Messer bearbeitet. Er bläst darüber und überprüft es noch einmal. »Würdest du mir bitte das Horn geben?« Ich hole es ihm. Er steckt das Blättchen in das Mundstück und befestigt es. Mit offenen Augen bläst er ein paar Noten, lauscht und spielt dann die ersten Takte von »Body and Soul«, bevor er das Instrument absetzt. »Ja, so ists gut. Möchte gern wissen, warum sie die nicht gleich so herstellen können.« Jetzt wendet er den Blick mir zu. »Du warst ja früh auf den Beinen, Freund.« Er geht raus auf den Flur und zündet sich eine Zigarette an.

»Ja, ich hatte bei der Polizei angerufen. Dekker wollte, dass ich vorbeikomme und mir Ace' Mappe noch einmal ansehe. Ich sollte

nachschauen, ob etwas fehlt oder etwas Neues dazugekommen ist.«
Ich betrachte den Rauch, der sich über seinem Kopf zusammenkringelt. »Seit wann darf hier drin geraucht werden?«

Er sucht nach dem Aschenbecher. »Was solls, Margo ist ja nicht hier. Wir können hinterher immer noch gut durchlüften. Jetzt bin ich mal gespannt. Hast du was in der Mappe gefunden?«

»Nur einen Kassenbon aus einem Copyshop. Alles ist fotokopiert worden. Ich habe im Laden nachgefragt und dem Typ dort das Foto gezeigt. Er konnte sich sehr gut erinnern. Es war Ace.«

Fletcher sieht mich an. »Zeig mir mal das Foto von Ace. Ich wusste nicht, dass du eins hast.«

»Muss vergessen haben, es dir zu sagen.« Ich hole es heraus. Er betrachtet es einen Augenblick lang.

»Ja, das ist eindeutig der Bursche, mit dem ich geredet habe. Wollte nur noch mal sichergehen. War das in der Mappe?«

»Ja, zwei Stück waren drin. Das hier habe ich … einfach behalten.«

Fletcher nickt verständnisvoll. »Warum sollte er alles kopieren?«

»Genau meine Rede.«

Fletcher sieht das Foto immer noch mit zusammengekniffenen Augen an. »Irgendein Puzzlestück fehlt uns hier«, sagt er, »aber ich komme verdammt noch mal nicht drauf, was es sein könnte.« Er gibt mir das Foto zurück.

»Ich weiß. Nichts von alledem ergibt einen Sinn.«

Fletcher zieht den Vorhang auf und öffnet das Fenster. Kühle Luft strömt ins Zimmer. »Willst du einen Kaffee? Ich wollte gerade welchen machen.«

»Klingt gut.« Wir gehen zurück in die Küche. Fletcher setzt den Wasserkessel auf und löffelt Kaffee in die Kaffeepresse. »Warst du mal verheiratet, Fletcher?«

»Aber ja, zweimal sogar. Meine zweite Frau und ich haben uns vor ungefähr zehn Jahren scheiden lassen, aber wir waren schon lange vorher nicht mehr zusammen.«

»Kinder?«

Fletcher grinst. »Ja, eine Tochter. Das hübscheste Ding, das du je gesehen hast. Sie wohnt in Portland und ist Rechtsanwältin.«

»Hmmm. Meine letzte Freundin wird gerade Anwältin.«

»Letzte?« Er legt den Kopf schräg. »Du hast keine Ladys, die daheim auf dich warten?«

»Na ja, eine vielleicht. Ich hab heute Morgen mit meinem Freund von der Polizei telefoniert. Er meinte, dass die FBI-Agentin, mit der ich in L. A. zusammengearbeitet habe, nach mir fragt.«

Ich rühre Zucker und Sahne in meinen Kaffee.

»Vom FBI also?« Er nimmt sich Zucker. »Freundin beim FBI, Freund ein Bulle, Ex wird Anwältin. Mann, ich kenne keinen Klavierspieler, der so viel mit dem Gesetz zu tun hat wie du! Noch mal Schwein gehabt, dass du nichts Illegales machst.«

»Na ja, mit Andie ist eigentlich noch nichts passiert. Hätte aber passieren können. Wir mussten sehr viel zusammen sein und verbrachten sogar eine Nacht in San Francisco. Sie hielt mit ihren Gefühlen nicht hinterm Berg. Aber ich war ja noch mit meiner Ex zusammen.«

Fletcher grinst. »Lass mich raten. Die FBI-Agentin ist eine tolle Frau, und die Freundin war eifersüchtig, stimmts?«

»So ähnlich.«

»Das Lied kenne ich, Mann.« Nachdenklich schüttelt er den Kopf. »Frauen können einen ganz schön fertig machen. Langsam wie eine Shirley-Horn-Ballade, aber irgendwann haben sies geschafft.« Er sieht mich wieder an. »Ist die Ex wirklich ex, oder ist das noch nicht klar?«

»Ich glaube, es ist vorbei. Als ich mit dem FBI zusammengearbeitet habe, durfte ich ihr nicht sagen, warum ich so viel Zeit mit der Agentin verbringen musste, und sie bekam es völlig in den falschen Hals. Und später, als ich es ihr dann erklären konnte, war der Schaden schon angerichtet.«

»So kanns laufen«, erwidert Fletcher. »Klingt, als müsstest du ein paar Entscheidungen treffen. Hast du mit beiden nicht mehr geredet, seit du von zu Hause weg bist?«

»Nein. Natalie, das ist die Ex, ist noch in L. A., Andie, die FBI-Agentin, ist in San Francisco.«

Fletcher grinst. »Tja, vielleicht solltest du eine von beiden einladen, uns besuchen zu kommen.«

»Das ist genau das, was mir jetzt noch fehlt.«

»Wie sagte Prez doch so schön: ›Der Mensch lebt nicht vom Jazz allein.‹«

»Das soll Lester Young gesagt haben?«

»Ach, ich weiß nicht. Klingt so, als könnte er es gesagt haben.«

»Du bist also auch noch Hobbyphilosoph, was?«

»Nein, ich sehe nur, was menschlich ist.« Fletcher nippt an seinem Kaffee und sieht mich an. »Und, was für Pläne hast du?«

Ich hatte mir auf dem Rückweg zur Wohnung alles zurechtgelegt. Ich wollte mir Rotterdam und die Clubs dort ansehen und fragen, ob Ace dagewesen war, und dann wieder nach Amsterdam zurückkommen. »Ich will zum Dizzy Café und zum Thelonious. Bist du immer noch dabei?«

»Yeah. Wir können mit dem Auto oder dem Zug fahren. Es gibt mehrere pro Tag, aber es ist vielleicht praktischer, das Auto zu nehmen, damit wir dort mobil sind.«

»Habe ich mir auch gedacht.«

»Wann?«

»Lass uns heute Nachmittag noch fahren.« Ich will unbedingt etwas tun. Ich hasse es, herumzuhängen und zu warten.

»Ist cool«, sagt Fletcher. »Willst du erst noch 'n bisschen spielen?«

»Na klar.« Mit den Kaffeetassen gehen wir ins Wohnzimmer. Fletcher holt sein Saxofon, und ich setze mich ans Klavier und mache ein paar Aufwärmübungen. Fletcher nimmt einige Notenblätter vom Klavier. »Lass uns das mal versuchen. Was Neues von mir.«

Es heißt »Canal Bridge Stroll«. Ich sehe mir die Akkordwechsel an und probiere sie aus. »Was für ein Tempo?«

Fletcher schließt die Augen, bewegt den Kopf im Takt auf und ab und läuft auf der Stelle. »So ungefähr. Spiel die ersten vier Takte, dann komme ich rein.«

Ich spiele den Rahmen und folge dann Fletchers Linien mit den Akkorden auf dem Blatt. Ein paar Mal knallen wir aneinander, brechen ab und setzen wieder von neuem an, bis alles einen Sinn ergibt. »Wenn du die Akkorde 'n bisschen abwandeln willst, mach ruhig.«

»Okay.« Ich verändere ein paar Akkorde, kleine Reharmonisierungen, und das Ganze funktioniert allmählich.

»Yeah, genau so«, sagt Fletcher.

Wir arbeiten noch ungefähr eine Stunde daran, bis wir beide mit dem Ergebnis zufrieden sind, dann proben wir einige Stücke, die wir bereits zusammen gespielt haben. Unser Zusammenspiel wird immer besser. Wir folgen den Gedanken des anderen und vermischen unsere Linien miteinander. Ohne Drummer oder Bassisten, auf den wir hören müssen, sind es jetzt nur wir beide, die versuchen, sich in den jeweils anderen hineinzuversetzen. Eine Art musikalische Telepathie. Je länger wir es machen, desto besser wird es.

»Wir brauchen ein paar Bebop-Stücke. Kennst du ›Billie's Bounce‹?«

»Yeah.« Wir spielen es eher flott und wissen beide, dass wir es dem Repertoire hinzufügen werden.

»Das gefällt mir«, sagt Fletcher. »Jetzt haben wir 'ne Menge Musik, die wir spielen können.«

»So ist es.«

»Jetzt musst du dich nur noch auf die Musik konzentrieren. Lass mich ein bisschen rumtelefonieren. Dann packen wir ein paar Sachen, essen was zu Mittag und düsen los.«

»Und du glaubst wirklich, dass es kein Fehler ist?« Ich habe bereits meine Zweifel.

Fletcher zögert ein wenig. »Bitte versteh mich nicht falsch. Wenn wir nach deinem Freund suchen, ist das in Ordnung. Ich würde es ganz genauso machen. Aber wenn du dich auf Chet Baker versteifst und was mit ihm passiert ist, dann geraten wir auf den Holzweg und steuern womöglich in eine ganz falsche Richtung.«

»Das glaube ich nicht, Fletch. Ich glaube, es ist ein und dieselbe Richtung.«

Nach dem Mittagessen packen wir gerade genug ein für eine Übernachtung und fahren auf der Autobahn A4 nach Südwesten Richtung Rotterdam. Ich denke an Chet Baker, der vor über elf Jahren dieselbe Strecke zu seinem Gig im Thelonious fuhr. Geschwächt, krank, nicht ahnend, dass er dort nur eine Hand voll Zuschauer vorfinden würde, nicht einmal genug, um bezahlt zu werden. Wie er sich danach wohl fühlte? War das der Grund, warum er durch die Straßen irrte, sein Auto nicht mehr fand und sich dann irgendwie nach Amsterdam durchschlug, zum nächsten Schuss?

»Und, alles restlos klar?«, fragt Fletcher. Er ist ein vorsichtiger Fahrer, der stets beide Hände am Lenkrad hat und nur den Kopf schüttelt, als Auto um Auto an uns vorbeirast. Er hat einen Musiksender gefunden, der leise im Hintergrund läuft.

»Was? Mit unserem Ausflug?«

»Warum dein Freund das ganze Zeug in der Mappe fotokopiert hat.«

»Dazu hab ich die eine oder andere wüste Theorie.« Ich betrachte die vorbeifliegenden grünen Felder. Eine Windmühle habe ich immer noch nicht gesehen.

»Wann hast du die mal nicht?«, lacht Fletcher. »Ich will nur nicht, dass du völlig abhebst.«

»Schon okay.«

»Na und? Erzähl schon.« Fletcher hält den Blick weiter auf die Straße gerichtet, dreht aber das Radio leiser.

Ich zünde mir eine Zigarette an und öffne das Fenster einen Spalt. »Gehen wir mal davon aus, dass er die Mappe wirklich in der Hoffnung zurückgelassen hat, dass ich sie finde. Dann bekommt er heraus, dass ich sie tatsächlich habe, will aber mit seinen Recherchen weitermachen und braucht dazu seine Notizen und die Artikel. Er stiehlt sie sich zurück, kopiert den Inhalt und sorgt dann dafür, dass sie wieder auftaucht.«

Fletcher runzelt bereits die Stirn. »Und lässt sie einfach irgendwo liegen, weil er hofft, dass jemand sie findet, bei der Polizei abgibt, die dich dann verständigt und sie dir wieder aushändigt?« Er lacht. »Mann, du hast wirklich eine blühende Fantasie.«

»Ich hab doch gesagt, dass es eine wüste Theorie ist. Ich glaube nicht, dass er sie absichtlich irgendwo zurückgelassen hat, damit sie wieder zu mir gelangt. Ich glaube, sie wurde ihm gestohlen, womit er nicht gerechnet hatte.«

»Na, das ist schon ein bisschen besser«, sagt Fletcher. Er legt die Stirn wieder in Falten. »Erklär mir bitte noch mal, warum er überhaupt wollte, dass du die Mappe hast.«

»Weil er wollte, dass ich ihm bei den Chet-Baker-Forschungen helfe. In London habe ich das rundheraus abgelehnt, aber er weiß aus Erfahrung, dass ich solche Hinweise wie in den Unterlagen verfolgen würde. Du weißt schon, ins Archiv gehen, mich bei Musikern umhören, den Film ansehen. Wahrscheinlich hat er sich gedacht, dass die Versuchung zu groß sein würde.«

Fletcher sieht mich wieder von der Seite her an. »Na, da hat er ja auch Recht gehabt. Genau das tust du.«

Hatte er wohl. Die Aufklärung von ungelösten Fällen fasziniert mich eben. Dekkers Story von Hemingway und dem Koffer hat eine Menge in mir ausgelöst. Und wenn die Fälle mit Jazzmusikern zu tun haben, kann ich mich der Faszination erst recht nicht entziehen. Besonders, wenn ich herausfinde, dass bisher nur wenige versucht haben, das Rätsel zu lösen. Chet Bakers Todesumstände sind nach wie vor mysteriös und werden nur deshalb als Unfall bezeichnet, weil niemand etwas Besseres zu bieten hat.

»Willst du denn gar nicht wissen, was wirklich mit Chet passiert ist?«

Fletcher zuckt die Achseln. »Interessieren würde es mich schon, aber nicht genug, dass ich diese ganzen Nachforschungen anstellen würde.« Er prustet laut los.

»Worüber lachst du?«

»Ich musste nur gerade dran denken, was ein Typ aus Maynard Fergusons Band mir mal erzählt hat. Sie saßen im Bus und waren unterwegs zu irgendeinem Gig. Maynard wollte schlafen und sagte: ›Weckt mich nur auf, wenn sie Glenn Miller gefunden haben.‹« Er hält mir die Hand hin, und ich schlage ein.

Ich lache mit. Das klingt wie typisch Maynard. Das Flugzeug, in dem Glenn Miller gesessen hatte, wurde nie gefunden, nachdem es im Krieg 1944 irgendwo über dem Ärmelkanal abgestürzt war.

Fletcher stellt das Radio wieder lauter. »Denk an Maynards Worte«, murmle ich schläfrig.

Bevor ich weiß, wie mir geschieht, stößt Fletcher mich an. »Glenn Miller ist nicht aufgetaucht, aber wir sind in Rotterdam.«

Wir mieten uns in einem Hotel ein, das Fletcher von früheren Besuchen her kennt. Die zwei Einzelzimmer sind klein, sauber und spartanisch, aber günstig. Wir werden sowieso nicht viel Zeit auf dem Zimmer verbringen. Im Restaurant macht Fletcher ein paar Anrufe. Ich bin mit Zigarette und Kaffee fast fertig, als er wiederkommt.

»Das Thelonious ist geschlossen, aber der Besitzer war da. Wollte mich gleich überreden, für 'n Appel und 'n Ei mal am Wochenende bei ihm zu spielen. Jedenfalls hat er mit niemandem geredet, der Fragen über Chet Baker gestellt hätte.«

Voller Enttäuschung drücke ich die Zigarette aus. »Und, irgendwelche anderen Vorschläge?«

»Wir können es im Dizzy's versuchen. Das ist offen, aber es gibt natürlich keine Garantie, dass wir da was finden.«

»Einen Versuch ist es wert.« Ich hatte nicht ernsthaft erwartet, nach so vielen Jahren den Pianisten aus dem Film wiederzufinden. Ich begleiche die Rechnung, und wir gehen.

»Lass uns laufen«, sagt Fletcher. »Ich brauche ein bisschen Bewegung.« Er lacht. »Vielleicht finden wir ja Chets Auto.«

Fletcher kennt den Weg. Bis zu dem kleinen Club sind es ungefähr fünfzehn Minuten. Ein Trio spielt für eine Hand voll Zuhörer farblose Standards. »Mist, ich wünschte, ich hätte mein Sax dabei«, sagt Fletcher. »Dann würde ich diesen Kerlen ein bisschen einheizen.«

Wir gehen an den Tresen und bestellen uns ein Bier. Der Wirt erkennt Fletcher, und sie unterhalten sich über alte Zeiten, bevor Fletcher mich vorstellt. »Das hier ist ein ganz gefährlicher Klavierspieler«, sagt Fletcher. »Evan Horne.«

Nach dem Austausch von Höflichkeiten frage ich Jan nach Ace und zeige ihm das Bild. »Nein, so jemand war nicht da«, sagt er. »Chet Baker. An den habe ich seit Jahren nicht mehr gedacht.«

Fletcher sieht mich an, als wollte er sagen: Hab ichs dir nicht gesagt.

»Na ja, trotzdem vielen Dank«, sage ich. Dann fällt mir wieder der

Pianist aus dem Film ein. »Er war in einer Band, die Bad Circuits hieß.«

»Nein, der ist weggezogen, nach Paris, glaube ich. Schon eine Weile her.«

»Tja, wir habens versucht«, meint Fletcher. Plötzlich richtet er sich auf. »Stove. Der Typ, an dessen Namen ich mich nicht erinnern konnte. Stove hieß er.«

Der Kneipenwirt hört auf, das Glas in seiner Hand abzutrocknen. »Ja, an den erinnere ich mich. Er hat dem Veranstalter, der Chet gebucht hatte, manchmal ausgeholfen. Einige Musiker haben auch bei ihm gewohnt. Woody Shaw und ein Alt-Saxofonist, glaube ich. Genau, Woody Shaw.«

»Den meine ich«, erwidert Fletcher.

Jan stellt das Glas ab, während sich die Rädchen in seinem Kopf zu drehen beginnen. »Der war doch damals an dem Abend mit Chet zusammen. Er und noch ein Typ – Blok hieß der, glaube ich. Den sieht man hier noch manchmal. Er hat einen kleinen Laden für gebrauchte Platten.« Er schreibt uns die Adresse auf. »Er wohnt über dem Laden.«

»Danke, vielen Dank«, sage ich und werfe ein paar Münzen auf die Theke.

»Schickt ihn hier vorbei«, sagt der Wirt. »Der schuldet mir noch Geld.«

Wir geben dem Taxifahrer die Adresse und legen die zehnminütige Fahrt schweigend zurück. Ich merke, wie meine Aufregung mit jeder Straßenecke wächst. Der Plattenladen hat geschlossen, aber darüber brennt Licht, und neben der Ladentür gibt es eine private Klingel mit Sprechanlage.

Ich drücke auf den Knopf. Kurz darauf ertönt eine Stimme: »Hallo.«

»Mr. Blok? Ich würde gern mit Ihnen sprechen, bitte. Über Chet Baker.«

»Der Laden ist geschlossen. Kommen Sie morgen wieder. Chet Baker ist tot.«

Fletcher verdreht die Augen und stellt sich selbst vor die Sprechanlage. »Das wissen wir, Mann. Komm einfach kurz runter. Ich bins, Fletcher Paige.«

»Fletcher Paige?«

»Ja, nun komm schon, Mann.«

»Einen Augenblick.«

Wenige Minuten später sehen wir das Licht im Laden an- und den Rollladen an der Tür hochgehen. Ein hagerer Mann in Pulli und Stoffhose späht hinaus zu uns. Sein Gesicht leuchtet auf, als er Fletcher erkennt. Er überschlägt sich beinahe vor Höflichkeit, bietet uns Kaffee an, den wir ablehnen, schließt hinter uns ab und lässt den Rollladen wieder herunter.

Wir gehen in dem kleinen Laden nach hinten. Fast der gesamte Platz wird von Kästen voller Schallplatten eingenommen. Auf den Namensschildern sehe ich alle Jazzgrößen von Louis Armstrong bis Miles Davis in schwarzen Filzstiftdruckbuchstaben verzeichnet.

»Guckt mal«, sagt Blok und bleibt beim Buchstaben P stehen. Er blättert eine Reihe Alben durch, zieht eins von Fletcher heraus und gibt es ihm.

»Ist nicht wahr«, sagt Fletcher, als er es sich ansieht. Er dreht die Plattenhülle um und liest sich die Rückseite durch. »Schweden. Die hatte ich völlig vergessen.«

Blok hält ihm einen Stift hin. »Bitte.«

Fletcher signiert die Hülle und gibt sie ihm wieder. Blok trägt sie zu einem alten Verkaufstisch und lehnt sie an die Registrierkasse. »Die wird bald weg sein«, sagt Blok. »Kommt, setzen wir uns hin.«

Er führt uns in ein winziges Büro, das vermutlich einmal eine kleine Abstellkammer war. »Du spielst mit Fletcher zusammen?«, fragt er mich. In dem grellen Licht wirkt sein Gesicht faltig, verwüstet vom Alter und vermutlich sehr vielen Drogen.

»Ja, im Bimhuis in Amsterdam.«

»Ah ja, ich habe davon gehört.« Er stellt Fletcher noch einige Fragen. Schließlich komme ich dazu, mich nach dem bewussten Abend im Jahre 1988 zu erkundigen. »Ja, ich war mit Chet und Stove im

Dizzy Café. Chet spielte schlecht.« Er breitet die Arme aus. »Er brauchte ...«

»Ja, wir wissen, was er brauchte«, sagt Fletcher. »Hatte er hier einen Kontakt?«

Blok beäugt Fletcher misstrauisch. »Ich war es nicht, aber ... ich habe es ja versucht, aber ...«

»Hat Chet bei Stove zu Hause übernachtet?«

»Ja. Ich war dort und habe ihn gesehen. Er hat geschlafen und geschlafen. Dann ist er verschwunden und am nächsten Tag zurück nach Amsterdam gefahren. Er war zu ungeduldig.«

Das würde zumindest die Lücke im Zeitablauf erklären, hilft uns aber wegen Ace' Verbleib nicht weiter. Ich weiß schon, dass es keinen Sinn hat, Blok zu fragen, ob er Ace gesehen hat. »An wen hätte Chet sich in Amsterdam gewendet? Wegen Drogen, meine ich? Hatte er jemanden?«

Blok sieht sich um, als würde die Polizei jeden Moment von außen die Tür aufbrechen. »Das ist ewig her, ich hatte damals ein anderes Leben. Jetzt habe ich meinen Laden.« Er unterbricht sich, sieht aber, dass wir auf mehr warten. »Manchmal konnte er Methadon von einem Arzt verschrieben bekommen. Heroin?« Er spreizt die Hände und zieht die Schultern hoch. »Van Gogh, vielleicht –«

»Van Gogh?« Ich sehe Fletcher fragend an.

»Ach, Scheiße«, sagt Fletcher. »Wir meinen keinen verdammten Maler.«

Blok lacht. »Nein«, sagt er, »ein anderer van Gogh. Wenn er noch am Leben ist.«

»Wie finden wir diesen van Gogh?«

»Da müsst ihr herumfragen. Irgendjemand wird ihn schon kennen.« Wir bleiben noch zehn Minuten bei Blok, bekommen aber nichts mehr aus ihm heraus.

»Und, was nun?«, fragt Fletcher, als wir zum Hotel zurücklaufen.

»Du meinst, van Gogh wäre Zeitverschwendung?« Ich bin enttäuscht, aber es ist immerhin ein Name, und wir haben sonst nichts in der Hand.

»Ich glaube, er wollte uns einfach nur loswerden. Van Gogh, dass ich nicht lache! Vielleicht wird es Zeit, dass wir aufgeben. Wie wärs? Niemand kann behaupten, dass du nicht dein Bestes getan hättest.«

Fletcher hat Recht. Was kann ich sonst noch tun? Was könnte irgendjemand noch tun? Ich habe Ace' Verschwinden der Polizei gemeldet. Die haben sein Foto, seine Mappe, seine Jacke. Es liegt jetzt an denen. Die Jagd nach einer uralten Drogenconnection namens van Gogh in Amsterdam erscheint mir wie ein schlechter Witz.

Wir kehren in eine Kneipe neben dem Hotel ein, um ein Bier zu trinken, und hängen unseren Gedanken nach. Fletcher nimmt den Faden wieder auf. »Hey«, sagt er. »Ich hatte gerade 'n Einfall. Es gibt einen Typen in Amsterdam. Chet hat oft bei ihm übernachtet, er ist auch Trompeter. Vielleicht ist Ace dem über den Weg gelaufen.«

»Wer?«

»Wie hieß er noch gleich?« Fletcher denkt nach und schnippst dann mit den Fingern. »Hekkema, Evert Hekkema. Der kannte Chet sehr gut.«

Da fällt auch bei mir der Groschen. »Stimmt, der wird in dem Film interviewt. Er hat Chet ein Auto verkauft.«

Fletcher sieht mich an. »Vielleicht sollte ich mir den Film auch mal ansehen. Meinem Gedächtnis ein bisschen auf die Sprünge helfen, vielleicht fällt mir noch mehr ein.«

»Abgemacht. Wenn wir wieder zurück sind.«

»Hey, was ich dir noch gar nicht erzählt habe. Ich werde auch in einem Film vorkommen, über uns Jazzer, die in Europa leben und arbeiten.«

»Wirklich?«

»Yeah, die haben mich vor ein paar Wochen angerufen. Bezahlt kriegt man nix dafür, aber was solls. Ich werde trotzdem reden.«

»Und wo soll das stattfinden?«

»Vielleicht bei unseren Auftritten und auch ein bisschen zu Hause. Also wundere dich nicht, wenn ein Kamerateam vor der Tür steht.« Fletcher lacht. »Ich bin müde, Mann. Vergiss nicht, wie alt ich bin. Lass uns in die Federn kriechen.«

»Ganz deiner Meinung.«

»Die bezahl ich«, sagt Fletcher und holt Geld für die zwei Bier heraus. »Wart mal kurz. Ich muss telefonieren gehen.«

Während Fletcher weg ist, lasse ich mir alles noch mal durch den Kopf gehen. Eigentlich müsste Ace in Rotterdam gewesen sein. Kaum vorstellbar, dass er den Film gesehen und diese zwei offensichtlichen Quellen zu Chet Baker nicht verfolgt hat. Da stimmt was nicht.

Als Fletcher wiederkommt, hat sich sein Gesichtsausdruck völlig verändert. »Ich habe gerade den Anrufbeantworter zu Hause abgehört.«

»Und? Was gibts?«

»Einen Anruf für dich von dem Polizeiheini, Dekker. Er hat was über deinen Freund.«

Die Rückfahrt nach Amsterdam scheint ewig zu dauern. Fletcher fährt, lässt Musik laufen und versucht mich zu überzeugen, dass Dekkers Anruf nichts Schlimmes bedeuten muss. Ich habe nicht viel geschlafen. Jedes Mal, wenn ich die Augen schloss, sah ich mich, wie ich Ace' Leiche identifiziere. Als Amsterdam auftaucht, kann ich es kaum noch abwarten, zur Wohnung zu kommen und Dekker anzurufen. Aber daraus wird erst mal nichts. Fletcher fährt von der Autobahn ab, und wir kriechen durch die Innenstadt.

Am Dam geraten wir in ein Verkehrschaos aus Fußgängern, Autos und Straßenbahnen. Als die Ampel auf Grün umschaltet, fällt mir etwas ins Auge. Fletcher ist mitten auf der Kreuzung, hinter einem Bus, der schwarze Qualmwolken ausstößt.

»Halt sofort an!«, schreie ich.

»Was?«

»Halt an!« Fletcher steigt auf die Bremse. Ich reiße die Autotür auf und renne quer über die breite Straße. Haken um die Autos und die Leute schlagend, die bei Rot immer noch die Straße überqueren, lasse ich die Straßenbahn, die gerade abfährt, nicht aus den Augen. Ich renne, schubse Leute zur Seite und weiß trotzdem, dass ich sie erreiche. Die Straßenbahn ist bereits einen halben Straßenzug entfernt, als ich an der Haltestelle ankomme. Leute, die auf die nächste Bahn warten, starren mich an.

Ich drehe mich um und sehe Fletcher hinter mir an den Straßenrand fahren. Er springt aus dem Auto und kommt zu mir gerannt.
»Was zum Teufel ist jetzt schon wieder los? Was tust du da?«
»Ich glaube, ich habe Ace in der Straßenbahn gesehen.«

»Inspektor Dekker, bitte.« Ich muss eine Minute warten, während ich weiterverbunden werde, dann geht Dekker an den Apparat.
»Inspektor, Evan Horne hier.«
»Ach, Mr. Horne. Wie wars in Rotterdam?« Er klingt fast fröhlich. Kein unheilvoller Tonfall. Beinahe hätte ich gesagt: Nicht sehr ergiebig, aber ich glaube, er weiß sowieso, dass ich dort nicht nur nach Arbeit gesucht habe.
»Es war schön. Was gibt es Neues über meinen Bekannten?«
Er bemerkt den sorgenvollen Ton in meiner Stimme. »Ach, tut mir Leid, ich wollte Sie nicht beunruhigen. Nichts Schlimmes, nur sehr merkwürdig. Es sind eigentlich gute Nachrichten.«
Ungeduldig umklammere ich den Telefonhörer. »Was?«
»Wir haben einige Touristenhotels überprüft.«
»Ja?«
»Offensichtlich hat Ihr Freund Mr. Buffington in so einem Hotel gewohnt. Im Canal House. Sehr luxuriös und teuer.«
»Was? Wann? Ist er noch da?«
»Nein, nein, nur für ein paar Tage. Er ist auch dort schon wieder abgereist.«
»Und, was haben sie im Hotel gesagt? Hatten sie irgendwelche Informationen?«
»Keine, außer dass er ein ruhiger Gast war, seine Rechnung bezahlt, den Schlüssel abgegeben hat und abgereist ist.«
»Und man weiß genau, dass es Ace war?«
»Ja. Ich habe jemanden mit seinem Foto hingeschickt. Sie haben ihn eindeutig identifiziert.«
Ich halte nur den Hörer in der Hand und denke nach.
»Mr. Horne?«
»Ja, Entschuldigung. Was heißt das nun?«
»Es bedeutet schlicht und einfach, dass Ihr Bekannter nicht ver-

misst wird. Wie ich bereits früher einmal angedeutet habe, will er offensichtlich einfach nicht gefunden werden.«

»Sie werden also nichts weiter unternehmen?«

»Was soll ich denn Ihrer Ansicht nach tun, Mr. Horne?«

Gute Frage. »Könnten wir uns vielleicht noch ein wenig ausführlicher über die Sache unterhalten? Ich könnte auf die Wache kommen.«

Dekker seufzt unüberhörbar. Ich kann mir bildlich vorstellen, wie er entnervt die Stirn in Falten legt. »Wenn es denn sein muss, obwohl ich nicht weiß, was das bringen soll. Ich kann nicht noch mehr Zeit oder Personal in diese Angelegenheit stecken.«

»Das verstehe ich. Ich komme morgen früh vorbei.«

»Auf Wiedersehen, Mr. Horne.«

Ich drehe mich zu Fletcher um.

»Er meint, Ace wäre die ganze Zeit über hier gewesen. In einem anderen Hotel.«

Fletcher runzelt die Stirn. »Tja, Mann, du kennst ihn, nicht ich. Vielleicht ist da etwas im Gange, wovon du nichts wissen sollst. Vielleicht hat er ja 'ne Freundin, verdammt noch mal. Mehr kannst du nun wirklich nicht tun.«

Bevor ich antworten kann, klingelt das Telefon. Fletcher geht dran. Seinem Lächeln und Tonfall nach zu schließen ist es für ihn. Ich gehe in mein Zimmer. Mittlerweile bin ich ganz schön wütend auf Ace. Mir egal, worin er verwickelt ist, er hätte mich benachrichtigen können. Als ich den Kopf wende, sehe ich Fletcher freudestrahlend in der Tür.

»Weißt du noch, der Dokumentarfilm, in dem ich vorkommen sollte?«

»Ja, ist er immer noch angesagt?«

»Das war eben gerade die Regisseurin. Die sind schon hier. Sie wollen morgen anfangen zu drehen. Bist du einverstanden?«

»Hey, es ist dein Film.«

»Schon, aber sie wollen mich beim Spielen. Ich habe ihnen von unserem Duo-Gig erzählt. Sie könnten uns hier zu Hause beim Üben filmen, wenns dir nichts ausmacht.«

»Natürlich nicht, Fletch. Ich bin mit allem einverstanden.«

»Cool. Tja, dann gehe ich mal üben und suche die passende Garderobe für mein Filmdebüt aus. Was hast du vor?«

»Ich gehe mir ein Hotel ansehen.«

Das Canal House Hotel ist ein restauriertes Gebäude aus dem achtzehnten Jahrhundert und liegt an einer Kopfsteinpflasterstraße mit Blick auf eine Gracht. Das steht zumindest auf der Postkarte, die ich betrachte, während ich an der Rezeption auf die Besitzerin warte. Wie sich herausstellt, ist sie Amerikanerin. Sie ist sehr freundlich, kann mir aber auch nicht mehr sagen, als Dekker bereits herausgefunden hat.

»Nein, Mr. Buffington war nur drei Nächte hier. Er ist gestern abgereist.«

Ich zeige ihr das Foto. »Und das war er?«

Sie wirft einen schnellen Blick darauf. »Ja. Das habe ich auch der Polizei gesagt. Steckt er irgendwie in Schwierigkeiten?«

»Na ja, die wird er auf jeden Fall bekommen, wenn ich ihn kriege«, sage ich lächelnd. »Wir verpassen uns ständig. Trotzdem vielen Dank für Ihre Auskünfte.«

»Kein Problem.«

Ich trete hinaus ins helle Sonnenlicht, das auf dem Wasser glitzert, bleibe auf der Eingangstreppe stehen und sehe den kleinen Booten zu, die auf der Gracht vorbeischwimmen. Dann gehe ich zur Ecke und winke ein Taxi herbei.

»Kennen Sie das amerikanische Konsulat?«

»Ja«, sagt der Fahrer und stellt den Taxameter an.

Wir fahren quer durch die Stadt, bis er mich am Museumplein absetzt und auf ein Gebäude zeigt, das von hohen gotischen Bauten eingeschlossen wird. »Da lang«, sagt er und zeigt auf die andere Straßenseite.

Ich bezahle und überquere die Straße. Diese Gegend erinnert mich daran, dass ich noch nicht sehr viel Sightseeing gemacht habe, seit ich in Amsterdam bin. Für Museen hatte ich noch nie so schrecklich viel übrig, aber vielleicht sollte ich mich überwinden und van Goghs Heimatstadt ein bisschen genauer kennen lernen.

Das Konsulat kann mir auch nicht weiterhelfen. Niemand namens Buffington war in den letzten zwei Wochen dort. »Manchmal verlieren Touristen ihre Pässe oder Reiseschecks oder so etwas in der Art. Wir empfehlen den Reisenden immer, sich bei der Ankunft an uns zu wenden, aber die meisten tun es erst, wenn es zu spät ist«, informiert mich eine Angestellte.

»Tja, trotzdem vielen Dank.«

»Ich hoffe, Sie finden Ihren Freund«, sagt sie.

Das wars dann also. Jetzt bleibt mir nur noch, ein letztes Mal mit Dekker zu reden. Ich werde es möglichst früh tun, damit ichs hinter mir habe. In der Wohnung finde ich eine Notiz von Fletcher, dass er mit dem Filmteam ins Restaurant gegangen ist. Ich esse etwas in einem kleinen, einfachen Speiselokal in der Nähe, mache einen langen Spaziergang den Grachten entlang und gehe anschließend einen Kaffee trinken. Gegenüber ist eine Buchhandlung, an der in Neonschrift »Alibi« steht. Obwohl er gerade zumachen will, hilft mir der freundliche Besitzer noch, ein Buch von Charles Willeford aufzutreiben. Ein gebrauchtes Exemplar in gutem Zustand.

»Das nehme ich«, sage ich und hoffe, dass Fletcher es noch nicht hat.

Nach meiner Rückkehr stelle ich mich ausgiebig unter die heiße Dusche und höre ein bisschen Musik. Um zehn falle ich hundemüde mit meiner Hoke-Moseley-Neuerwerbung ins Bett. Ich lese weit genug, um zu erfahren, wie Hoke zusammengeschlagen und ausgeraubt wird – seine Marke, Dienstwaffe und sogar das Gebiss sind weg. Das wenigstens ist Chet Baker erspart geblieben.

Dann schlafe ich ein.

Dekkers Gesicht ist anzusehen, dass er gehofft hatte, ich würde nicht kommen. Ich berichte ihm von meinem Besuch beim Konsulat und beim Canal House Hotel.

»Ich kann Ihre Hartnäckigkeit nur bewundern. Mir will scheinen, dass Sie alles Menschenmögliche getan haben, Mr. Horne. Das Gleiche gilt für mich.«

»Sicherlich. Ich finde es nur merkwürdig, dass er die Hotels gewechselt hat, und bin immer noch ratlos, was Jacke und Aktenmappe angeht.«

»Das lässt sich einfach klären. Wenn Sie Ihren Bekannten ausfindig machen, dann sagen Sie ihm bitte, dass er die Sachen hier abholen soll. Wir haben keinen Grund, sie zu behalten.«

»Aber was ist mit der Theorie von Hemingways Koffer? Finden Sie es nicht komisch, dass er alles in der Mappe kopiert hat?«

Dekker lächelt nachsichtig. »Ich bin mir sicher, dass Sie den Ausdruck ›zerstreuter Professor‹ schon mal gehört haben, Mr. Horne. Vielleicht hat er einen solchen Verlust befürchtet und sich aus diesem Grund Kopien gemacht. Vielleicht nachdem er seine Jacke verloren hatte.«

Ich seufze. »Sie haben sicher Recht.«

»Tja, ich habe heute Morgen sehr viel zu tun. Ich wünsche Ihnen weiterhin einen angenehmen Aufenthalt in Amsterdam.« Dekker ist bereits aufgestanden und geleitet mich zur Tür.

»Nochmals vielen Dank, Inspektor. Tut mir Leid, dass ich Sie so oft belästigen musste.«

Okay, Ace, nach diesem letzten Gang bist du auf dich gestellt. Ich sehe auf die Uhr. Mir bleibt noch genug Zeit, um im Archiv vorbeizugehen, bevor ich für Fletchers Film wieder da sein muss. Ich gehe am Prins Hendrik Hotel vorbei und werfe einen weiteren Blick auf die Chet-Baker-Gedenktafel und die Liste der Stifter, weil ich noch etwas wissen möchte.

Im Jazzarchiv ist Helen wie gewohnt an ihrem Schreibtisch. Sie lächelt mich an, als ich hereinkomme. Offensichtlich freut sie sich mehr über meinen Besuch als Dekker. »Guten Tag. Wollen Sie sich den Film noch mal ansehen?«

»Nein, aber ich wollte Sie etwas fragen.«

»Fragen Sie.«

»Die Gedenktafel drüben am Hotel. Gibt es irgendeine offizielle Liste der Stifter und wer wie viel gegeben hat?«

Helen antwortet nicht gleich. Unruhig sieht sie um sich. »Die Liste der Stifter ist doch da auf der Gedenktafel, aber die einzelnen

Beträge … ich weiß nicht. Diese Informationen sind vertraulich. Einige Beträge wurden bar bezahlt, andere mit Verrechnungsschecks. Andere wurden überwiesen.«

»Überwiesen?«

»Ja.«

Ich spreche leiser. »Helen, es ist sehr wichtig. Ein Freund von mir steckt möglicherweise in großen Schwierigkeiten, und ich muss ihn finden. Ich verstehe, wenn Sie mir nicht helfen wollen, aber ich muss diese Liste sehen, bitte. Ein Name könnte mir ungemein helfen.«

Sie wirft einen Blick in Richtung eines Aktenschrankes neben ihrem Schreibtisch.

Ich folge ihrem Blick und riskiere es einfach. »Darf ich etwas vorschlagen? Wenn die Akte rein zufällig auf Ihrem Tisch liegen würde, dann wäre es doch nicht Ihre Schuld, wenn ich sie mir kurz ansehen würde, oder?«

Sie denkt kurz darüber nach und schaut wieder um sich. »Nein, eigentlich nicht.« Dann lächelt sie. »Ziemlich aufregend, was?«

»Na ja, könnte sein. Was meinen Sie?«

Als Antwort tritt sie an den Aktenschrank und zieht eine Schublade auf. Sie geht einige Ordner durch, holt einen heraus und legt ihn auf ihren Schreibtisch. Als sie plötzlich sehr laut redet, wird mir bewusst, wie leise wir vorher gesprochen haben.

»Wenn Sie hier warten würden, dann sehe ich nach, ob ich das Buch finden kann, das Sie suchen.«

»Vielen Dank«, antworte ich genauso laut. Sobald sie aus dem Zimmer ist, setze ich mich hin und schlage den Aktendeckel auf.

Die Beträge reichen von Einzelpersonen, die nicht mehr als hundert Dollar gegeben haben, bis zu Plattenfirmen mit wesentlich höheren Spenden. Ich lasse den Finger über die Liste gleiten, versuche mir Namen und Beträge zu merken, bis ich plötzlich innehalte. Der Eintrag könnte genauso gut fett gedruckt sein. Die Summe ist viel höher als alle anderen, aber daneben steht kein Name, nur eine Bemerkung, dass es eine Banküberweisung war, und die Worte »siehe Anhang«. Ich gehe die restliche Akte durch, finde aber nichts außer Quittungen für die Barspenden und eingelöste Schecks. Keinen Anhang. Nun brauche ich Helen nicht weiter zu bedrängen. Ich habe den dunklen Verdacht, dass ich weiß, wer der anonyme Spender sein könnte.

Sie kommt zurück und händigt mir ein Buch aus. »Ich glaube, das ist es, wonach Sie gesucht haben«, sagt sie. Es ist Duke Ellingtons Buch *Music Is My Mistress*.

»Danke«, erwidere ich. »Ich lasse es dann im Lesesaal liegen, wenn ich damit fertig bin. Sie haben mir sehr geholfen.«

»Ich hoffe, Sie haben gefunden, wonach Sie suchten«, sagt sie leise.

»Ja, vielen Dank.« Ich will gerade gehen, da kommt mir plötzlich eine Idee. Fletcher hatte einmal eine Bemerkung gemacht. »Eine Frage noch.« Ich hole das Foto von Ace heraus, um es ihr zu zeigen. »Ist das der Mann, mit dem Sie gesprochen haben? Professor Buffington?«

Sie nimmt mir das Foto aus der Hand und betrachtet es, aber ihr Gesicht verfinstert sich. »Ja, aber danach war ein anderer Mann hier. Er war Holländer.«

Sämtliche Alarmglocken gehen bei mir los. »Sind Sie sicher?«

»Ja«, sagt Helen. Sie hält das Foto in der Hand. »Ihr Freund war nur einmal hier.«

Auf dem Rückweg zur Wohnung versuche ich mir den Mann vorzustellen, den Helen beschrieben und der sich als Ace ausgegeben hat. Plötzlich bleibe ich beim Überqueren der Straße wie angewurzelt stehen, als mir einfällt, was mir an der Beschreibung bekannt vorkam. Gerade noch rechtzeitig höre ich eine Fahrradklingel und kann zur Seite springen, während ich für meine Unachtsamkeit mit Verwünschungen auf Holländisch bedacht werde.

Der Mann am Bahnhof, mit dem Schirm und dem Trenchcoat, der so hilfsbereit war. Damals dachte ich mir nichts dabei. Im Coffeeshop trug er zwar keinen Trenchcoat, aber ich bin mir sicher, dass es derselbe Mann war. Helen hatte gesagt, er hätte ein Schreiben vorgelegt, in dem er um die Erlaubnis zur Benutzung des Archivs bat, ohne dass das wirklich nötig gewesen sei. Die Archive stehen jedem offen, aber er wollte kein Risiko eingehen.

Warum sollte er sich als Ace ausgeben? Was wollte er? Nur den Chet-Baker-Film sehen? Warum? Ich glaube fast, dass ich es jetzt weiß.

Als ich in der Wohnung ankomme, sitzt Fletcher im Wohnzimmer auf einem der Sessel, angestrahlt von einem Filmscheinwerfer, neben ihm ein Reflektor auf einem Stativ. Ihm gegenüber sitzt eine junge Frau mit kurzen dunklen Haaren und großen Augen. In ihrem Schoß liegen Block und Stift. Ein vierschrötiger Mann in Jeans und Holzfällerhemd steht hinter ihr und hält die Kamera auf die beiden gerichtet.

Fletcher sieht mich und lächelt. »Da ist ja mein Kumpel«, sagt er. »Wir machen gerade ein paar Ton- und Beleuchtungstests. Das ist Elaine Blakemore, sag ihr mal schön Guten Tag.« Elaine trägt ebenfalls Jeans und ein rosa T-Shirt. Um den Hals hat sie einen Belichtungsmesser hängen. Sie ist um die dreißig und sehr hübsch.

»Hi«, sage ich. »Evan Horne. Ich wollte nicht stören.«

»Sie stören überhaupt nicht«, sagt sie und erhebt sich, um mir die Hand zu geben. Sie hat einen sehr britischen Akzent. »Fletcher hat mir eine Menge über Sie und Ihre Zusammenarbeit erzählt.« Sie mustert mich, als versuche sie mich einzuordnen, dann erhellt sich ihr Gesicht plötzlich zu einem Lächeln. »Jetzt weiß ichs wieder. Ich habe Colin Mansfields Interview mit Ihnen in London gehört. Mike Bailey hat was über Sie geschrieben. Sind Sie *der* Evan Horne?«

»Leider ja.«

»Ich wollte ins Ronnie Scott's gehen und Sie hören. Wären Sie zu einem Gespräch bereit? Ich hätte auch ein paar Fragen an Sie.«

»Na ja, vielleicht später. Ich will hier nicht im Weg herumstehen.«

»Aber ja. Wir wollen Sie auf jeden Fall mit draufkriegen, wie Sie mit Fletcher zusammen spielen. Ich hoffe, Sie haben nichts dagegen.«

»Natürlich nicht.«

»Na schön.« Sie dreht sich zu dem Kameramann um. »Bist du so weit, Kevin?«

»Ja, Schatz«, sagt Kevin. »Ich halte jetzt erst mal über deine Schulter. Ein paar Aufnahmen aus der Gegenrichtung können wir später machen.«

Elaine wirft einen Blick auf den Belichtungsmesser und ihre Notizen. »Okay, wollen wir dann loslegen?«

Ich flüstere Fletcher lautlos »bin gleich wieder da« zu. Er nickt und wendet seine Aufmerksamkeit Elaine zu, die mit den Fragen beginnt. Ich hätte gerne mit Fletcher geredet, aber das muss warten.

In meinem Zimmer grabe ich die Sponsorenliste aus und lese sie wieder durch. Ich versuche, die Blockade in meinem Hirn zu lösen, aber es klappt nicht. Als ich wieder ins Wohnzimmer komme, sind sie bereits mitten im Interview. Elaine hat ihre Hausaufgaben gemacht. Sie führt Fletcher mühelos durch die Fragen, und er wirkt sehr entspannt. Ich setze mich außerhalb des Kamerablickwinkels hin und sehe zu.

»Ich stelle Ihnen jetzt noch ein paar Fragen«, sagt sie. »Sie reden einfach drauflos. Ich werde sie später als Voice-over einfügen, okay?«

»Alles klar«, antwortet Fletcher.

»Dann erzählen Sie mir als Erstes von Ihrer Entscheidung, sich in Amsterdam niederzulassen.«

Fletcher sieht durch und durch so aus, wie man sich einen im Ausland lebenden Künstler und Bohemien vorstellt. Er trägt eine beige Hose und einen dunklen Blouson über einem hellen Rollkragenpullover. »Ich kam zum ersten Mal auf einer Tournee mit Count Basie nach Europa und bin wie so viele Musiker einfach hier geblieben. Es gefiel mir, wie ich hier behandelt wurde. Ich mochte die Leute, den Lebensstil, nicht diese ewige Hektik wie in New York. Ein paar Freunde hatte ich hier bereits – Art Farmer, Kenny Drew, Kenny Clarke –, die hatten sich alle irgendwo in Europa niedergelassen und waren erfolgreich. Amsterdam zog mich vermutlich wegen Ben Webster so an. Johnny Griffin war auch mal eine Weile hier.«

»Spielte Ihre Hautfarbe eine Rolle bei der Entscheidung?«, will Elaine wissen.

»Ich glaube, es gab eine ganze Reihe von Gründen. Hier wird man eher wegen seiner Begabung als Jazzmusiker akzeptiert. Europäer sehen Jazz als Kunstform an. Der Wettbewerb ist nicht so stark, und die Leute hier sind ernsthafte Musikhörer. Sie tauschen Bänder mit Freunden aus und diskutieren darüber. Die wissen verdammt noch mal mehr über mich als ich selbst! Die Musik bedeutet den Leuten wirklich etwas. Ich kann überall auf der Welt hingehen und Jazz spielen und bin kein Fremder mehr. Da dachte ich mir: Hey, warum bleibst du nicht einfach hier?

Aber der ethnische Faktor spielt natürlich auch eine Rolle. Ich bin seit siebzehn Jahren hier und habe noch nie ein negatives rassistisches Erlebnis gehabt. Hier ist niemand unhöflich oder ignoriert mich, wie es einem in Amerika passiert, wenn sie einen nicht bedienen oder einem keine Eintrittskarte verkaufen wollen. Ich hatte nie auch nur die leisesten Probleme mit Hotels oder Restaurants, abgesehen von einer gewissen Hochnäsigkeit in London.« Fletcher lacht. »Das wird bestimmt rausgeschnitten, oder?«

»Nein«, sagt Elaine. »Fahren Sie ruhig fort.«

»Ein paar Mal bin ich durch Dörfer und Kleinstädte gekommen. Da starren die Leute einen schon eher an, aber sie meinen es nicht böse. So, als wäre man ein Auto, das sie noch nie gesehen haben. Nach Hause in die USA zu fahren, ist immer ein gewisser Schock – ich war etliche Male wieder da –, weil sich nichts wirklich verändert hat. Momentan ist es doch so, dass ich in einem beliebigen kleinen Club in Europa spielen kann, und die Leute wissen, wer ich bin. In einer vergleichbaren amerikanischen Stadt würde mich niemand außerhalb der Jazzszene kennen.«

»Und das ist Ihnen wichtig?«, fragt Elaine.

Fletcher sieht sie herausfordernd an. »Natürlich. Ich bin Amerikaner und mache amerikanische Musik und bin außerdem Schwarzer. Es ist merkwürdig, aber irgendwie ist es einfacher, in einem fremden Land zu leben. Aber, hey, was kann man schon dran ändern? So ist es nun mal.«

Elaine dreht sich zu Kevin um. »Gut, lass uns kurz unterbrechen.«

Fletcher grinst mich an. »Und, wie mache ich das?«

»Kommt mir ziemlich gut vor, Fletch. Ist das für die BBC?«, frage ich Elaine.

»Ja, hoffentlich. Bisher haben wir etwas Fördergeld und hoffen, den Film dann verkaufen zu können. Mit ein bisschen Glück kommt er vielleicht sogar nach Amerika.«

Fletcher steht auf und reckt sich. »Sollen wir was spielen?«

»Ja«, erwidert Elaine. »Machen Sie es ganz entspannt, als ob Sie üben würden.«

Fletcher lacht. »Das wird uns nicht allzu schwer fallen, weil wir das sowieso tun werden. Ich hole schnell mal meine Tröte.« Er verschwindet in seinem Zimmer.

»Und«, sagt Elaine, »ich vermute, dass Sie aus anderen Gründen hier sind als Fletcher.«

»Größtenteils Zufall«, sage ich. »Ich bin hergekommen, um im Bimhuis aufzutreten, der Veranstalter hat uns zusammengebracht.«

Elaine zieht die Augenbrauen ein wenig in die Höhe. »Ach so. Fletcher hat gesagt, Sie würden hier ein paar ... Nachforschungen anstellen? Ein Freund von Ihnen ist verschwunden, und es hat etwas mit Chet Baker zu tun, nicht wahr? Ich kann mir vorstellen, dass Sie dem nicht widerstehen konnten?«

Ich verneine. »Ich hätte sehr gut widerstehen können und wollen. Aber lassen Sie uns bitte über etwas anderes sprechen, ja?«

»Es tut mir Leid. Ich wollte nicht neugierig sein.«

»Das ist es nicht, aber —«

»Auf gehts, Mann, lass uns was für diese hinreißende junge Dame spielen. Jetzt zeigen wir ihr, wie wir uns die ganzen hochkomplizierten Arrangements erarbeiten.« Fletcher zwinkert Elaine zu und bläst ein paar Töne. Ich weiß, dass er seine täglichen Übungen schon hinter sich hat.

Ich setze mich ans Klavier und wärme mich ein bisschen auf. »Was sollen wir spielen?«

»Wie wärs mit etwas, das Ben aufgenommen hat?«, schlägt Fletcher vor. »›The Touch of Your Lips‹?« Dabei sieht er Elaine derart strahlend an, dass sie errötet.

»Spielen Sie einfach ein bisschen«, sagt Kevin, »damit ich einen Soundcheck machen kann.«

»Ja«, sagt Elaine. »Es soll so natürlich wie möglich wirken. Sie können ruhig aufhören und wieder anfangen und dazwischen sprechen. Das Material kann man hinterher immer noch schneiden.«

»Etwas in der Art«, sagt Fletcher und schnippt mit den Fingern. Er zählt, und nach nicht mehr als vier Takten habe ich das Gefühl, dass ich für Ben Webster spiele. Als Fletch sein Solo spielt und Websters hauchende Töne perfekt nachahmt, wird es noch ausgeprägter. Wir spielen Melodien gegeneinander an und konzentrieren uns so völlig auf das Stück, dass wir kein einziges Mal unterbrechen. Als wir zum Schluss kommen, dreht Fletcher sich zu Elaine und der Kamera um und zieht die Augenbrauen hoch. »Das ist Jazz«, sagt er.

»Mein Gott«, sagt Elaine. »Ich hoffe, du hast das alles drauf gekriegt, Kevin.«

Kevin stellt die Kamera aus. »Und ob, jeden Ton.«

7. Mai 1988

Der Thelonious Jazz Club. Auf dem Plakat im Fenster steht: »Nur heute Abend – Chet Baker«.

Es ist nur wenig Publikum da, aber ausnahmsweise ist Chet mal zu früh, unterhält sich mit den Männern von der Rhythmusgruppe und meint, jetzt schon loslegen zu können. Die drei anderen Musiker hören ihm nur zu und werfen einander Blicke zu. Seinem Zustand nach wird es ein mühsamer Abend werden. Der Veranstalter hat ihnen bereits mitgeteilt, dass weniger als zwanzig zahlende Gäste da sind. Sie wollen ja spielen, aber sie wollen auch was verdienen, selbst wenn Chet Baker persönlich da ist. Keiner braucht ihnen zu sagen, dass es Chet nicht gut geht.

Vor dem ersten Set läuft er draußen herum, verspürt den Drang nach einem Schuss, versucht, sich zusammenzureißen. Der Veranstalter folgt ihm nach draußen. »Vielleicht hätte ich mehr Werbung machen müssen«, sagt er.

»Wie viele?«, fragt Chet ihn.

Der Veranstalter scharrt mit den Füßen über das Pflaster und blickt zu Boden. »Siebzehn.« Er sieht Chet scheinbar unberührt nicken. »Ist alles in Ordnung?«

Mit einem schiefen Grinsen blickt Chet ihn an und weiß, dass er niemandem etwas vormachen kann. »Ja, mir gehts gut.« Aber es geht ihm nicht gut, nicht einmal einigermaßen. Er fühlt es sich bohren, spürt, wie der schreckliche Schmerz anfängt, ihn von innen her aufzufressen. Er will nur noch, dass der Gig vorbei ist.

Später, als er wieder im Club ist, läuft einfach gar nichts, was aber nicht an den wenigen Zuschauern liegt. Er kämpft sich durch Stücke, die er schon viele hundert Male gespielt hat, aber heute Abend bekommt er es einfach nicht hin. Sein Spiel ist lustlos, die Soli sind kurz. Er lässt sich zum größten Teil von der Rhythm Section durch den Abend schleppen. Von der Welle der Enttäuschung, die ihm aus dem Publikum entgegenschlägt, merkt er nichts, und, noch schlimmer, auch nichts von der Desillusionierung der Rhythmusgruppe. Er kann nichts daran ändern. Es läuft einfach nicht, nicht heute Abend. Überhaupt nicht.

Nach einem noch schlechteren zweiten Set gibt er auf. Es sind schon Leute gegangen, und die, die noch da sind, interessieren sich mehr für sich als für die Musik. Chet nickt den Rhythmusleuten zu, packt die Trompete ein und lässt die anderen einfach stehen. Sollen sie sich mit dem Veranstalter herumschlagen. Er weiß schon, dass er sowieso kein Geld erhalten wird.

Draußen in der Rotterdamer Nacht läuft er durch die Straßen und sucht sein Auto. Er irrt ziellos herum, weiß aber einfach nicht mehr, wo er es abgestellt hat. Nach einer Stunde merkt er, dass er vor einer Polizeiwache steht. Er geht hinein, um den Diebstahl seines Wagens zu melden, und ruft seinen Agenten an.

»Ich kann mein Auto nicht finden«, sagt Chet zu ihm.

»Hast du den Schlüssel?« Das ist nichts Neues. Chet verliert ständig seinen Autoschlüssel.

Chet klopft auf seine Taschen. »Nein, den muss ich wohl auch verloren haben.«

Er hört den Agenten seufzen. »Na schön, ich kümmere mich darum«, sagt er. »Was ist mit dem Gig?«

»Es ist nicht so gut gelaufen, nicht sehr viele Leute«, antwortet Chet leise. »Ich fühle mich nicht gut.«

Das weiß der Agent schon. »Was hast du jetzt vor?«

Chet sieht sich auf der Polizeiwache um. »Ich glaube, ich düse rüber nach Amsterdam.«

Dem Agenten ist klar, was das heißt. »Wie du meinst, ruf mich an, Chet. Und vergiss nicht den Termin mit Archie Shepp am Zwölften.«

»Tu ich nicht.« Chet legt auf.

Draußen läuft er wieder durch die Straßen, aber selbst wenn er das Auto jetzt finden würde, fehlt ja immer noch der Schlüssel. Er denkt sich, dass er es am besten so macht, wie er seinem Agenten gesagt hat, und mit dem Spätzug nach Amsterdam fährt. Vielleicht kann er irgendwo Methadon auftreiben.

Er schafft es, den Hauptbahnhof zu finden, schiebt sich durch die vielen Menschen an den Fahrkartenschalter und kauft eine Fahrkarte. Er wartet auf dem Bahnsteig, lehnt an einer Säule, die Trompete unter dem Arm – ein unauffälliger Mann, frühzeitig gealtert, weltberühmt, aber von den wenigsten erkannt, unbemerkt, abgesehen von ein paar Leuten, die ihm zunicken, wenn er sie ansieht. Amsterdam, denkt er. Da wird es ihm wieder besser gehen. Da hat er Leute, die er anrufen, Freunde, die er besuchen kann. Er braucht einfach nur einen Schuss, muss wieder auf die Beine kommen, dann wird er auch sein Auto wieder finden.

Er steigt in den Zug, lässt sich in den Sitz fallen und drückt den Trompetenkoffer an sich. Die Augen fallen ihm zu. Er merkt nicht einmal mehr, wie der Zug aus dem Bahnhof fährt.

12

Ich kann ihnen nicht widerstehen, den Molltonarten, Mollakkorden, dem Moll-Blues. Konnte ich noch nie. Wenn ich als Kind, lange bevor ich den Unterschied zwischen einem Kreuz und einem B-Vorzeichen, geschweige denn den zwischen Dur und Moll kannte, ein Lied im Radio oder Fernsehen hörte und es diesen gewissen Klang hatte, dann verspürte ich eine Art Zittern. Es lief mir eiskalt den Rücken herunter, und das Gefühl mochte ich. Ich begann, auf dieses gewisse Etwas zu achten, und lernte, es wiederzuerkennen. Später kannte ich dann den Unterschied und konnte von Mollakkorden und Stücken in Moll gar nicht genug bekommen. Als ich mehr und mehr Jazz hörte und seine Nuancen und Geheimnisse zu entdecken begann, fühlte ich mich immer stärker zu den Musikern und Komponisten hingezogen, für die Molltonalität und bluesgetränkte Kompositionen ihre Art zu leben waren.

Horace Silvers »Señor Blues« und »Cape Verdean Blues«, Herbie Hancocks »Dolphin Dance« und »Maiden Voyage«, Miles' klagender Sound in »All Blues« und die dunklen modalen Skalen von »So What« wurden zu meinen Erkennungsmelodien, zur Filmmusik meines Lebens. Und dann war da Bill Evans, bei dem alles, was er spielte, so klang, als wäre es in Moll. Ein Sound, der ergreifend traurig war, ganz gleichgültig, ob es sich um eine Ballade aus einem Broadway-Musical oder um »Milestones« handelte.

Als ich einmal von der Schule nach Hause ging, hörte ich von irgendwoher Musik kommen. Ich ging den Klängen nach, bis ich das Haus fand und verzaubert von dem Klang des Saxofons unter dem offenen Fenster stand. Als es verstummte, klopfte ich an die Tür und fragte den überraschten Mann – er dachte wahrscheinlich, ich wollte Zeitschriften verhökern – nach dem Namen des Songs. »›All or Nothing at All‹. John Coltrane«, antwortete er.

Das war mein musikalischer Schicksalsweg. Er hatte mich gewählt. Ich nahm ihn ohne die geringsten Zweifel an und wusste, dass es kein Zurück gab. Der Mollsound hatte mich gepackt, dieses ergreifende Gefühl, das aus einem bestimmten Notencluster aufsteigt, der eine Stimmung erzeugen und aufrechterhalten und Visionen von Nebel, Dunkelheit oder verlassenen Straßen im Morgengrauen heraufbeschwören kann. Ich war der Schmerzlichkeit und Melancholie verfallen, Klängen und Melodien, die mich nicht mehr losließen und die auf mich nicht deprimierend, sondern friedlich und tröstend wirkten.

So genannte fröhliche Musik hatte genau den gegenteiligen Effekt auf mich und bedeutete mir gar nichts. Die Broadway-Musicals oder die alten Filme wie *Oklahoma!* und *Carousel* und *Mame* oder *Hello Dolly!* ergaben für mich überhaupt keinen Sinn. Es war mir peinlich, Howard Keel oder Gordon MacRae oder Robert Goulet zuzuhören, die auf Bergspitzen Melodien schmetterten, während alle lächelten, lachten und tanzten. Diese Musik ließ mich völlig kalt, und die sentimentalen Balladen, die mit innigem Augenaufschlag gen Himmel gesungen wurden, schienen mir aufgesetzt und manipulativ. Tun sie immer noch. Andrew Lloyd Webber und Burt Bacharach? Darüber braucht man noch nicht mal zu reden.

Chet Baker kannte sich mit Schmerzlichkeit und Melancholie aus, besonders in den Balladen. Wenn ein Musiker jemals dafür prädestiniert war, in Molltonarten zu spielen, dann war er es. Völlig mühelos presste er auch noch den letzten Tropfen Gefühl aus sich heraus und vermittelte einem den Eindruck, dass er etwas so Persönliches, so Geheimes offenbart hatte, dass man sich fast schuldig fühlte, es mit angehört zu haben. In einem von Ace' Artikeln hatte ich gelesen, dass es, wenn er einen guten Tag hatte, in Chet Bakers Spiel keine Trennung zwischen Instrument, Gesang und Gefühl gab. Das stimmte.

Als ich jetzt so im Dunkeln sitze und Chet zuhöre, wie sich seine Stimme in »My Funny Valentine« verliert, sehe ich ihn förmlich vor mir, wie er zwei Wochen vor seinem Tod in dem deutschen Studio zum Mikrofon schlendert, ganz lässig Nervenenden zupft, dann zurücktritt, die Trompete an die Lippen setzt und das Leben selbst spielt. Dann steigt er genauso lässig in seinen Alfa und fährt, ohne einen weiteren Gedanken darauf zu verschwenden, nach Paris.

»Hörst du dir schon wieder diese Junkie-Musik an?«, sagt Fletcher. Ich bin so in die Musik versunken, dass ich ihn gar nicht habe hereinkommen hören. Das Licht geht an, und er mustert mich. »Alles klar bei dir?« Er wirkt müde.

»Schätze, ich bin grade in Mollstimmung. Ich hab mir die Platten da angehört.« Ein Blick auf die Uhr zeigt mir, dass über drei Stunden vergangen sind, seit ich mich hingesetzt habe. Ich hatte mit Fletchers eigenen Platten angefangen, einigen auf Vinyl und anderen auf CD, die meisten bei europäischen Labels. Er sieht die Platten- und CD-Hüllen auf dem Boden.

»Hast mich ausgecheckt, was?«

»Yeah, sind hervorragende Sachen dabei, Fletch. Ich habe noch ein Stück gefunden, das wir machen müssen. ›Chelsea Bridge‹.«

»Richtig, das hatte ich fast vergessen. Das haben wir in Kopenhagen aufgenommen. Ist schon schade. Die meisten von den Platten kann man in den Staaten nicht bekommen. Deswegen glauben da alle, dass ich tot bin.« Er lacht, aber sein Gesicht sieht traurig aus.

Ich frage mich, wie Fletcher das Ganze so gut verkraftet. Vor mir sitzt einer der ganz wichtigen Tenorspieler des Jazz mit einem beeindruckenden Lebenslauf und einem Dutzend oder mehr Platten, von denen das amerikanische Publikum nichts weiß. Fletcher Paige, der von seinem Heimatland unbemerkt lebt, arbeitet, Platten aufnimmt.

»Wo warst du?« Nach den Dreharbeiten am Nachmittag mit Elaine und Kevin waren die drei Richtung Bimhuis verschwunden, um dort zu filmen. Ich war zu Hause geblieben.

»Abendessen mit Elaine und Kevin. Er ist früher weg, aber mit ihr habe ich mich noch lange unterhalten. Tolle Frau.« Fletcher grinst und schüttelt den Kopf. »Mann, wenn ich noch mal fünfundzwanzig Jahre jünger wäre ...«

»Ach, so ist das.« Ich sehe das Glitzern in seinen Augen.

Er zuckt die Schultern. »Sowieso egal. Ich glaube, sie interessiert sich mehr für dich.«

Ich stehe auf und recke mich. »Ja ja. Sie will alles über mein Leben als Detektiv hören.«

»Na, zum Teufel, daran ist doch wohl nichts Schlimmes, oder?«, fragt Fletcher. »Dadurch wirkst du geheimnisvoller. Danke übrigens für das Buch.«

»Bitte. Danke für mein neues Zuhause.«

»Tja, sie ist jedenfalls noch ein paar Tage in der Stadt. So eine hübsche Frau lenkt dich vielleicht ein bisschen von dem ganzen anderen Mist ab.« Fletcher zieht die Jacke aus und setzt sich mir gegenüber. Er faltet die Hände und sieht mich an. »Ich sehs dir doch an. Das Ganze geht dir ernsthaft an die Nieren.«

Noch nicht mal ein Monat, und er kennt mich schon so gut. Ganz selten trifft man so jemanden, mit dem man sich sehr schnell so gut versteht, dass es einem Angst einjagt. So ist es musikalisch und persönlich mit Fletcher.

»Ich habe lange nachgedacht.« Ich stelle die Stereoanlage ab. »Was, wenn das neulich in der Straßenbahn tatsächlich Ace war? Warum sollte er so etwas tun – keinerlei Kontakt mit mir aufnehmen, obwohl er noch hier ist?«

»Erstens war das vielleicht gar nicht Ace. Zweitens wolltest du bloß gerne, dass er es ist«, erwidert Fletcher.

»Ich weiß, ich weiß, aber ich meine etwas anderes.«

»Oh nein, nicht schon wieder.« Fletcher holt seine Zigaretten heraus und steckt sich eine an. »Na schön, lass hören, Mann, aber mach schnell. Ich will ins Bett.«

Ich gehe im Zimmer auf und ab. »Du kennst Ace nicht. Er ist ein großer Jazzfan, ein Plattensammler, aber er ist auch Akademiker und Historiker. Was die Jazzszene und die Musiker anbelangt, ist er naiv. Er ist ein großer, polternder Bär von einem Mann. So einer kommt also nach Amsterdam und posaunt in die Welt hinaus, dass er über Chet Baker recherchiert, besucht das Archiv, redet mit jedem, den er zwischen die Finger kriegt, und verhält sich allgemein sehr auffällig.«

»Spricht ja auch nichts dagegen, oder? Er tut ja nichts Illegales.«

»Nein, aber stell dir vor, dass er die falsche Art Aufmerksamkeit auf sich zieht.«

»Die falsche Art? Wie meinst du das?«

»Was war außer Musik das einzig Wichtige in Chet Bakers Leben? Drogen, stimmts? Und ich vermute, dass Drogendealer hier in Amsterdam nicht anders sind als sonst wo.«

Fletcher lehnt sich zurück und schließt die Augen. »Stimmt. Vielleicht sogar schlimmer. Es gibt hier eine Szene, die ganz schön übel ist.«

»Genau. Angenommen, Chet stand mit diesen Verbrechern nicht auf bestem Fuße. Das war ihm in San Francisco immerhin schon einmal passiert, und er wurde übel zusammengeschlagen.«

»Ja, Mann, aber das ist alles Jahre her. Wir reden hier von, wie viel, elf Jahren seit seinem Tod. Danach kräht doch kein Hahn mehr.«

Ich laufe immer noch auf und ab und füge die Puzzlestücke in meinem Kopf zusammen. Es kann nur einen Grund geben, warum Ace mich meiden und keinen Kontakt mit mir aufnehmen würde. Ich glaube, jemand hält ihn davon ab. »Was geht mit Drogen zusammen? Geld. Der Käufer interessiert nicht, oder?«

Fletcher schmunzelt. »Ja, einem Dealer ist es egal, ob es sich um Chet Baker oder Chet Atkins oder Chet Sowieso handelt. Für einen Stammkunden wie Chet schreiben sie vielleicht mal was an, aber irgendwann wollen sie Kohle sehen.«

»Natürlich.« Ich setze mich hin. »Was ist, wenn Chet einem dieser Dealer Geld schuldete, vielleicht eine Menge Geld?«

Fletcher sieht mich an. »Und als er die Kohle nicht rüberrückte, hat der Gangster ihn umgebracht? Aus dem Fenster gestoßen? Um ein Exempel zu statuieren?«

»Das behaupte ich nicht, jedenfalls noch nicht. Angenommen, er ist wirklich gestürzt. Angenommen, es war ein Unfall, genau wie die Polizei sagt, der passierte, bevor dieser Dealer sein Geld eintreiben konnte?« Ich lasse die Frage in der Luft hängen, während Fletcher darüber nachdenkt. Dann beginnt *er*, im Zimmer auf- und abzugehen.

»Und der Dealer, der damals in die Röhre gucken musste, der will seine Knete, selbst nach all der Zeit? Das meinst du doch?«

»Wenn es um eine große Summe ging, warum nicht? Eine der Legenden um den Tod von Wardell Gray ist, dass ihm ein Dealer nach Las Vegas gefolgt ist und ihn wegen neunhundert Dollar um die Ecke gebracht hat.«

»Verdammt noch mal«, sagt Fletcher kopfschüttelnd. »Es ist schrecklich, aber es ergibt dummerweise einen Sinn.«

»Vielleicht vergisst dieser Dealer nichts. Vielleicht hat es ein neues Interesse an alten Dingen ausgelöst, als Ace in der Vergangenheit herumstocherte.« Fletchers gequälter Gesichtsausdruck gefällt mir gar nicht. »Ich kenne Ace doch. Wenn er die Möglichkeit hätte, mit Chets Drogenconnection zu reden, dann würde er das auch tun. Als Bonus für sein Buch. Ohne zu ahnen, auf was er sich da einlässt.«

»Aber warum sollte dieser Dealer denken, dass Ace etwas über Geld weiß, das Chet Baker vor elf Jahren schuldig geblieben war? Und das nur gesetzt den Fall, dass Chet ihm wirklich noch Geld schuldete. Das wissen wir ja nicht.«

»Chet gab nur Geld für Autos und Rauschgift aus, was dieser Dealer ganz sicher wusste. Besonders, wenn er Chets wichtigster Verbindungsmann war. In einem der Artikel aus Ace' Aktenmappe sprach jemand über Chets Einkommen in dem Jahr vor seinem Tod.«

Jetzt ist Fletcher ganz Ohr. »Und?«

»Es sollen über 200 000 Dollar im Jahr gewesen sein.«

»Verdammt noch mal!«

»Genau. Also, wo ist der Schotter? Was ist mit den Jahren davor? Dieselben Fragen würde der Dealer auch stellen, wenn er noch Geld zu kriegen hat. Als Ace alles wieder aufgewühlt hat, dachte er vielleicht, dass Ace mehr darüber weiß.«

Fletcher streicht sich über den Bart, während er sich die Sache durch den Kopf gehen lässt.

Ich will seine Meinung hören. »Na komm, Hoke, spucks aus. Was meinst du?«

»Ace läuft also nichts ahnend in diese Sache hinein, meint, er würde ein Exklusivinterview mit Chet Bakers Drogenconnection bekommen, woraufhin der Dealer ihn zwingt, sich dieser Frage ernsthaft anzunehmen, weil er hofft, dass sein Geld vielleicht noch irgendwo ist und er es nach so langer Zeit noch eintreiben kann?«

»Ich gebe ja zu, dass diese Theorie den einen oder anderen Schönheitsfehler hat. Aber mehreren Augenzeugenberichten zufolge war Chet die letzten zwei Tage vor seinem Tod verschwunden. Niemand wusste, dass er im Prins Hendrik Hotel war. Er sollte am Abend des Zwölften in einem anderen Hotel für das Konzert mit Archie Shepp abgeholt werden, tauchte aber nie dort auf. Vielleicht bestand der Dealer nicht auf sofortiger Bezahlung, weil er dachte, dass er das Geld nach den Konzerten eintreiben könnte.«

»Und dann war Chet mausetot«, sagt Fletcher. »Das wäre eine Erklärung dafür, warum Ace sich nicht bei dir gemeldet hat. Er hat mehr bekommen, als er wollte, und der Drogenhändler zwingt ihn, auf der Suche nach dem Geld nichts unversucht zu lassen.« Fletcher unterbricht sich. »Ich weiß ja nicht, Mann, das klingt doch alles ziemlich durchgedreht und reichlich windig. Vielleicht hat Chet das ganze Geld ja auch einfach ausgegeben.«

»Ich weiß, aber wenn der Dealer so richtig sauer war, dann will er das vermutlich ganz genau wissen. Ich wette, dass er ein nachtragender Typ ist. Aber da ist noch was anderes. Genauer gesagt, zwei Dinge.«

»Was?«

»Ich war noch mal im Archiv und habe der Frau dort das Bild von Ace gezeigt. Sie hat gesagt, außer ihm ist noch ein anderer da gewesen. Der Mann, den sie beschrieben hat, war derselbe, den ich bei meiner Ankunft am Bahnhof kennen gelernt habe. Er war sehr freundlich und half mir, das Prins Hendrik Hotel zu finden. Ein bisschen zu freundlich. Es war fast so, als hätte er gewusst, dass ich komme.«

Fletcher schüttelt nur ungläubig den Kopf.

»Außerdem steht auf der Gedenktafel am Hotel auch die Liste der Stifter. Einer der größten Beiträge stammt von einem anonymen Spender. Natürlich könnte das einfach ein großer Fan sein, der nicht namentlich aufgeführt werden will. Aber es könnte sich doch auch um jemanden handeln, der Zugang zu Chets Vermögen hatte, jemand, dem er völlig vertraute, jemand, der Geld für ihn verwahrte, bis er es brauchte und –«

»Oh Gott«, sagt Fletcher. Er fährt sich übers Gesicht.

»Was?«

»Das hatte ich ganz vergessen, dir zu erzählen. Ich habe mit dem Trompeter geredet, der Chet ein Auto verkauft hat, der, bei dem Chet auch oft übernachtet hat, wenn er in Amsterdam war. Ace ist nicht

bei ihm gewesen, aber er hat mir erzählt, dass Chet mal bei ihm vorbeigekommen ist und eine Einkaufstüte mit über 15 000 Dollar drin dagelassen hat. Er wollte, dass er sie ein paar Tage lang für ihn aufbewahrt.« Ich sehe Fletcher an und weiß, dass noch etwas kommt.
»Und ich kenne noch so jemanden.«
»Wen, Fletcher?«
»Du sitzt in ihrer Wohnung.«

Die nächsten zwei Stunden lang quetsche ich Fletcher über Margo Highland aus. Nach dem zu urteilen, was sie Fletcher erzählt hat, hatte sie nie ein Verhältnis mit Chet, aber sie kannten sich schon sehr lange, seit Margos Zeit als Sängerin. Sie hätte groß herauskommen können, hatte aber Alkoholprobleme, und als sie die im Griff hatte, war auch ihre Chance vertan. Chet half ihr, ermutigte sie, machte sogar einmal Aufnahmen mit ihr. Sie hatte ein kleines Studio in ihrem Haus in Kalifornien, aber die Aufnahmen waren später nie mehr irgendwo aufgetaucht. Mehrere Male, wenn Chet in der Bay Area war, dort in den wichtigen Jazzclubs auftrat oder seine Mutter in San José besuchte, machte er einen Abstecher in die Gegend nördlich von San Francisco. Dann wohnte er bei Margo und spielte in den kleinen Clubs rund um Guerneville oder beim Russian River Jazz Festival.

Als Margo nach Europa kam und sich in Amsterdam niederließ, frischten sie ihre Freundschaft wieder auf. »Margo hat sich manchmal um ihn gekümmert«, erzählt Fletcher. »Sagt sie jedenfalls. Noch jemand, der versucht hat, ihn zu retten. Aber er wollte nicht gerettet werden. Sein Tod hat sie sehr getroffen. Wenn ich jetzt so darüber nachdenke, war es viel schlimmer, als wenn sie nur um einen Freund getrauert hätte. Sie wollte aber nie darüber reden. Sie hat nur immer gesagt: ›Wenn ich nur hier gewesen wäre!‹ Als hätte sie etwas daran ändern können. Als es passierte, war sie nämlich nicht in Amsterdam. Sie hat hier angerufen und mich ausgefragt, ist aber in Kalifornien geblieben. Möglicherweise war sie bei der Beerdigung.«

Ich denke an Russ Freeman, der in dem Film von der Trauerfeier sprach. In Gene Lees *Jazzletter* war auch ein Bericht gewesen. Die

Beerdigung hatte in Inglewood stattgefunden, wo Chet viel Zeit verbracht hatte.

»Wann hast du Margo kennen gelernt?«

»Ach, ein paar Jahre vor Chets Tod. Sie hatte Geld und ist viel gereist, nachdem ihre Ehe in die Brüche gegangen war. Du kennst diese Geschichten. Amsterdam gefiel ihr. Sie hat es zu ihrem zweiten Zuhause gemacht und sich diese Bude gesucht. Sie ist eine coole Lady und hat mir sehr geholfen. Als ich das erste Mal hier gewohnt habe, habe ich nur die Wohnung für sie gehütet, solange sie sich in Kalifornien um irgendwas Geschäftliches kümmerte.« Fletcher blickt hoch zu mir. »Zwischen uns ist nie etwas gelaufen. Wir waren immer nur Freunde. Falls du das wissen wolltest.«

»Wollte ich gar nicht.«

»Na gut.«

»Du hältst es für möglich, dass sie Geld für Chet verwahrt hat? Dass sie vielleicht ein Bankkonto für ihn eröffnet oder es für ihn investiert hat und niemand etwas davon ahnt?«

»Teufel, alles ist möglich, wenn es um Chet geht. Margo kennt sich mit Geld aus. Sie weiß, wie man es anlegt, und nach dem, was ich gehört habe, hatte Chet es nicht so mit dem Papierkram.«

Eine andere Szene aus dem Film fällt mir ein. Ein Schallplattenproduzent, der Chet dazu zu bringen versuchte, einen Vertrag zu unterschreiben. Chet hielt das nicht für notwendig – ihm reichte ein Handschlag –, war aber schließlich bereit, eine Unterschrift zu leisten. Als der Produzent Chet eine Durchschrift geben wollte, winkte der nur ab und meinte, das habe keinen Sinn, weil er den Vertrag sowieso bald verlieren würde.

Ich merke, wie Fletcher mich mustert. »Ich traue mich kaum zu fragen – aber was willst du nun unternehmen?«

»Wir müssen diesen van Gogh finden, von dem wir in Rotterdam gehört haben.«

»Das habe ich kommen sehen. Und wie stellen wir das an?«

»Ich muss mit Darren reden.«

Ich weiß, dass ich jetzt am Rande des Abgrunds stehe, über den ich mit Rosemary Hammond gesprochen habe, über den Rand in die Tiefe blicke und mir überlege, ob ich den einen Schritt noch machen soll, der vielleicht ein Schritt zu weit ist. Ich kann nicht bis nach unten sehen. Es ist dunkel da unten, aber ich muss immer näher herangehen, wie jemand, der von einem Hochhaus hinunterblickt und das Bedürfnis verspürt zu springen.

Fletcher und ich streiten uns fast eine Stunde lang. Er führt eine Menge Gründe an, warum ich genau an dieser Stelle das Handtuch werfen sollte, und einige davon sind gute Gründe. Aber schließlich gibt er nach. »Na gut, Mann, ich ruf Darren an, aber du redest mit den Dealern, du ganz allein«, sagt er.

»Soll mir recht sein. Ich will es gar nicht anders.« Er sieht mich an, als hätte er mich davon zu überzeugen versucht, die Finger von Drogen zu lassen, und hätte versagt. Dann ruft er Darren an.

Fletch macht einen Kaffee, während wir auf Darren warten, der überraschend schnell da ist. Ich glaube nicht, dass er allzu oft in die Wohnung eingeladen worden ist, vielleicht noch nie, und frage mich, was für ein Verhältnis die beiden zueinander haben. Vielleicht ist da noch etwas, von dem Fletcher mir nichts erzählt. Darren kommt in seiner gewohnten ultracoolen Art herein, aber ich ahne, dass er sich hinter seiner lässigen Fassade sehr geehrt fühlt, dass Fletcher ihn herzitiert hat.

»Hallo Leute«, sagt er. »Vertraut den Fall ruhig mir an.« Mit seinem Ledermantel und der obligaten Sonnenbrille sieht er sich beiläufig um.

»Hock dich hin, Darren. Nimm diese Scheißbrille ab und hör mit dem Shaft-Getue auf«, sagt Fletcher. »Wir haben hier ernsthafte Sachen zu besprechen.«

Darren tut wie befohlen. Er lässt sich in einen Sessel fallen und wirft mir einen schnellen Blick zu.

»Das bleibt unter uns dreien, verstanden?«

Darren nickt und sieht plötzlich aus, als wäre er lieber nicht gekommen.

»Evan sucht einen Dealer.«

Man muss es ihm lassen, Darren sieht ernsthaft überrascht aus. Er blickt zwischen Fletcher und mir hin und her, weil er sehen will, ob wir uns einen Scherz erlauben. Als er sieht, dass dem nicht so ist, fragt er: »Einen Drogendealer?«

Fletcher seufzt. »Nein, einen Eisdealer. Natürlich einen Drogendealer.«

Darren starrt mich an. »Du hast es mit Drogen? Dafür siehst du viel zu cool aus, Mann. Hätte ich nie –«

»Halt einfach die Fresse, Darren, und hör zu. Er ist in der Tat zu cool für Drogen, ich ebenfalls. Er will mit einem Drogendealer reden, sonst nichts. Aber nicht mit irgendeinem, verstanden?«

Das verwirrt Darren nun restlos, und Fletchers Art macht ihn nervös.

»Fletch, lass mich mit ihm reden«, sage ich. Fletcher sieht mich resigniert an und lehnt sich zurück. »Ich suche einen ganz bestimmten Typen, Darren. Gut möglich, dass er gar nicht mehr im Geschäft ist. Es ist schon lange her, aber er könnte Chet Bakers Drogenconnection gewesen sein.«

Darren sieht wieder Fletcher an, von dem er einen bitterbösen Blick auffängt, der ihm signalisiert, besser die Wahrheit zu sagen. Er rutscht auf dem Sessel herum. »Hör zu, Mann, ich erledige hin und wieder mal was für andere Leute, du weißt schon, damit 'n bisschen was Bares reinkommt. Aber ich verkloppe keine Drogen, wirklich nicht.«

»Darum hat er dich auch gar nicht gebeten«, erwidert Fletcher. »Aber wir wissen doch beide, dass du weißt, was in der Altstadt abgeht.«

»Stimmt schon, ich höre so einiges«, gibt Darren zu. »Das sind üble Gestalten, Mann, übel. Mit denen legt man sich besser nicht an.«

Fletcher sieht mich viel sagend an und braucht nicht auszusprechen, was er denkt: *Hab ichs dir nicht gesagt?*

»Das sollst du auch nicht, Darren. Wir haben den Namen von jemandem, der vermutlich dieselbe Connection hatte. Der Dealer heißt van Gogh.«

Darren vergisst sein Shaft-Getue, wie Fletcher es nennt. Er blickt zwischen uns hin und her und versucht zu entscheiden, ob wir ihn auf den Arm nehmen wollen. »Im Ernst? Van Gogh? Mann, da hat euch aber einer verarscht, was.« Er lacht, hört aber augenblicklich auf, als er Fletchers Gesicht sieht.

»So heißt er, Darren, und es ist uns vollkommen ernst.«

Darren sagt nichts, sieht aber, dass Fletcher auf eine Reaktion wartet. »Was solls, ich kann mich ja mal umhören.«

»Tu das«, sagt Fletcher.

»Und was dann?«

»Zerbrich dir darüber nicht den Kopf«, antwortet Fletcher. »Das sagen wir dir dann. Du findest ihn, und dann sagst du uns Bescheid.«

Darren blickt wieder zwischen uns hin und her und merkt, dass das alles war. Die Audienz ist vorbei. Er steht auf, hält die Brille aber noch in der Hand. »Cool«, sagt er. »Ihr hört dann von mir.«

Als Darren weg ist, schenkt Fletcher uns beiden einen Kognak ein. »Mann, ich muss verrückt sein«, sagt er.

Wir sitzen einige Minuten lang schweigend da. Ich überlege, wie verschwindend gering die Wahrscheinlichkeit ist, dass van Gogh noch da ist oder dass Darren ihn auftreiben kann. »Du bist ganz schön hart mit Darren.«

»Schon möglich. Aber ich will ja bloß, dass er etwas Richtiges tut. Im Grunde ist er ein guter Junge.«

»Kennst du ihn von früher her oder so?«

Fletcher schüttelt den Kopf. »Nein, aber er ist in gewisser Weise verwandt mit mir. Darren ist der Enkel einer guten Freundin. Sie wusste, dass ich hier wohne, und hat mich gebeten, ein Auge auf ihn zu haben, als er es sich in den Kopf gesetzt hat, nach Europa zu kommen. Er hat es schwer gehabt im Leben. Sein Daddy hat die Familie verlassen, als Darren noch klein war. Seine Mutter ist nicht allzu lange danach gestorben, und seitdem treibt er sich so herum.«

»Er hat einen ziemlichen Respekt vor dir. Das ist dir vermutlich aufgefallen? Merkt man sofort.«

»Ja, schon. Ich war nicht sehr erfolgreich damit, auf ihn aufzupassen. Das ist mir heute Abend so richtig klar geworden, als er hier war. Ich weiß bloß nicht, was ich noch tun soll.«

»Vielleicht ist es ja nur eine Übergangsphase. Wie du gesagt hast, weiß er nicht so recht, wohin, und wenn man dann ganz ohne Eltern dasteht, ist das doch irgendwie verständlich.«

»Wahrscheinlich schon. Aber ich muss etwas für ihn tun.« Fletcher kippt den Kognak herunter. »Mir reichts für heute Abend, Mann.« Bevor er aus dem Zimmer geht, sieht er mich noch einmal an. »Du ziehst den Gig doch durch, oder? Egal, was passiert.«

»Natürlich, Fletch. Keine Bange. Egal, was passiert, ich werde da sein.«

13

Es ist später Vormittag, als Elaine Blakemore mich anruft. »Evan? Elaine hier. Sind Sie gerade beschäftigt?«

»Hallo. Nein, eigentlich nicht.« Fletcher und ich sind ungefähr eine Stunde lang einige Stücke durchgegangen, aber ich konnte mich nicht richtig auf die Musik konzentrieren, was Fletcher natürlich gemerkt hat. Er hat aufgegeben und sich zum Üben in sein Zimmer zurückgezogen. Jetzt ist der gedämpfte Klang seines Sax zu hören.

»Gut. Schade, dass Sie gestern Abend keine Zeit hatten, mit uns essen zu gehen.« Der angenehm singende Tonfall ihrer Stimme wird vom Telefon nur wenig abgedämpft.

»Na ja, ich wäre keine sehr gute Begleitung gewesen.«

»Oh? Doch hoffentlich nichts Ernstes.«

»Nein, ich war gestern nur in Mollstimmung.«

»Tja, da will ich Sie ein bisschen aufheitern. Ich habe mir das Material angesehen, das Kevin gestern aufgenommen hat. Der Teil, wo Sie und Fletcher zusammen spielen, ist sehr gut geworden. Ich glaube, wir sind auf dem besten Wege zu einem guten Film. Fletcher ist ein faszinierender Gesprächspartner.«

»Allerdings.«

Eine Pause entsteht, in der wir beide nicht recht wissen, was wir jetzt sagen sollen. Elaine ergreift schließlich das Wort. »Ich hätte gern ein paar Hintergrundinformationen über Sie, falls es Ihnen recht ist. Vielleicht beim Mittagessen. Wenn Sie zu tun haben, könnten wir es auf später verschieben, aber ...«

»Nein, heute Mittag passt es gut«, sage ich. »Klingt verlockend. Sagen Sie mir nur, wann und wo.«

»Wunderbar. Sagen wir dreizehn Uhr am Hafen. Da gibt es ein Restaurant, von dem Kevin mir erzählt hat. Es heißt Pier 10, hinter dem Hauptbahnhof.«

»Klingt gut. Das finde ich. Bis um eins dann.«

»Schön. Bis dann.«

Ich lege auf. Fletcher steht mit einem hinterhältigen Grinsen auf dem Gesicht hinter mir. Ich hatte ihn gar nicht kommen gehört.

»Aha!«, sagt er, »aha!« Er macht ein paar Tanzschritte bis zur Küche, bleibt stehen und wirbelt herum wie Sammy Davis Jr. in seinen besten Zeiten.

Pier 10 ist eine ehemalige Landungsbrücke, und das Restaurant befindet sich ganz am Ende. Unter den Fenstern plätschert das Wasser. Ich kann mir gut vorstellen, dass die Hafenlichter nachts romantisch aussehen. Elaine sitzt ganz hinten in einem gläsernen Anbau. Sie nippt an einem Weinglas und blickt hinaus aufs Wasser.

»Hi«, sagt sie, als ich an den Tisch komme. »Nun, eine Terrasse ist es nicht, aber wir können ja nach dem Essen auf dem Anleger spazieren gehen.«

»Auch hi.« Als ich mich hinsetze, steht direkt hinter mir bereits ein Ober. Ich zeige auf Elaines Glas mit Weißwein: »Dasselbe, bitte.«

Elaine lächelt und meint: »Ich habe ihm gesagt, dass ich noch auf jemanden warte, aber er hat mir wohl nicht geglaubt. Er ist ständig um mich herumgeschwirrt.« Sie reicht mir ihre Speisekarte. »Ich habe mich schon entschieden.«

»Und wie ist Ihre Wahl ausgefallen?« Ich werfe einen Blick in die Karte. Als ich aufsehe, ist sie leicht errötet.

»Ich meinte das Essen.«

»Ich weiß. Ich auch.«

Sie blickt mich prüfend an, um zu sehen, wie ernst es mir ist. »Hm, Fletcher hat mir schon gesagt, dass ich mich vor Ihnen in Acht nehmen muss. Zwei Minuten, und Sie sind schon beim Flirten.«

Ich hebe abwehrend die Hände. »Ich? Nein, ich habe mir nur einen kleinen Scherz erlaubt.« Elaine ist unbestreitbar interessant und attraktiv, aber sie ruft in erster Linie Gedanken an Natalie und Andie Lawrence in mir wach.

Da lacht sie, ein angedeutetes Lachen. Das durch die Fenster hereinströmende Sonnenlicht schmeichelt ihrer glatten, rosigen Haut. »Vielleicht sollte ichs Ihnen sagen, nur vorsichtshalber. Ich bin halbwegs verlobt.«

»Halbwegs verlobt? Wie geht das denn?«

»Na ja, David und ich meinen es ziemlich ernst. Er ist Toningenieur bei der BBC. Wir haben noch kein Datum für die Hochzeit festgelegt oder so, aber wir sind uns unausgesprochen so ziemlich einig, falls Sie wissen, was ich meine.«

»Ich denke schon.« Der Ober bringt meinen Wein und nimmt die Bestellungen entgegen. Elaine möchte einen Caesar-Salat. Ich beschließe, den Lachs zu probieren. »So«, sage ich, »Sie haben was von Hintergrund gesagt.«

»Ja, mit wem Sie gespielt haben, ein bisschen persönliche Geschichte, wie es dazu kam, dass Sie in Amsterdam arbeiten und so weiter.« Sie führt ihr Glas an die Lippen, hält inne und streckt es dann mir entgegen. »Auf einen guten Film?«

Ich stoße mit ihr an. »Dafür brauchen Sie mich nicht. Fletcher ist genug Thema für einen Film.«

»Ach, das weiß ich. Einige Male habe ich ihn auf Jazzfestivals und einmal in London getroffen, aber er hat mich immer abblitzen lassen. Ich habe mich sehr gefreut, als er nun doch eingewilligt hat, mitzumachen. Sie sind ein Extrabonbon.«

Ich nicke. »Allein die zehn Tage mit Fletcher waren eine unglaubliche Erfahrung. Unsere Duosache dürfte richtig gut werden.«

»Ja«, sagte Elaine. »Er hat davon erzählt. Sie fangen dieses Wochenende an, nicht?«

»Soweit ich weiß, morgen Abend. Wie ich das verstehe, dürfen wir erst mal zur Probe spielen, das Weitere wird sich ergeben.« Ich trinke einen Schluck Wein und sehe sie an. »Kommen Sie?«

»Natürlich. Ich muss herausfinden, ob wir dort auch ein bisschen filmen dürfen.« Sie blickt hinaus auf den Hafen. »Fletcher Paige und der Jazzdetektiv in vollem Einsatz.«

Mein Blick bringt das Lächeln auf ihrem Gesicht zum Verschwinden.

»Tut mir Leid. Ich habe mir auch nur einen kleinen Scherz erlaubt.«

Der Kellner bringt unsere Bestellungen, und die nächsten Minuten sind wir mit Essen und Smalltalk beschäftigt. Danach ist die Atmosphäre wieder bereinigt. Wir bestellen Kaffee.

Ich sehne mich nach einer Zigarette, versuche aber, dem Drang zu widerstehen, auch wenn Rauchen hier offensichtlich erlaubt ist. »Wir haben von meinem Hintergrund gesprochen«, sage ich.

Elaine holt Stift und Notizbuch aus der Tasche. Ich gebe ihr einen kurzen Abriss meines Lebens einschließlich der Plattenaufnahme, die ich vor meiner Abreise nach Europa gemacht habe.

»War das, während die ... die Sache mit der Serienmörderin vor sich ging?«, will sie wissen.

»Ja.« Sie wartet, aber als ich nichts mehr sage, beharrt sie nicht weiter darauf.

»Schwer, darüber zu reden, was?«

»Ich habe ganz ausführlich darüber gesprochen, mit einer FBI-Psychologin. Wenns Ihnen nichts ausmacht, will ich nicht schon wieder darüber reden.«

»Das macht mir gar nichts aus«, sagt sie. »Ich verstehe es. Wo wohnen Sie jetzt? Und wie lange bleiben Sie in Amsterdam?«

Beides sehr gute Fragen. Wo wohne ich? Momentan bin ich bei Fletcher und werde wahrscheinlich so lange bleiben, wie der Gig dauert und er mich nicht rausschmeißt. Aber danach? Ich habe noch nicht einmal an die Zukunft gedacht.

»Derzeit penne ich bei Fletcher. Mal sehen, wie lange das gut geht.«

»Das Nomadenleben des Jazzmusikers, was?« Sie überfliegt ihre Notizen. »Ich hätte gerne einige Aussagen von Ihnen über Fletcher auf Film, und inwiefern die Arbeit ohne Bass und Schlagzeug anders ist.«

»Das kann ich gerne tun.«

»Sie ist doch anders, oder?«

»Ja. Als würde man ohne Netz übers Hochseil laufen. Aber Fletcher fängt einen hervorragend auf.«

Sie lächelt. »Das Bild gefällt mir.« Sie schreibt es auf und steckt ihr Notizbuch dann ein. »Wie wärs mit einem kleinen Spaziergang auf dem Anleger? Dann können Sie endlich eine von Ihren schrecklichen Zigaretten rauchen.«

Ich will bezahlen, aber sie wehrt ab. »Nein, nein, ich wollte Sie doch einladen. Ich setze es einfach mit auf die Spesenabrechnung.«

Wir flanieren gemächlich über den Pier. Jetzt sind mehr Leute unterwegs, Touristen und vermutlich auch einige Einheimische, den Kleidern und fehlenden Kameras nach zu urteilen. Wir setzen uns auf eine Holzbank mit Blick übers Wasser. Elaine ist zumindest diplomatisch. Sie gibt keine ablehnenden Geräusche von sich, als ich eine Zigarette anzünde.

»Ich weiß, dass Sie keine alten Themen wie die Ereignisse in Los Angeles wieder aufwärmen wollen, aber ich bin ja zu neugierig, ob Sie den Tod von Chet Baker – wie soll ich sagen – untersuchen?«

»Fletcher konnte wohl den Mund nicht halten?«

Sie lächelt. »Er hat so etwas erwähnt. Anscheinend findet er es ziemlich aufregend.«

»Fletcher liest zu gerne Krimis, glaube ich.« Ich wende den Blick ab. »Da gibt es nicht viel zu erzählen. Ich wollte mich hier mit einem Freund aus Amerika treffen. Er ist derjenige, der Nachforschungen zu Chet Baker anstellt, aber er hat sich irgendwie in Luft aufgelöst.«

»Und Sie glauben, ihm könnte etwas zugestoßen sein?«

»Das habe ich zumindest mehreren Leuten gesagt, darunter auch der Polizei.«

»Die Polizei? Es ist also ernst?«

»Ich weiß es nicht.«

»Fletcher hat erwähnt, dass er ihn kurz kennen gelernt hat. Amsterdam ist zwar wunderschön, aber es hat seine Schattenseiten. Jemand hat mir mal erzählt, dass die Zeedijk-Gegend das schwarze Loch der Stadt genannt werde.«

»Wissen Sie etwas darüber?«

Sie verneint. »Nicht viel. Eine Menge Drogengeschäfte, Süchtige, Kriminelle, vermutlich so wie in einigen Gegenden Londons auch.«

Als ich nichts sage, fährt sie fort: »Es ist ja kein Geheimnis, dass Chet Baker drogensüchtig war. Glauben Sie, dass Ihr Freund vielleicht zum Zeedijk gegangen ist, weil er hoffte, dort auf Hintergrundmaterial zu stoßen?«

Ich lasse meine Zigarette fallen und trete sie aus. »Sprechen Sie als Filmemacherin Elaine Blakemore oder als Reporterin?«

Sie errötet ein wenig. »Tut mir Leid. Müssen meine Reporterinstinkte sein. Ich habe in London eine Weile für den *Melody Maker* geschrieben.«

»War doch nur Spaß. Ich weiß nicht, wo er sich überall herumgetrieben hat. Ich möchte einfach nur sicher sein, dass ihm nichts passiert ist und er nicht in einer schwierigen Lage steckt.« Ich stehe auf und werfe einen Blick auf die Uhr. »Was solls, vermutlich gehts ihm blendend und er ist gar nicht mehr in Holland. Ich mache mir wahrscheinlich einfach nur zu viele Sorgen.«

Sie mustert mich. »Nein, das glaube ich nicht.«

»Ist Inspektor Dekker da?« Der Polizeibeamte an der Anzeigenaufnahme ist derselbe wie beim ersten Mal, aber ich bin mir nicht sicher, ob er mich wiedererkennt.

»Einen Augenblick, bitte.« Er wählt eine Durchwahlnummer. Außer Dekkers Namen verstehe ich nichts. Er legt auf. »Inspektor Dekker ist auf dem Weg hierher.«

»Danke.«

Dekker hätte beinahe entnervt gestöhnt, als er mich sieht. Er hat denselben abgehärmten Blick wie jeder Großstadtpolizist, und ich verschlimmere seinen Unmut noch. »Mr. Horne. Ich würde ja gerne sagen, dass ich mich freue, Sie zu sehen. Was gibt es?«

»Tut mir Leid, ich weiß, dass Sie zu tun haben. Ich wollte Ihnen nur ein paar Fragen stellen.«

Jetzt seufzt Dekker wirklich. »Na gut, aber ich habe nur wenig Zeit. Kommen Sie mit.« Wir gehen nach hinten in sein Büro. »Und, um was geht es, bitte?«

»Was können Sie mir über die Zeedijk-Gegend der Stadt sagen?«

Dekker sieht mich kopfschüttelnd an. »Die meisten Menschen, die zu dieser Jahreszeit in die Niederlande kommen, interessieren sich für die Tulpenfelder. Sie sind ziemlich beeindruckend. Tulpen in allen Farben, so weit das Auge reicht. Und Sie sitzen hier und wollen etwas über eine Gegend hören, in der Drogenhandel stattgefunden hat. Warum bin ich nicht überrascht?«

»*Stattgefunden hat?* Ist es heute anders?«

Dekker hebt zu einem Vortrag an, der sich anhört, als habe er ihn für die Stadtverordneten vorbereitet.»In den letzten Jahren ist die gesamte Gegend saniert worden. Bitte berichtigen Sie mich, wenn ich mich irre, aber ist dasselbe nicht auch am Times Square in New York geschehen? Neuerschließungen, Restaurants, Läden.« Dekker sieht mich an und bricht seinen Vortrag ab.»Na schön, dieses Drogenelement ist bis zu einem gewissen Umfang immer noch am Zeedijk aktiv, aber die Umstrukturierung und die Reformen in der Amsterdamer Drogenpolitik haben es auf ein Mindestmaß reduziert. Nein, Mr. Horne, es ist nicht mehr das schwarze Loch, als das es früher bezeichnet wurde.«

»Worin besteht diese neue Drogenpolitik?«

Dekker durchwühlt seinen Schreibtisch, bis er ein schmales blaues Heftchen in der Hand hält.»Da steht alles drin, Mr. Horne, auf Englisch. Nicht wahnsinnig spannend zu lesen, aber sehr informativ.«

Ich nehme die Broschüre entgegen.»Danke«, sage ich.

»Sonst noch etwas?«, fragt Dekker.

»Nur noch eins. Gab es vor, sagen wir, ungefähr zehn Jahren irgendeinen großen Drogendealer, der am Zeedijk aktiv war?«

Er lächelt trocken.»Ach, jetzt verstehe ich, worauf Sie hinauswollen. Das wäre doch die Zeit gewesen, in der Chet Baker, der berühmte Musiker, starb?«

»Ja, aber ich habe nicht nur an Chet Baker gedacht.«

»Nein? Sie interessieren sich aber anscheinend für ihn genauso stark wie für Ihren nicht auffindbaren Freund. Es gab damals vermutlich eine ganze Reihe von Großdealern, einige davon Ausländer – Kubaner, Kolumbianer, Afrikaner. Sehr gefährlich, sehr skrupellos, aber die meisten sind aus dem Verkehr gezogen worden.« Dekker streckt den Arm aus und klopft auf die Broschüre.»Irgendeinen Namen kann ich Ihnen nicht nennen und kann mir auch nicht vorstellen, warum Sie so etwas wissen wollen.«

»Reine Neugierde. Der Zeedijk wurde in den Artikeln aus der Aktenmappe meines Bekannten erwähnt.«

»Natürlich.« Er steht auf, aber ich habe das Gefühl, er hält noch etwas zurück.

»Ist sonst noch etwas vorgefallen, Inspektor?«

»Sie lassen einfach nicht locker, was?« Er sieht, dass ich mich nicht von meinem Stuhl bewege. »Okay. Die Prostituierte, die die Aktenmappe bei uns abgeliefert hat, wurde zusammengeschlagen.«

»Was? Wissen Sie, von wem? Kann ich mit ihr sprechen?«

»Nein, Mr. Horne, das können Sie nicht. Sie liegt im Krankenhaus. Sie ist völlig verängstigt und weigert sich, mir irgendetwas zu sagen, außer dass es derselbe Mann war, der die Mappe bei ihr liegen gelassen hat. Sie glaubt nicht, dass wir sie schützen können.«

»Wie heißt sie?«

»Ihr Straßenname ist Carmen. Sie stammt aus der Karibik.« Dekker lehnt sich vor und verpasst mir die nächste Belehrung. »Die Leute, die Sie da in Unruhe versetzen, sind sehr gefährlich, Mr. Horne.«

»Das weiß ich, und ich will überhaupt niemanden in Unruhe versetzen. Ich will nur wissen, was mit meinem Bekannten passiert ist. Derjenige, der die Mappe aus meinem Zimmer gestohlen hat, ist wahrscheinlich derselbe, der Carmen zusammengeschlagen hat.«

»Dessen bin ich mir bewusst, und ich werde mich darum kümmern. Das ist Sache der Polizei, was Sie bitte beachten wollen.«

Jetzt geht das Ganze endgültig zu weit. Das Mädchen Carmen hätte dabei sterben können. Warum? Weil sie zur Polizei gegangen war. Da muss noch mehr dahinter stecken. Aber Dekker wird mir nichts weiter verraten.

»Ich habe zu tun. Wenn Sie mich jetzt entschuldigen würden.«

»Natürlich. Bitte verzeihen Sie, dass ich Sie schon wieder belästigt habe.« Ich gehe zur Tür. »Ich werde übrigens noch etwas länger in Amsterdam bleiben. Ab morgen habe ich ein neues Engagement. Das Lokal heißt Baby Grand. Kommen Sie doch vorbei, und hören Sie sich ein bisschen Musik an. Ich gebe Ihnen einen aus.«

»Vielen Dank, ich glaube, lieber nicht.«

»Falls Sie es sich vielleicht noch anders überlegen ...« Dekker sieht mir mit einem Blick hinterher, als wollte er sagen: Ruf mich ja nicht an, ich rufe dich an, falls das jemals notwendig werden sollte.

Am Rokin in der Nähe von C&A finde ich ein Café, das draußen Tische hat. Ich blättere in Dekkers Broschüre. Sie enthält viele

Statistiken, aber auch einige echte Offenbarungen. Die Coffeeshops, in denen legal Cannabis und Marihuana verkauft werden, dürfen keinen Alkohol ausschenken und benötigen ganz besondere Lizenzen. Trotz Amsterdams Ruf als Sündenbabel sind harte und weiche Drogen streng reguliert, ähnlich wie die legalisierte Prostitution. Die Broschüre unterstreicht, dass Amsterdam deswegen kein »Fixerparadies« und die hiesige Herangehensweise an das Problem effektiver sei als der aggressive »Krieg gegen Drogen«, der in anderen Ländern geführt werde. Die USA werden zwar nicht namentlich erwähnt, sind aber gemeint. Es gibt eine Menge Tabellen und Grafiken, Informationen über Entzugskliniken, Methadonzentren und Nadelaustauschprogramme, die Amsterdams pragmatischen Umgang mit dem Drogenproblem erläutern, aber der Zeedijk wird nirgendwo erwähnt. Dekker muss Recht gehabt haben mit der Sanierung.

Ungefähr eine Stunde lang sitze ich da, rauche, trinke Kaffee, beobachte die Leute. Die Broschüre war interessant, aber keine große Hilfe. Sie zeigt die heutigen Zustände. Ich interessiere mich mehr für damals – die Achtzigerjahre, in denen Amsterdam laut Broschüre ein Magnet für ausländische Drogenabhängige war, unter ihnen auch Chet Baker.

Ich bin jetzt überzeugt, dass es ein Dealer war, Chets Dealer, über den Ace gestolpert ist. Wie ich Ace kenne, hat er sich Hals über Kopf in die Sache gestürzt und merkt nun, wie schwer es ist, sich selbst wieder aus dem Sumpf zu ziehen. Ich weiß, dass ich um Ace' und meinetwillen bald zu einer Lösung kommen muss. Mein Verhaltensmuster kenne ich mittlerweile: Ich lasse mich durch meine Untersuchungen von der Musik ablenken und muss dann diese Ablenkung aus der Welt schaffen, damit ich wieder zur Musik zurückkehren kann. Immer derselbe Kreislauf, wie eine fortschreitende Folge von Quinten. Jetzt wird es Zeit für die Umkehrakkorde.

Ich mache mir keine großen Hoffnungen, dass Darren etwas herausfindet. Für eine klare Auskunft muss ich jemand anderen anrufen, der vermutlich kein bisschen glücklicher über meinen Anruf sein wird, als Dekker es war.

Kommissar Engels ist zwar zu Hause und nimmt den Hörer ab, aber als ich ihn nach dem Zeedijk frage, klingt er wie ein Reiseprospekt.

»Das ist die Chinatown, Mr. Horne. Es gibt sogar einen buddhistischen Tempel dort. Alte, restaurierte Gebäude, Läden, Restaurants und eines der beiden alten Holzhäuser, die in der Stadt noch übrig geblieben sind.«

»Danke, Mr. Engels, aber ich interessiere mich mehr dafür, wie es dort sagen wir zirka 1988 aussah.«

»Das habe ich mir gedacht. Ich kann mir vorstellen, dass der werte Mr. Baker dort ein häufiger Gast war.«

»Das glaube ich auch. Gab es damals einen Dealer, der bei der Polizei als besonders berüchtigt oder wichtig bekannt war? Vielleicht hatte er ja einen Spitznamen, Sie wissen schon, einen Decknamen.«

»Von der Sorte gab es viele, die meisten sind heute gottlob nicht mehr da. An einen Namen kann ich mich nicht erinnern, nur, dass nicht alle Holländer waren. Einige kamen aus Marokko oder der Karibik oder Südamerika. Warum fragen Sie?«

Ich versuche, eine passende Antwort zu finden. »Ach, eine Bekannte dreht einen Dokumentarfilm. Sie hat vom Zeedijk gehört und mich danach gefragt. Sonst gibt es eigentlich keinen besonderen Grund.«

»Ich bedaure, dass ich Ihnen nicht weiterhelfen kann.«

Ich auch, denke ich. Chets Connection aufzuspüren, erweist sich als schwieriger, als ich dachte.

»Seien Sie vorsichtig, Mr. Horne. Das Zeedijk-Viertel hat sich enorm gemacht, aber es gibt dort immer noch Orte und Menschen, die nicht minder gefährlich sind als früher.«

In der Wohnung finde ich Fletcher und Darren vor dem Computer, wo sie sich über etwas streiten.

»Was ist hier los?«

Fletcher sieht Darren von der Seite her an. »Shaft hier meint, er würde sich mit Computern auskennen. Ich will etwas nachsehen, und er behauptet, er weiß, wie man das macht.«

Darren hat Mantel und Sonnenbrille abgelegt. »Lass es mich einfach versuchen, okay?«

Fletcher verdreht die Augen und steht auf. »Na schön, aber wenn du meinen Computer kaputtmachst, musst du dafür blechen.«

»Mach Platz«, sagt Darren. Er fängt an, etwas auf der Tastatur einzugeben. »Für das, was du willst, brauchst du eine andere Suchmaschine«, sagt er. Darren schreibt etwas, klickt ein paar Mal mit der Maus und springt schneller von einer Seite zur nächsten, als Fletcher und ich lesen können, während wir ihm mit offenem Mund zusehen. Schließlich ist er auf einer Jazz-Homepage angelangt. »Da«, sagt er und steht auf. »Für Websites, die du oft besuchst, solltest du dir ein Lesezeichen anlegen. Dann findest du sie viel schneller wieder.«

Fletcher starrt erst den Bildschirm an, dann Darren, dann mich. »Wo hast du das bloß gelernt?«, fragt er Darren.

Darren grinst und genießt den Augenblick. »Hab ich mir selbst beigebracht«, antwortet er.

Fletcher glotzt Darren an, als sähe er ihn zum ersten Mal. Er setzt sich hin und klickt auf die Menüzeile.

»Nach was suchst du eigentlich?«, frage ich.

»Ich habe gehört, dass Art Farmer krank sein soll«, sagt er. »Ich wollte nur nachsehen, ob ich etwas darüber finde.«

Fletcher klickt auf »Nachrichten«, und ich lese über seine Schulter hinweg mit. Einige Jazzfestivals werden angekündigt, neue CDs vorgestellt und Konzerte besprochen, aber nichts über Art Farmer.

»Ein Glück«, sagt Fletcher. »Wir sind alte Freunde, aber ich habe ihn seit einiger Zeit nicht mehr gesehen.«

»Tu mir bitte einen Gefallen«, sage ich. »Schreib Margo eine E-Mail. Frag sie, ob Ace bei ihr aufgetaucht ist.«

Er schließt das Browserfenster und öffnet sein E-Mail-Programm. Langsam, mit Zweifingersystem, schreibt er eine kurze Nachricht an Margo, schließt dann alles und steht auf.

»Danke«, sage ich.

»Was hast du vor?«

»Ich fliege nach San Francisco. Ich werde versuchen, einen Flug für Montagmorgen zu bekommen.«

»Könnte schwierig werden«, sagt Darren. »Lass es mich online probieren, vielleicht tut sich da was.«

»Super, bitte tu das.«

Darren nickt. »Kein Problem. Mach ich zu Hause.« Fletcher und er sehen sich auf eine Art an, die ich nicht zu deuten vermag.

»Komm mit, Darren«, sagt Fletcher. »Ich will mit dir reden.«

Es ist das erste Mal, dass er ihn nicht Shaft genannt hat.

Im Baby Grand ist es bereits voll, als wir ankommen. Im Fenster zur Straße hängt ein Plakat, auf dem »Fletcher Paige & Evan Horne, 20–23 Uhr« steht. Darunter stehen noch andere Daten und Zeiten und ein kurzer Absatz in Anführungszeichen – ein Zitat aus der Zeitung, vermute ich.

Das Restaurant selbst ist ziemlich nobel, weiße Tischdecken, Silberbesteck, Stilgläser und Kellner mit weißen Hemden und Fliege. Der Flügel steht in einer Ecke des Raumes und davor, in der Rundung des Flügels, ein Hocker für Fletcher. Es gibt weder Mikrofone noch Verstärker. Hier wird es hundertprozentig akustisch zugehen.

Ich setze mich an den Flügel und spiele ein paar Tonreihen. Er hat einen schönen Klang und ist gut gestimmt, wie vom Besitzer versprochen. Elaine muss ihn überredet haben, Filmaufnahmen zu erlauben; Kevin hat bereits auf einem Tisch in der Nähe Kamera und Mikrofon aufgebaut und macht zusammen mit Elaine Lichtmessungen.

»Sehr aufregend«, sagt sie, als ich zu ihnen stoße. »Wir werden Ihnen nicht in die Quere kommen, das verspreche ich.«

»Das werden Sie sicher nicht«, sage ich und lasse sie dann weiter ihre Vorbereitungen für die Aufnahme treffen. Ich stelle mich zu Fletcher an die Theke, wo er sich einen Kognak genehmigt. Er wirkt nachdenklich, aber nicht nervös. Dafür hat er schon zu viele Auftritte hinter sich. Es ist etwas anderes, das ihn so still dasitzen und ins Glas starren lässt.

»Hey, Mann«, sagt er. »Vornehmer Laden, was?«

»Wir werden uns hier gut amüsieren. Alles klar bei dir?«

»Was? Ja ja, ich denke nur nach.« Er sieht mich an. »Ich habe dir nicht alles über Darren gesagt.«

»Wie meinst du das?«

»Er ist nicht der Enkel einer Freundin. Er ist mein Enkel.«

»Das ist ja ein Ding. Weiß er davon?« Langsam ergibt alles einen Sinn.

»Jetzt weiß er es. Er hatte es sich auch schon selbst mehr oder minder zusammengereimt.« Fletcher nippt an dem Kognak und starrt sich im Spiegel hinter dem Tresen an.

»Was er da heute auf dem Computer gemacht hat, das hat mich wirklich umgehauen. Wir hatten ein langes Gespräch miteinander – wie sich herausstellt, arbeitet er aushilfsweise für eine Computerfirma hier. Kannst du dir so was vorstellen? Jedenfalls haben wir miteinander geredet. Ich habe ihm die ganze Story erzählt, er ist so ziemlich zusammengebrochen und hat geweint. Ich will ihn von der Straße holen, weg von dieser ganzen Shaft-Möchtegernscheiße. Ich will, dass er zurück nach Hause geht und was aus seinem Leben macht, bevor er ernsthaft in Schwierigkeiten gerät.« Fletcher schüttelt den Kopf. »Das hätte ich schon lange machen sollen.«

»Vielleicht war er bisher noch nicht so weit.«

»Dafür hätte ich aber sorgen müssen. Dieser kleine Job für dich wird das Letzte sein, was er draußen auf der Straße erledigt. Verdammt, so wie der Junge mit dem Computer umgehen kann, kann er wirklich was aus sich machen.«

Eric, der Besitzer, kommt zu uns. »Sind Sie beide so weit?«

»Und ob«, sagt Fletcher. »An die Arbeit.«

Wir folgen ihm zum Flügel. Ich klimpere ein bisschen herum, während Fletcher sein Saxofon fertig macht und Eric uns ansagt. Ich fange ein kurzes Lächeln von Elaine auf, bevor sie hinter Kevin verschwindet.

»Na dann«, sagt Eric zum Publikum, »Fletcher Paige und Evan Horne.«

Wir haben uns vorher abgesprochen, dass die erste Nummer »It Could Happen to You« sein soll. Wir zählen nicht vor. Fletcher sieht mich nur an und hebt das Instrument, dann sind wir schon unterwegs in einem lockeren mittleren Tempo und spielen die Melodie kontrapunktisch. Fletcher leitet sein erstes Solo ein und bewegt sich glatt durch die Changes, während ich ihm Akkorde vorlege und über seinen Ton und seine Ideen staune. Ich spiele zwei Chorusse. Mit dem Sax auf den Knien sitzt Fletcher auf der Hockerkante und hört zu.

In den letzten acht Takten steht er auf, wartet den nächsten Chorus ab und fängt dann an, Linien gegen meine anzuspielen. Es entwickelt sich schnell ein Frage-und-Antwort-Spiel, Call-and-Response, noch zwei Chorusse lang, dann bringen wir es zum Abschluss. Das Baby Grand ist eingeweiht.

Gerade wollen wir zur Krönung des Abends einen mit dem Eigentümer trinken, als Darren hereinkommt. Er nickt Fletcher zu, nimmt sogar seine Sonnenbrille ab und strahlt Elaine an. Dann kommt er zu mir und sagt mir etwas ins Ohr.

»Okay«, sage ich. Fletcher blickt Darren hinterher, der wieder nach draußen geht, und sieht mich fragend an.

»Ich muss was erledigen«, sage ich. Fletcher nippt nur weiter an seinem Drink.

Elaine versucht, sich einen Reim auf das zu machen, was da vor sich geht. »Brauchen Sie Hilfe? Soll ich vielleicht mitkommen?«, fragt sie.

»Nein danke«, lehne ich schnell ab. »Wir sehen uns morgen wieder.«

Dann gehe ich schnell zur Tür, bevor mich irgendjemand zurückhalten kann.

14

»Van Gogh?« Ich finde Darren vor dem Baby Grand. Die Hände in den Taschen vergraben, betrachtet er das Plakat im Fenster. Der Verkehr ist jetzt nicht mehr so dicht. Nach dem warmen Nachmittag und Abend hat es sich nur unwesentlich abgekühlt.

Er sieht nicht mich an, sondern weiter den vorbeifahrenden Autos hinterher. »Alter Knacker mit langen Haaren. Macht so Kohlezeichnungen für Touristen. Nicht sehr gute, aber der Spitzname ist trotzdem hängen geblieben.« Als ich Darren nur wortlos ansehe, fügt er hinzu: »Hey, wir sind hier in Amsterdam. Kunst und so 'n Scheiß.«

»Gut. Und Musiker ist er auch?«

»Ja, war er mal. Schlagzeuger. Früher war er wahrscheinlich okay, aber der Stoff hat ihn fertig gemacht. Hat Gigs verpasst, ist eingepennt. Irgendwann rief ihn keiner mehr an. Jetzt lebt er halt nur noch so vor sich hin.«

Darren merkt, dass ich mehr wissen will. Die ganze Sache ist ihm unangenehm, aber er zieht sie durch. Hauptsächlich, weil Fletcher darauf bestanden hat, das weiß ich. »Hör zu, Mann, ich sage dir alles, was ich weiß. Ich habe gehört, dass er damals dieselbe Connection wie Chet hatte. Aber mehr als das und seine Adresse war nicht aus ihm rauszukriegen.«

»Na schön.« Ich hatte nicht wirklich erwartet, dass Darren eine direkte Verbindung zu Chets Dealer herstellen könnte oder herausfinden würde, ob er noch hier lebt. Ich werde also mit diesen Informationen vorlieb nehmen müssen. »Du hast ihn nicht verschreckt?«

»Ach, Quatsch. Ich hab ihm gesagt, dass jemand mit ihm reden will, ein alter Freund von Chet. Vor mir hatte der keine Angst.«

Ich bin erleichtert, denn ich will vermeiden, dass van Gogh untertaucht. Darren kann etwas Furcht einflößend wirken, solange man nicht hinter die dunkle Sonnenbrille blickt. »Okay, bring mich zu ihm.«

Darren zieht eine Leidensmiene. »Du meinst, ich soll mitkommen?« Er wirft einen Blick über die Schulter, als wolle er sich vergewissern, dass uns niemand beobachtet. Dann zieht er resigniert die

Schultern hoch. »Wir brauchen ein Taxi.« Er stellt sich auf die Straße, um eins anzuhalten, und murmelt: »Will diesen Scheiß endlich hinter mich bringen.«

Wir steigen ein, und er sagt dem Fahrer in leidlich gutem Holländisch, wo es hingehen soll. »Zeedijk«, sagt er, dann einen Straßennamen, den ich bei bestem Willen niemals aussprechen könnte, und eine Hausnummer. Der Taxifahrer runzelt die Stirn, stellt den Taxameter aber trotzdem an. Ich sehe Darren fragend an.

»Nicht sehr cool, nach Mitternacht in so 'ne Gegend zu fahren.« Er lümmelt sich auf dem Rücksitz, faltet die behandschuhten Hände und starrt zum Fenster hinaus.

Das Taxi schlängelt sich durch enge Straßen und über Grachtenbrücken, bis wir an eine hell erleuchtete Unterführung nördlich vom Bahnhof gelangen. Auf einer zweispurigen Straße am Wasser kommen wir wieder heraus und fahren ungefähr anderthalb Kilometer weit, dann über die nächste Brücke hinweg, die so schmal ist, dass nur ein Auto auf einmal darüber fahren kann. Links eröffnet sich kurz ein Blick auf die Lichter am Hafen, dann sind wir in Chinatown – historische Gebäude, neu hergerichtete Restaurants, Cafés und Läden, die von Lagerhäusern und grauen Wohnblocks eingefasst werden.

Der Taxifahrer fährt langsamer und versucht, die Straßenschilder zu entziffern. Ein paarmal bleibt er stehen und fährt dann wieder an. Nachdem er etliche Male falsch gefahren ist, klopft Darren ihm auf die Schulter.

»Hier«, sagt Darren und lehnt sich vor, um den Fahrer zum Anhalten zu bringen. Ich zahle, wir steigen aus und laufen ein paar Straßenecken an Mietskasernen und verlassenen Lagerhäusern vorbei, während Darren nach Hausnummern Ausschau hält. Vom Hafen her weht ein kalter Wind, und ein starker Meeresgeruch liegt im Wettstreit mit chinesischen Küchenausdünstungen. Noch ein Stück, dann bleibt Darren stehen und zeigt auf ein Haus. »Das ist es«, sagt er.

Einige der Fenster sind zugenagelt, andere haben zersplitterte Scheiben. An der Haustür hält ein Kreuz aus Klebeband das gesprungene Glas zusammen. In dem winzigen Vorraum hängt eine Galerie Briefkästen, aber ich frage mich, wie oft hier wohl der Briefträger vorbeikommen mag. Auf den meisten steht gar kein Name, auf den übrigen ist er ausgekratzt oder unleserlich. Darren zeigt die Treppe hoch.

Es riecht so schlecht, dass ich am liebsten gar nicht atmen würde. Das schwach beleuchtete Treppenhaus liegt voller Zigarettenkippen. Der Gestank zerbrochener Weinflaschen und zerdrückter Bierdosen vermischt sich mit Urin und einem anderen Geruch, den ich nicht einordnen kann. Wir gehen hoch in den zweiten Stock, vorbei an Türen, hinter denen gedämpft Fernseher und menschliche Stimmen zu hören sind. Sogar die von Kindern.

»Irgendeine Art Sozialwohnungen«, sagt Darren mit gerümpfter Nase. »Ghettos gibts überall.«

»Bist du dir sicher, dass wir hier richtig sind?«

»Logisch. Die Adresse hab ich von einem anderen Typen bekommen. Hab ihm gesagt, dass van Gogh mir Geld schuldet.«

»Du warst noch nie hier?«

»Zum Teufel, nein«, sagt Darren, als wäre die Frage an sich schon eine Beleidigung.

Er berührt mich an der Schulter, und wir bleiben vor einer Tür stehen und lauschen kurz. An die Tür ist eine 9 aus Messing genagelt, doch der obere Nagel fehlt, sodass die Zahl verkehrt herum dahängt. Ich höre leise einen Fernseher und dann noch etwas – eine Art rhythmisches Trommeln. Darren klopft mit der behandschuhten Hand gegen die Tür. Drinnen hört das Trommeln auf. »Hey, van Gogh«, sagt Darren, wobei er einen Blick ins Treppenhaus wirft.

Einen Augenblick ist außer dem Fernseher nichts zu hören, dann auf die Tür zuschlappende Schritte. »Wer is 'n da?«, sagt eine tiefe, raue Stimme direkt hinter der Tür.

»Ich bins, Darren, Mann. Ich hab den Typ dabei, von dem ich dir erzählt habe. Mach schon auf, Alter. Hier draußen stinkts.«

Die Tür geht einen Spalt weit auf. Van Goghs Gesicht ist mager und zerfurcht. Die schulterlangen, dünnen Haare stehen ihm vom Kopf ab. Er verzieht das Gesicht zu einem düsteren Lächeln. Etliche

Zähne fehlen, die noch vorhandenen sind gelb. Vorsichtig öffnet er die Tür ein bisschen weiter, blickt im Treppenhaus nach links und rechts und tritt dann beiseite, um uns hereinzulassen.

Er trägt ein Unterhemd, das einmal weiß gewesen sein muss, und abgewetzte Jeans. Seine Füße stecken in Ledersandalen, deren Riemen zerrissen sind oder aussehen, als könnten sie jeden Moment reißen. In der Linken hält er zwei abgeschabte Drumsticks, in der Rechten eine Zigarette, die fast bis auf die Finger heruntergebrannt ist. Er mustert mich, als ich an ihm vorbeigehe, zieht an der Kippe und atmet eine Rauchwolke aus.

Im Zimmer – und aus mehr besteht die Wohnung nicht – gibt es ein kleines Spülbecken, einen Küchenschrank und darüber Regale mit etwas Geschirr. Auf der Anrichte neben der Spüle befinden sich eine zweiflammige Kochplatte, ein großes Glas löslicher Kaffee, eine offene Zuckertüte und zwei Löffel. Nirgends kann ich einen Kühlschrank entdecken. Ein schmales, schwarzes Eisenbett in der Ecke, ein kleiner Tisch und eine Lampe, die das Zimmer nur notdürftig erhellt, vervollständigen die Einrichtung. Ein großer weißer Aschenbecher mit dem Aufdruck einer Kneipe ist voller Asche und Zigarettenkippen.

Auf dem Boden liegt ordentlich aufgestapelt ein Stoß Taschenbücher, das oberste mit einem grellen Einband. Irgendein Horrorroman. Ein Leinenbeutel lehnt an der Wand, aus dem mehrere gerahmte, fleckige Kohlezeichnungen herausragen. Auf einem alten Schrankkoffer steht ein kleiner Schwarzweißfernseher mit gebogener Antenne. Ein Film flackert über den Bildschirm. Der Geruch hier drin ist nur wenig besser als im Hausflur.

Neben dem Bett befindet sich der einzige ungewöhnliche Gegenstand im Zimmer, der auch die trommelnden Geräusche erklärt: Auf einem glänzenden Chromständer steht ein Übungsschlagzeug, ein Practice Pad, dessen Oberflächen in der Mitte einen runden, schwarzen Gummiüberzug haben. Van Gogh setzt sich aufs Bett und lässt die Kippe in den Aschenbecher fallen, wo sie weiter vor sich hin glimmt. Im Licht der Lampe kann ich erkennen, dass seine linke Hand verunstaltet ist. Die Finger sind verkrüppelt. Er klemmt einen

Stick zwischen Daumen und Zeigefinger der linken Hand und biegt die Finger um den Schaft des Trommelstocks.

Aus reinem Reflex heraus balle ich meine rechte Hand. Van Goghs Finger wurden mal gebrochen und sind nie wieder richtig zusammengewachsen, aber die Bewegungen haben sie nicht vergessen. Er legt den Kopf ein wenig nach rechts auf die Seite, wie ich es schon bei zahllosen Schlagzeugern gesehen habe, und schlägt weiter Patterns, die irgendwo aus seinem Kopf kommen, setzt hier und da einen Akzent, aber alles sehr leise, sehr beherrscht. Die Stöcke heben sich nie mehr als ein paar Zentimeter über die Unterlage. Als erinnere er sich an irgendein Stück, das er vor langer Zeit einmal gespielt hat, fängt er an, mit der rechten Hand einen Ride-Beat im mittleren Tempo auf den Becken zu spielen, während er mit der Linken akzentuiert.

Darren hat die Sonnenbrille abgenommen, und sein Blick huscht zwischen van Gogh und mir hin und her. »Du stehst da drauf, was?«, sagt er.

Van Gogh hört mit dem Time Play auf und spielt einen Auftakt mit einem sanften Presswirbel. Ich beobachte die Muskeln in seinen Unterarmen, die von tausend Nadeleinstichen vernarbt sind. Er beendet den Wirbel, legt die Stöcke sorgfältig auf das Pad und sieht mich an.

»Hast du 'ne Zigarette für mich?«

Ich gebe ihm das Päckchen. Er bietet erst mir eine an und bedient sich dann selbst. Zwei, drei Mal atmet er tief ein und stößt blaue Rauchwolken aus. »Ah, Menthol«, sagt er. »Sehr teuer.« Er nimmt die Schachtel in die Hand und betrachtet sie.

»Gehört dir«, sage ich.

Er verzieht den Mund wieder zu einem zahnlosen Grinsen. Ich denke an die späten Bilder von Chet aus der Aktenmappe. Er und van Gogh könnten derselben Familie angehören, irgendeinem uralten Stamm, für den Heroin die Friedenspfeife ist. Wäre Chet Baker nicht Chet Baker gewesen und noch am Leben, würde er dann auch in so einem Zimmer wie dem hier sitzen und auf einer alten Trompete blasen?

Darren geht ans Fenster, mit dem er erst kämpfen muss, bevor es aufgeht und frische Luft hereindringt. Ich setze mich zu van Gogh aufs Bett.

»Du spielst, hm?«

Er schüttelt den Kopf. »Nicht mehr, aber ich kann noch. Ich mag das«, sagt er und berührt das Drumpad mit dem Finger. »Ich entspanne.« Er dreht die Handflächen nach oben und betrachtet seine Unterarme. »Da ist das ganze Geld.«

»Hast du mit Chet Baker zusammen gespielt?«

Er schließt die Augen, um seinem Gedächtnis nachzuhelfen. »Ja, zwei, vielleicht drei Mal. Lange her. So schön, seine Trompete, und hinterher wir zusammen …« Er tippt wieder auf seinen Arm.

»Ich suche nach einem Mann, dem Chet vielleicht Geld geschuldet hat, seine Connection – und vielleicht auch deine?«

Van Gogh schüttelt den Kopf. »Nein, Chet zahlt. Er hat Geld.« Er hebt die linke Hand und versucht sie zur Faust zu ballen, schafft es aber nur halb.

»Hat das ein Dealer getan?«, frage ich und zeige auf seine Hand.

»Ja, mit jedem, der nichts zahlt. Chet, der bezahlt. Er wusste.« Er macht eine Pause. »Und ich sage nichts.«

»Was? Was hast du nicht gesagt?«

Van Gogh schüttelt nur den Kopf, als er sich an etwas erinnert, aber es ist nicht für mich bestimmt.

»Ist der Mann noch in Amsterdam?«

Van Gogh betrachtet mich mit einem perplexen Gesichtsausdruck. »Du willst?«, sagt er und mustert meine Kleidung, mein Gesicht. »Ich glaube nicht.«

»Nein, keine Drogen. Ich will nur mit ihm reden. Ich versuche einen verschwundenen Freund zu finden.«

Er blickt in Darrens Richtung, dann zurück zu mir. »Du bist nicht von der Polizei?«

»Nein, nein, Klavierspieler. Ich … ich versuche nur etwas für Chet zu tun, für einen Freund.« Doch noch während ich spreche, weiß ich, dass ich genauso sehr für mich wie für Ace oder Chet Baker hier in dieser Fixerbude sitze und mit einem heruntergekommenen Schlagzeuger rede.

»Ach, Klavier.« Er inhaliert noch einmal tief und drückt die Zigarette dann in einem Berg von Asche aus. Mit den Trommelstöcken beginnt er, auf dem Pad herumzutrommeln, während sich sein Blick auf den Fernseher richtet. »Hör zu«, sagt er. »Du kennst das Stück?« Das Trommeln setzt wieder ein, aber in einem abgehackten, sich wiederholenden Pattern. Er spielt es mehrere Male. Darren sieht auf die Uhr und verdreht ungeduldig die Augen.

Van Gogh nickt im Takt mit dem Kopf. Sein zerfurchtes Gesicht legt sich in noch tiefere Falten. Ich konzentriere mich auf den Rhythmus, dessen Schema sich deutlich wiederholt. Er spielt ihn langsamer für mich.

Es klingt wie: Da-da-duh, duh-da-duh, duh-da-di-duh, dada, dada-duh-duh da di.

Dann spielt er ein Beckenmuster mit der Rechten, akzentuiert mit Links und wiederholt das erste Pattern noch einmal. Ich singe im Kopf mit und versuche, ein Lied daraus zu machen, bis mir ein Licht aufgeht – der Drummer Roy Haynes, der genau dasselbe macht. Ich glaube, es ist ein alter Bebop-Titel, von Sonny Rollins.

»›Oleo‹?«, sage ich auf gut Glück. Das versetzt van Gogh in ekstatische Zuckungen. Er trommelt wie ein Wilder, Kopf in den Nacken geworfen, tief aus ihm heraus dringt ein leises Stöhnen, als erinnere er sich an alte Zeiten, irgendeine Nacht auf der Bühne. Dann Stille. Er hört auf und legt die Trommelstöcke fürs nächste Mal sorgfältig wieder auf das Pad.

Mir fällt etwas ein. Ich hole das Foto heraus, das ich von Ace habe.

»Hast du diesen Mann schon mal gesehen?«

Van Gogh sieht das Foto an, schüttelt den Kopf und steht dann auf.

»Komm, ich zeigs dir«, sagt er.

Darren sieht mich nur verständnislos an. »Was geht hier ab, Mann?«

Van Gogh beachtet Darren nicht. Er stellt den Fernseher aus und schlüpft in einen alten Mantel, der neben der Tür an einem Haken hängt. Draußen ist es jetzt ziemlich frisch. Wir folgen ihm zwischen Häusern und durch Gassen hindurch, bis wir die Lichter des Bahnhofs sehen.

»Brauchen wir ein Taxi?«, rufe ich ihm hinterher. Er schüttelt den Kopf und läuft weiter vor uns her. Nur hin und wieder blickt er über die Schulter, ob wir noch da sind. Ich bin mir sicher, dass es in die Altstadt geht.

»›Oleo‹ hieß das, was er da zusammengetrommelt hat?«, fragt Darren mich.

»Ja«, antworte ich und lasse den Blick nicht von van Gogh. Seine Sandalen schlappen vor uns über das Pflaster. Ständig wendet er den Kopf nach rechts und links und mustert die Passanten, aber ich glaube nicht, dass er nach jemand Bestimmtem sucht. Er guckt einfach nur.

»Scheiße«, sagt Darren. »Wie hast du das gemacht?«

»Erinner mich dran. Ich zeigs dir mit Fletcher.«

Schließlich bleiben wir vor einem Coffeeshop stehen. Jetzt weiß ich, wo wir sind. Darren und ich sehen uns an. »Scheiße, ich hatte keine Ahnung«, sagt er.

Derselbe Laden. Van Gogh bedeutet Darren, noch draußen zu bleiben. Bevor ich ihm nach drinnen folge, flüstere ich Darren noch zu: »Ruf Fletcher an. Er soll herkommen.«

»Okay«, sagt Darren und greift nach seinem Handy.

Van Gogh wartet direkt hinter der Tür auf mich. Wir gehen durch den starken Marihuanadunst nach hinten, an den Kunden vorbei, die Haschischzigaretten kreisen lassen, lachen und sich amüsieren. Am hinteren Ende des Tresens gibt es eine Sitznische, eine Art Alkoven, in dem zwei Männer auf einer runden gepolsterten Bank sitzen, als hätten sie auf mich gewartet. Beide blicken hoch zu van Gogh.

Den einen erkenne ich sofort. Er hat weder seinen Trenchcoat noch den Schirm noch die Aktentasche dabei. Auch die Brille ist verschwunden. Aber es besteht kein Zweifel. Es ist derselbe Mann, der mir bei meiner Ankunft den Weg zum Hotel gewiesen hat. Vermutlich ist er auch derjenige, der in genau diesem Coffeeshop etwas viel zu Starkes für mich bestellt hat. Der andere Mann muss die Connection sein. Er ist schätzungsweise Ende sechzig mit dicken, buschigen Augenbrauen, sehr dunklen Augen und schütterem, grau meliertem

Haar. Mit seinem teuren Anzug könnte er ebenso gut Banker sein. Eine lange Narbe durchzieht seine rechte Gesichtshälfte.

Van Gogh schlurft auf ihn zu und spricht leise mit ihm. Der Mann zieht ein Bündel Geldscheine aus der Tasche, zählt ein paar ab und händigt sie van Gogh aus, ohne die Augen von mir abzuwenden. Van Gogh sieht die Scheine noch nicht einmal an. Er stopft sie einfach in die Tasche. Im Hinausgehen flüstert er mir etwas zu, aber das Einzige, was ich verstehe, ist: »Sei vorsichtig.«

Ich nähere mich dem Tisch. »Ich versuche, einen Freund ausfindig zu machen, Professor Buffington«, sage ich zu dem Jüngeren der beiden. »Dieser Mann dachte, Sie wüssten möglicherweise, wo er ist. Aber da Sie mich ja schon am Bahnhof abgepasst haben, bin ich davon überzeugt, dass Sie und Ihr Partner es vermutlich sogar ganz genau wissen. Ich habe Ihren Namen vergessen.«

Die beiden unterhalten sich kurz. Auf Spanisch, wie ich glaube. Der dunkelhaarige Mann kann oder will kein Englisch sprechen. Er starrt mich nur weiter unverwandt an.

»Setzen Sie sich, Mr. Horne«, sagt der Mann vom Bahnhof. »De Hass.« Er hat ein schmales, verkniffenes Gesicht und wellige Haare. Seine Kleidung ist zwar leger, aber teuer. Er ist weitaus jünger als der Dunkelhaarige und dem Verhalten nach sein Untergebener.

Er spricht in sehr gutem Englisch mit nur ganz leichtem Akzent. »Sie haben ein gutes Gedächtnis. Was Ihren Bekannten anbelangt: Wir haben keine Ahnung, wo er derzeit ist. Ich vermute, dass er Amsterdam verlassen hat. Wir haben kein weiteres Interesse an ihm. Wir verhandeln jetzt mit Ihnen.« Der Dunkelhaarige sieht ihn an. Es folgt wieder ein kurzer Wortwechsel. Vermutlich die Übersetzung. Er nickt.

»Mit mir? Was haben Sie getan, meinen Bekannten entführt?«

Er sieht mich herablassend an. »Wir haben ihn überzeugt, Mr. Horne. ›Entführen‹, wie Sie es nennen, war nicht notwendig. Er kam nach Amsterdam und hat mit seinen Fragen nach Chet Baker eine Menge Aufmerksamkeit erregt – Fragen, die Erinnerungen an alte Schulden wieder wach werden ließen. Ihr Freund hat sich sehr undiplomatisch verhalten, und wir sind irgendwann auf ihn aufmerksam geworden. Ich habe ihm die Gelegenheit geboten, mit Mr. Navarro zu sprechen.« Er nickt in Richtung des älteren Mannes, der ihn bei der Erwähnung seines Namens ansieht.

Dass ich in allem Recht gehabt hatte, macht es mir nicht angenehmer, hier zu sitzen. »Warum? Was hatten seine Recherchen über den Tod von Chet Baker mit Ihnen zu tun?« Ich blicke durch den Raum. Weder Darren noch Fletcher sind irgendwo zu sehen, nur rauchende, in Gespräche vertiefte Gäste.

De Hass genießt die Situation sichtlich. »Der Tod von Chet Baker spielte keine Rolle. Uns interessierte nur das Geld, das er schuldig geblieben war. Als wir Professor Buffington davon überzeugen konnten, dass er sich bei seinen Recherchen von uns unterstützen lassen sollte, wahrten wir damit gleichzeitig unsere Interessen.« Er sieht Navarro an, und an seiner Satzmelodie ist zu erkennen, dass es eine Frage war. Navarro ist offenbar einverstanden.

»Es gab Gerüchte über Geld, lang vergessene Bankkonten. Solche Gerüchte werden bei Prominenten zwar gerne zu Legenden ausgeschmückt, enthalten aber oft einen wahren Kern. Chet Baker war ein berühmter Musiker. Seine Abhängigkeit und seine Unachtsamkeit in Gelddingen waren so bekannt wie seine Musik. Wahrscheinlich gab es bei zahlreichen Polizeistellen Akten über ihn, auch bei Interpol. Seine Suchtbedürfnisse wurden viele Male befriedigt. Auf Grund seiner Prominenz und seines Einkommens wurde ihm bisweilen Kredit gewährt. Er zahlte seine Schulden früher oder später immer. Außer beim letzten Mal.«

»Und Sie machen natürlich nie Ausnahmen.« Ich rutsche etwas auf der Bank herum, damit ich den Tresen sehen kann.

»Nein. Ich habe Kreditgewährung nie gutgeheißen, selbst bei Chet Baker nicht. Es ist schlecht fürs Geschäft. Aber Mr. Navarro hat es manchmal akzeptiert. Vielleicht hatte er ein zu weiches Herz für Chet Baker.« Sein Lächeln wirkt eisig und bedrohlich.

»Und dieses eine Mal, von dem Sie sprechen, war direkt vor seinem Tod?«

»Ja, weswegen Mr. Navarro sich zum Teil selbst die Schuld an dem Verlust gibt.«

»An Chet Bakers Tod?«

»Seinem Tod?« De Hass lacht und schüttelt den Kopf. »Wir reden hier von Geld, nichts weiter. Chet Baker ging Mr. Navarro aus dem Weg, vielleicht ohne es zu wollen einmal zu oft. Aber Mr. Navarro hat nichts mit seinem Tod zu tun. Chet Baker war bereits tot, offensichtlich von eigener Hand. Mr. Navarro hat nach ihm gesucht, aber er kam zu spät.«

Jetzt verstehe ich, was van Gogh sagen wollte. *Ich sage nichts,* hatte er gestottert. Vielleicht hatte er Chet gewarnt, hatte ihm geholfen, sich vor Navarro zu verstecken, und für diesen Freundschaftsdienst wurde ihm die Hand zerschmettert. Andererseits weiß ich auch, dass er mich nicht hergebracht hat, damit ich Ace finde, sondern um mich den beiden auszuliefern – aus Angst und weil er ein paar Gulden für den nächsten Schuss brauchte. Trau nie einem Junkie.

»Wie hoch waren seine Schulden?«

»Sagen wir, es war eine Summe, die es lohnte, den Spuren Ihres Bekannten nachzugehen.« De Hass macht eine Pause und dreht sich zu Navarro um, der zwar nichts sagt, aber das Gewicht verlagert und eine ungeduldige Handbewegung macht. Der Jüngere nickt und wendet sich wieder mir zu.

»Und jetzt zu Ihnen, Mr. Horne. Mr. Navarro möchte Ihnen keine Unannehmlichkeiten bereiten, aber ich bin überzeugt, dass Geld da ist und dass Sie es finden können. Ich selbst kann aus auf der Hand liegenden Gründen keine Erkundigungen bei Banken einholen. Falls Sie die Schulden also nicht selbst begleichen wollen oder einen anderen Vorschlag haben, wie sie zurückgezahlt werden können, müssen wir darauf bestehen, dass Sie diese Erkundigungen für uns einholen.« Er blickt auf und über meine Schulter hinweg. Ich drehe mich um und sehe, wie Fletcher und Darren gerade Barhocker an der Theke nehmen.

»Was meinen Sie mit ›darauf bestehen‹? Sie haben meinen Bekannten gezwungen …«

Er wehrt ab. »Gezwungen? Nein, Mr. Horne. Ihr Bekannter hat freiwillig mit uns kooperiert. Vielleicht kennen Sie ihn nicht so gut, wie Sie denken. Er hat mir von Anfang an gesagt, dass Sie sich bereit erklärt hätten, ihm bei seinen Nachforschungen zu helfen. Und dann waren Sie auch schon da. Wie auf Bestellung. Als Musiker dürften Sie aller Wahrscheinlichkeit nach mehr Erfolg haben als er, also haben wir die Sache ein wenig vorangetrieben.«

»Das hat er gesagt?«

Er nickt, aber ich weiß auch so, dass er die Wahrheit sagt. Jetzt ergibt auf einmal alles einen Sinn – Ace' Verschwinden, die mysteriöse Aktenmappe, sein Versteckspiel mit mir, die falsche Person im Archiv. Das hier ist der Mann, den Helen für Ace gehalten hatte. Ace und ich waren die Marionetten, und de Hass zog die Strippen. Nur dass ich die Hauptrolle in diesem Stück spielte.

»Wenn ich mich nicht täusche, waren seine Worte: ›Wenn Geld da ist, wird Evan Horne es finden.‹ Wir haben kein darüber hinausgehendes Interesse an Chet Baker oder Ihnen oder Ihrem Bekannten.« Die Vorstellung scheint ihn zu amüsieren. »Ich mag seine Musik noch nicht einmal. Er war einfach jemand, der noch Schulden offen hat. Alte Schulden, aber dennoch Schulden. Ihr Bekannter war sicher, dass dieses Geld noch irgendwo sein muss und dass Sie es finden werden.«

Ich höre diesem Mann zu, der so kaltschnäuzig über Chets Tod redet, über seine Drogenabhängigkeit, darüber, wie seine Bedürfnisse befriedigt wurden, und dass er seine Musik noch nicht einmal mochte. Ich merke, wie die Wut in mir hochkocht. Ohne mit der Wimper zu zucken, würden sie jemanden, der nicht bezahlt, zusammenschlagen oder töten lassen, wenn es ihnen in den Kram passte. Am liebsten würde ich mich über den Tisch werfen und ihm und Navarro eine reinhauen. So wie über Chet könnten sie über jeden x-Beliebigen reden. Die Stimme in meinem Kopf schreit: »Das ist Chet Baker, über den wir hier reden, du Idiot, einer der größten Trompeter der Welt!« Sinnlose Gedanken, ich weiß.

»Da ist kein Geld, soweit ich weiß. Wie Ihnen bekannt sein dürfte, hat Chet Baker sein Geld sehr großzügig ausgegeben, und eine Menge davon wanderte in die Taschen Ihres hässlichen Chefs.«

De Hass mustert mich, während sich seine Kiefermuskeln anspannen, und einen Augenblick lang denke ich, ich bin zu weit gegangen. »Diese Bemerkung werde ich nicht übersetzen, Mr. Horne. Was das Geld anbelangt – wir sind nicht überzeugt, dass es nicht mehr existiert, und Mr. Navarro möchte die Bücher über Chet Baker schließen.«

»Was ist, wenn ich zur Polizei gehe? Dort sage, dass Sie meinen Bekannten gezwungen haben, mit Ihnen zusammenzuarbeiten, dass Sie ...«

»Sie hören nicht zu, Mr. Horne. Was wollen Sie der Polizei denn sagen? Dass Ihr Bekannter sich in seinem Drang, einen Knüller – nennen Sie das nicht so? – für sein Buch zu bekommen, verrechnet hat? Wie dem auch sei, Ihr Bekannter ist nicht mehr hier, um eine solche Geschichte zu bestätigen, die Sie der Polizei erzählen könnten, und ich bezweifle, dass er so bald nach Amsterdam zurückkehren wird.«

Das ist bestimmt ebenfalls wahr. Ace wurde vermutlich davon »überzeugt«, dass es eine gute Idee sei, Amsterdam zu verlassen. Ich gehe im Geiste noch einmal das durch, was de Hass mir gesagt hat. Jetzt muss ich Ace wirklich finden, dringender als je zuvor – und ich weiß jetzt, wo er ist.

Der Mann interpretiert mein Schweigen als Zustimmung. »Ja, ich glaube, die Wahrheit dämmert Ihnen, Mr. Horne.« Er tauscht sich kurz mit Navarro aus und wendet sich dann wieder mir zu. »Wir müssen gehen. Ich erwarte bezüglich des Geldes von Ihnen zu hören.«

»Und wenn nicht?«

Er fasst vorsichtig in eine Innentasche nach seiner Brille, setzt sie auf und lehnt sich vor, die Hände vor sich auf dem Tisch gefaltet. »Ich spreche keine leeren Drohungen aus, Mr. Horne. Der Mann, der Sie hergebracht hat ., er wird nicht nur van Gogh genannt, weil er Bilder für Touristen zeichnet.« Er wartet, bis er merkt, dass ich verstanden habe. »Sie haben bis Montag Zeit, das Geld verfügbar zu machen oder mich zu überzeugen, dass kein Geld vorhanden ist. Ansonsten ...« Er spricht nicht weiter und schenkt mir ein weiteres kaltes Lächeln. Den Rest kann ich mir denken.

Die beiden rutschen aus der Sitzbank und erheben sich. Bevor sie gehen, beugt sich de Hass vor und klopft mit dem Finger auf den Tisch. »Einigen Artikeln aus der Sammlung Ihres Bekannten zufolge verdiente Chet Baker in den letzten beiden Jahren vor seinem Tod eine Menge Geld. Er schuldete Mr. Navarro 23 000 Dollar. Diesen Betrag erwarten wir. Nicht mehr und nicht weniger.«

Dann wendet er sich ab, und die beiden Männer gehen hinaus. Einfach an Fletcher und Darren vorbei, ohne sich auch nur einmal umzusehen.

Die beiden sehen ihnen hinterher und setzen sich dann zu mir in die Sitzecke. »Und?«, sagt Fletcher. »Was hast du herausgefunden?«

»Mehr, als ich wissen wollte.«

Ich berichte Fletch und Darren von dem Gespräch. Darrens Gesicht verhärtet sich trotzig.

»Das ist doch reiner Bluff«, sagt er.

»Darren, halt's Maul«, sagt Fletcher.

»Ja, aber es stimmt doch. Was wollen die denn groß tun?«

Ich merke, dass ich die rechte Hand geballt habe und an den Gummiball denke, mit dem ich früher Muskeltraining gemacht habe.

Fletcher lässt den Kopf nach hinten sinken und schließt die Augen. »Haben sie dich bedroht? Irgendetwas gesagt, womit du zur Polizei gehen könntest?«

»Nicht mit Worten.« Aber unausgesprochen war die Drohung da. Ich hege keinen Zweifel, dass Navarro Chet hätte umbringen lassen, wenn ihm danach zu Mute gewesen wäre. Ich habe selbst gesehen, was er van Gogh für Verweigerung der Zusammenarbeit angetan hat.

Ich könnte wegrennen, mich aus Amsterdam verkrümeln – aber was dann? Fletcher zurücklassen, damit er sich mit de Hass herumschlagen kann? Hier bleiben und immer über die Schulter gucken müssen, bis sie mich eines Nachts in einer dunklen Gasse dann doch zu fassen kriegen?

Langsam stehe ich auf und fühle mich plötzlich sehr müde und erschöpft. Ich weiß nicht, was mir am meisten zu schaffen macht – die Drohungen, die Forderungen oder dass Ace mich verraten und verkauft hat.

Wir gehen zu Fletchers Auto und verabschieden uns dort von Darren. Der ist mittlerweile wieder ganz sein altes, vorlautes Selbst und versteht nicht so recht, was da gerade abgegangen ist.

»Danke, dass du Fletch angerufen und dageblieben bist, Darren«, sage ich.

»Schon okay, Mann. Den Kerlen hätten wirs doch zeigen können«, erwidert er. »Den alten Typ hätten wir doch locker alle gemacht.«

»Wir brauchten es ihnen nicht zu zeigen, Darren«, sage ich.

Fletcher funkelt ihn an. »Darren, halt um Himmels willen einfach das Maul und verschwinde. Wir müssen nachdenken.«

Darren weicht mit erhobenen Händen mehrere Schritte zurück, als hielte Fletcher eine Pistole auf ihn gerichtet. »Schon gut, Mann, ist ja cool, völlig cool. Kein Problem. Ich ruf euch an.«

Fletcher sieht ihm hinterher und schüttelt den Kopf. »Ich muss was unternehmen. Ich muss ihn hier rausholen und zurück in die Staaten schaffen.«

»Er hat alles erledigt, was er musste, Fletch.«

Auf der Fahrt nach Hause brauche ich nicht viel zu sagen. Verzweifelt versuche ich zu verstehen, was Ace getan hat. Hat er aus Angst so gehandelt? Haben sie Ace etwas angetan? Allein die Androhung von Gewalt hätte bei ihm schon ausgereicht. Ich denke zurück an London, wo ich Ace' Vorschlag rundheraus abgelehnt hatte. Selbst wenn ich mich zur Mitarbeit bereit erklärt hätte, wären wir wahrscheinlich Navarro in die Arme gelaufen. Oder wäre es doch zu vermeiden gewesen? Ich hätte die Sache anders angepackt. Jetzt gibt es kein Zurück mehr.

Fletcher lässt mich in Ruhe, bis wir fast zu Hause sind. »Du könntest einfach abhauen, weißt du. Ins nächste Flugzeug steigen.«

»Und dann? Als Nächstes würden sie dich aufs Korn nehmen. Und was wird mit unserem Gig?«

Fletcher hält an einer roten Ampel. »Dem Gig? Ich weiß, dass Dexter Gordon gesagt hat, dass es beim Bebop-Spielen um Leben und Tod geht. Aber das hat er damit nicht gemeint.« Er fährt an. »Vielleicht hat Darren Recht. Vielleicht ist es nur ein Bluff.«

Wen könnte ich anrufen, dass er mir 23 000 Dollar schicken soll? Ich will denen noch nicht mal dreiundzwanzig Cent geben. Dann schießt mir etwas anderes durch den Kopf – Erkundigungen bei der Bank. »Ich könnte sie zwingen, Farbe zu bekennen.«

»Hä?« Fletcher biegt in einen Parkplatz am Hafen ein und stellt den Motor ab. »Lass uns reden, Mann.« Wir steigen aus und gehen an die Hafenmauer. Vor uns liegen zwei Frachtschiffe vor Anker, die von Hafenarbeitern mit Kränen und Transportwagen entladen werden. Die Arbeitsbeleuchtung wirft lange Schatten über die Mole.

Wie hatte de Hass es ausgedrückt? *Ich kann aus auf der Hand liegenden Gründen keine Erkundigungen bei Banken einholen.* »Kennst du irgendjemanden, der bei der Bank arbeitet?«

Fletcher kneift die Augen zusammen. »Ich habe mehrere Konten hier und lasse hin und wieder Geld in die Staaten überweisen. Warum?«

»Gibt es irgendjemanden bei der Bank, der dir einen Gefallen schuldet oder dir einen tun würde?«

Fletcher denkt nach. »Vielleicht ja, solange es nichts Illegales ist. Ein Typ ist ein großer Fan von mir und mag mich irgendwie besonders. Warum?«

»Es wäre nicht direkt illegal, eher am Rande der Legalität.« Ich erläutere ihm meinen Plan, den ich beim Reden improvisiere, Gedanken, Möglichkeiten, Entscheidungen, die auf mich einstürzen. »Was meinst du?«

Fletcher hört sich alles an. »Verdammt noch mal, es könnte wirklich klappen. Vielleicht schlucken sie es. Ich rufe ihn morgen früh an.«

»Wenn es klappt, muss ich kurz zurück in die Staaten fliegen.«

»Na, aber nur kurz. Der Typ vom Club hat mir heute Abend gesagt, dass wir ein Wochenende frei haben, dann sind wir die nächsten drei Monate im Baby Grand gebucht, wenn wir das wollen.« Fletcher grinst und streckt mir die Handfläche hin. Ich schlage ein.

Drei Monate. Solche Jazzgigs gibt es nicht sehr oft. »Ich bin dabei«, sage ich.

Sein Lächeln erlischt. »Hey, tut mir Leid mit deinem Freund.«

»Du wusstest es?«

»Nach deinen Erzählungen hatte ich mir so was gedacht.«

»Ich muss das erledigen, Fletch, aber dann komme ich wieder.«

Fletcher grinst. »Da mache ich mir keine Sorgen. Du wirst dir die Chance nicht entgehen lassen, noch mal mit Fletcher Paige zu spielen.«

»Bestimmt nicht.«

Wir steigen wieder ins Auto und fahren nach Hause. Fletcher parkt an der Gracht, aber keiner von uns macht Anstalten auszusteigen. Ein kleines Boot – seine Positionslampen spiegeln sich im Wasser – fährt langsam unter der Brücke hindurch.

Es dauert lange, bis er etwas sagt. »Du weißt auch, wie Chet gestorben ist, stimmts?«

»Ja, ich glaube schon.«

Mittwoch, 11. Mai 1988, Rotterdam

Der Alfa Romeo ist schon wieder weg. Chet wandert durch die Nacht, das Gebiss tut ihm weh, er ist niedergeschlagen, und er denkt sich, dass er vielleicht eine Weile nach Hause fahren sollte, nach Oklahoma, zu seiner Familie, seinen Freunden. Diane hat ihn auch verlassen. Er ist wieder einmal auf der Polizeiwache, von wo aus er seinen Agenten anruft.

»Bleib, wo du bist, Chet«, sagt der. »Ich schicke jemanden, der dich abholen kommt. Ich habe etwas organisiert, wo du bis zum Konzert am Donnerstag wohnen kannst.«

»Okay«, erwidert Chet. Er legt auf und wartet draußen, läuft auf und ab, es juckt ihn. Er denkt, er würde gerne spielen. Der Fahrer des Wagens erweist sich als Freund des Agenten. Er fragt Chet, wohin er möchte.

»Ich brauche was«, sagt Chet.

»Ich werde es versuchen«, sagt der Mann. Sie fahren zu dem Haus. Da ist ein anderer Mann, den Chet zu kennen meint. Sie reden, aber Chet kann nicht still sitzen, hält es kaum noch aus, wartet auf seinen Schuss, aber nichts passiert. Chet will spielen, also fahren sie alle rüber zum Dizzy Jazz Café und gehen hinein. Keiner bemerkt ihn, als er mit der Trompete unter dem Arm hereinkommt.

Bad Circuits spielt an dem Abend, eine Art Fusion-Band, aber der Pianist ist gut, sagt sich Chet, nachdem er ein paar Minuten lang zugehört hat. Chet taucht plötzlich wie eine Erscheinung an der Bühne auf, ohne zu ahnen, wie schlecht er aussieht. Auf einmal steht er neben dem Klavierspieler und bemerkt nicht die Verblüffung, die sich auf dem Gesicht des jungen Musikers abzeichnet, als er Chet erkennt. »Darf ich?«, fragt Chet.

»Ja, natürlich.« Der Pianist wirft dem Bassisten und dem Schlagzeuger einen Blick zu, die Chet mit seiner stillen Art jetzt ebenfalls bemerkt haben.

Sie spielen zwei Stücke. Bei dem zweiten, »On Green Dolphin Street«, wird der Pianist nervös – neben ihm steht Chet Baker –, aber er gibt sein Bestes, sich Chets Spielweise anzupassen. Doch selbst das hilft nicht – Chet hat keine Kraft. Die Töne, die er anpeilt, trifft er nicht, und er spielt so leise, dass der Schlagzeuger sich bemühen muss, ihn überhaupt zu hören. Der Saxofonist ist nicht beeindruckt. Es klappt einfach nicht. Chet nimmt die Trompete von den Lippen, lächelt dem Pianisten ein Dankeschön zu und ist so schnell verschwunden, wie er aufgetaucht ist. Er kennt das Lied an sich so gut, doch heute Nacht ist es ihm völlig fremd.

»Wir sehen uns dann bei euch«, sagt er zu seinen zwei Begleitern. Sie wissen, dass es sinnlos ist, ihn aufhalten zu wollen. Draußen auf der Straße bleibt er stehen, weil er unsicher ist, was er jetzt tun soll. Wieder läuft er ziellos herum, findet sich in einem Café wieder und denkt nur, dass er zurück nach Amsterdam muss, sich einen Schuss besorgen, wieder auf die Beine kommen, sich fertig machen für das Konzert mit – sagte der Agent Archie Shepp?

Donnerstag, 12. Mai 1988, Amsterdam

Es ist spätnachmittags, als er aus dem Zug steigt und sich den Weg durch den Hauptbahnhof bahnt. Er hat den Großteil des Tages in Rotterdam verschlafen, aber jetzt kann er nicht mehr. Heute Abend mit Archie Shepp – aber zuerst muss er eine Connection finden, dann ein Hotel. Er geht auf den Zeedijk, schafft es, etwas zu kaufen, hört dann, dass jemand nach ihm sucht, jemand, den er meiden sollte, außer er hat Geld. Er weiß nicht mehr, wer das ist. Das Einzige, was ihn interessiert, ist, ein Hotelzimmer zu besorgen und sich den Schuss zu setzen.

Er versucht es bei den üblichen Absteigen, aber es ist schrecklich viel los – irgendein Feiertag, wie er hört –, und alle Hotels sind voll. Schließlich fragt er in der Nähe des Bahnhofs, wo der Verkehr an ihm vorbeirauscht und von allen Seiten Straßenbahnen drohend auf ihn zusteuern, beim Prins Hendrik nach. Ja, sie haben noch ein Zimmer, im ersten Stock.

Er mietet das Zimmer, setzt sich seinen Schuss und verspürt die Erlösung an diesem außergewöhnlich warmen Abend, als die Mischung aus Kokain und Heroin endlich das schreckliche Verlangen stillt. Er ruft ein paar Leute an und geht dann in die Altstadt, läuft auf dem Dam herum und lässt sich von den Drogen wärmen, während die Sonne über Amsterdam untergeht.

Wieder auf seinem Zimmer, raucht er, wählt Nummern, stellt den Fernseher an und sieht zu, wie sich die Dunkelheit über die Stadt senkt. Er spielt ein bisschen, öffnet das Fenster mit einiger Anstrengung und setzt sich aufs Fensterbrett. Von oben beobachtet er die Straße, lehnt sich hinaus, um die Gracht zu sehen, und winkt lächelnd einem jungen Mädchen auf einem Fahrrad zu, aber sie winkt nicht zurück, sie bemerkt ihn nicht. Als er das Mädchen sieht, muss er an Diane denken, so viel Schmerz, und fragt sich, wie lang er noch mit diesem Gebiss spielen kann.

Er sollte den Veranstalter anrufen und ihm sagen, wo er ist. Da doch das Konzert mit Archie Shepp. Sie werden auf ihn warten, aber er hat gar nicht mehr dran gedacht. Es ist ja noch Zeit. Es bleibt immer noch Zeit, aber jetzt ist es sehr dunkel, lange nach Mitternacht.

Er hat jedes Zeitgefühl verloren, und jetzt ist Freitag der Dreizehnte. Er lehnt sich weiter hinaus, nickt ein wenig ein. So sollte es doch nicht enden.

Hört er da etwas hinter sich, eine Stimme, hat er das Gefühl, dass ihn jemand stößt, oder ist es nur Einbildung?

Und dann spielt plötzlich alles keine Rolle mehr. Er fliegt, und das Kopfsteinpflaster der Gasse stürzt ihm entgegen.

15

Ich bin früh wach, viel zu früh für Fletcher. Ich schlüpfe zur Tür hinaus und laufe los, bis ich ein Café finde, sitze draußen bei einem großen Becher Kaffee und denke an meine Reise nach San Francisco. Ich könnte Ace einen Brief schreiben, ihm mitteilen, dass ich alles weiß, und damit hat es sich dann. Das Geld und die Strapazen der Reise würde ich mir so ersparen. Aber das werde ich nicht. Das muss ich persönlich erledigen. Ich will sein Gesicht sehen und hören, was er sagt, wenn ich ihn zur Rede stelle. Die Antwort auf das »Warum?« muss ich aus Ace Buffingtons Mund hören. Ich zahle und gehe in Richtung Altstadt. Zuerst sind andere Dinge zu erledigen.

Ich hatte nicht erwartet, Inspektor Dekker am Samstag auf der Wache anzutreffen, und bin überrascht, ihn in lässiger Zivilkleidung aus dem Polizeigebäude kommen zu sehen. Er hat Aktenordner unter dem Arm und ist offensichtlich in Eile.

Ich rufe ihn von der anderen Straßenseite aus. »Inspektor Dekker!«

Er fährt herum, und seine Kinnlade fällt herunter, als er mich sieht. »Ah, mein liebster Besucher dieser Stadt! Bitte sagen Sie mir, dass dieses Zusammentreffen ein Zufall ist.«

»Nicht direkt«, antworte ich. »Wenn ich Sie hier nicht angetroffen hätte, hätte ich versucht, Sie zu Hause ausfindig zu machen. Ich möchte Sie zum Frühstück einladen. Es ist wichtig. Bitte.«

Dekker seufzt, weil er merkt, dass es kein Entkommen gibt. »Wann ist es bei Ihnen mal nicht wichtig, Mr. Horne? Na gut, aber ich habe meiner Frau einen Ausflug aufs Land versprochen und habe nicht viel Zeit.«

»Wunderbar, danke.« Ich zeige auf ein Café in der Nähe »Wie wäre es dort?«

»Na schön«, sagt Dekker.

Wir bestellen Frühstück. Während wir warten, berichte ich Dekker stark gekürzt von meinem Treffen mit van Gogh und den beiden

Drogendealern. De Hass' Forderung und Drohung für den Fall, dass ich sie nicht erfülle, lasse ich aus.

Dekker ist skeptisch. »Aber wie?«, fragt er. Er lehnt sich zurück und mustert mich. »Nein, sagen Sies mir nicht. Ich will es lieber nicht wissen.«

»Sagen wir, dass ich Kontakte geknüpft habe. Der Name des Älteren ist Navarro. Er hat nicht selbst mit mir gesprochen, nur sein Partner. Der heißt de Hass.«

»Navarro … Navarro.« Dekker sieht zum Fenster hinaus und versucht, sich an den Namen zu erinnern. »Ja, vom Namen her kenne ich ihn, aber er ist schon lange nicht mehr aktiv. Es gibt eine Akte über ihn. De Hass kenne ich natürlich. Er hält sich meistens im Hintergrund. Er hat allerdings Recht. Es ist unmöglich, irgendetwas gegen ihn vorzubringen, da Ihr Bekannter Amsterdam verlassen hat.«

»Ich weiß. Das ist jetzt nicht so wichtig. Wichtig wäre mir die Bestätigung, dass mein Bekannter Amsterdam tatsächlich verlassen hat. Ich würde mich besser fühlen, wenn ich das genau wüsste.«

Der Kellner bringt unser Essen, und Dekker stürzt sich auf seinen Toast mit Eiern. »Ich verstehe«, sagt er. »Lassen Sie mich raten. Sie wollen, dass ich eine offizielle Anfrage bei den Fluggesellschaften mache, um zu erfahren, ob Ihr Bekannter tatsächlich nach Amerika abgeflogen ist.«

Ich lächle Dekker an. »Sie sind ein hervorragender Ermittler. Dafür wäre ich Ihnen sehr verbunden. Mir werden solche Auskünfte nicht erteilt, sonst würde ich Sie nicht bemühen.«

Dekker murmelt nur etwas, während er Toast und Eier verputzt. Er schiebt den Teller beiseite und betrachtet mich, als wäre ich ein abstraktes Gemälde, das er zu enträtseln versucht.

»Mr. Horne, Sie sind wirklich unglaublich.«

»Im Grunde nicht. Ich bin nur hartnäckig und habe manchmal Glück.«

»Da will ich nicht widersprechen«, sagt Dekker. »Ich glaube, Sie haben Ihren Beruf verfehlt. Na schön. Sonst noch etwas?«

»Ehrlich gesagt, ja. Ich bin sicher, dass de Hass die Verantwortung für den Übergriff auf die Prostituierte trägt.«

»Ja?«, sagt Dekker jetzt mit sehr wachem Interesse.

»Wie geht es ihr?«

»Ihre Freundinnen sagen, dass sie auf dem Weg der Besserung ist. Sie wird morgen aus dem Krankenhaus entlassen.«

»Gut. Ich bin nicht der Einzige, der erleichtert ist, das zu hören. Ich werde mich noch einmal mit de Hass treffen.« Dekker will protestieren, aber ich rede einfach weiter. »Bei hellem Tageslicht und an einem sehr öffentlichen Ort. Wenn Sie auch dort wären, würde es ihn ein wenig einschüchtern, ihn vielleicht etwas aus der Reserve locken.« Außerdem würde ich mich sehr viel wohler fühlen, wenn Dekker dabei wäre. Ich kann es nicht riskieren, ihn ganz in meine Pläne einzuweihen – er würde augenblicklich einschreiten –, aber so wird er vielleicht Ja sagen.

»Und wo ist dieser öffentliche Ort?«

»In einer Bank.«

»In einer Bank«, wiederholt Dekker. »Da steckt sicher mehr dahinter, als Sie mir sagen, aber ...« Er denkt nach. »Ich muss verrückt sein«, sagt er dann. »Wann?«

»Montagmorgen, wenn alles klappt. Ich rufe Sie an.«

Dekker nickt.

»Da wäre noch etwas.«

»Ich weiß nicht, ob ich noch mehr verkrafte«, sagt Dekker. »Ich bin ein alter Mann, Mr. Horne. Mein Herz.«

»Ach, nichts Schlimmes. Ich hätte gerne die Aktenmappe. Ich will sie meinem Freund persönlich zurückgeben.«

Dekker runzelt die Stirn. »Sie wollen zu ihm? Was wollen Sie damit erreichen? Ich weiß, dass Sie starke Verdachtsmomente haben, aber sind Sie sich sicher, dass ...«

»Ja, da besteht kein Zweifel. Erreichen werde ich damit wahrscheinlich gar nichts, aber ich muss es einfach tun.«

Dekkers Gesichtsausdruck verändert sich. »Es tut mir aufrichtig Leid, Mr. Horne. Wie ich Ihnen bei unserem ersten Zusammentreffen schon gesagt habe, tun Freunde manchmal merkwürdige Dinge.«

»Ja, da haben Sie wohl Recht.«

Er wischt sich den Mund mit einer Serviette ab. »Ich muss los«, sagt Dekker. »Wie hieß das Lokal noch mal, in dem Sie auftreten?«

»Baby Grand.«

»Richtig. Ich habe die Mappe zu Hause. Vielleicht bringe ich sie heute Abend dort vorbei. Ich bin ehrlich gesagt froh, wenn ich das Ding los bin.«

»Danke, Inspektor. Und dann lasse ich Sie endgültig in Ruhe.«

»Das glaube ich erst, wenn Sie aus Amsterdam verschwunden sind.«

Fletcher schaltet gerade seinen Computer aus, als ich die Wohnung betrete. »Ich habe Margo eine E-Mail geschickt«, sagt er. »Wenn sie zu Hause ist, dürfte sie bald darauf antworten. Ich sehe öfter mal nach.« Er nimmt das Sax in die Hand und hakt es in den Gurt an seinem Hals ein. »Wenn du Zeit hast, würde ich gerne ein paar Stücke ausprobieren.«

»Na klar.«

»Ich hatte an ›Lament‹ gedacht. Kennst du das?«

Perfekt für Fletch, denke ich. Sehr schöne Komposition von J. J. Johnson. »Ja, ich glaube schon.«

»Na, dann lass es uns mal versuchen.« Wir gehen ins Wohnzimmer, ich setze mich ans Klavier und spiele die Akkordwechsel schnell einmal durch, als sie mir wieder einfallen. Fletcher fängt mit den Eingangstönen an, doch bevor ich den ersten Akkord spielen kann, klopft es an der Tür.

»Scheiße«, sagt er und geht dann aufmachen.

Ich höre Darrens Stimme, dann die von Fletcher, aber freundlicher, als ich ihn je mit dem jungen Schwarzen habe sprechen hören. »Hey, komm rein.«

Sie kommen zusammen ins Wohnzimmer, wobei sie miteinander scherzen wie alte Kumpel. Darren nickt mir zu und drückt mir ein Blatt Papier mit Flugdaten darauf in die Hand. »Was Besseres habe ich so kurzfristig nicht gekriegt, Mann.«

Ich lese es mir durch. Amsterdam – San Francisco. Wesentlich günstiger, als ich erwartet, und schneller, als ich für möglich gehalten hatte. Montagnachmittag.

»Danke, Darren, wirklich. Das ist klasse.«

»Kein Problem. Jetzt tust du mir einen Gefallen.«
»Klar. Was?«
»Zeig mir, wie du vom bloßen Zuhören wissen konntest, welchen Song van Gogh meinte, als er auf diesem Drum Pad rumgetrommelt hat – ›Oleo‹, sagtest du.«

Fletcher sieht mich an. »Wovon in Gottes Namen redet er?«

Ich lache. »Von dem alten Schlagzeuger, von dem ich dir erzählt habe. Er trommelte ein paar Grooves und wollte sehen, ob ich das Stück erkenne, an das er dachte. Darren will wissen, was es damit auf sich hat.«

»Ah«, sagt Fletcher. Er setzt das Saxofon an und bläst die ersten acht Takte von »Oleo«, während ich oben auf dem Klavier den Rhythmus mit den Händen schlage. Es ist eine sehr abgehackte, synkopierte Linie, bei der man das Stück relativ leicht am Rhythmus allein erkennen kann, ein Jam-Session-Standard, den die meisten Musiker kennen. Darren beobachtet uns, lauscht Fletchers Horn und meinem Getrommel, wirkt aber immer noch verwirrt.

»Das hast du einfach nur aus dem Takt rausgehört?«
»Na ja, es war gut geraten.«
»Oh nein«, sagt Fletcher zu Darren. »Dieser Kerl hat ein Supergehör.«
»Wahnsinn«, sagt Darren. Er sieht Fletcher mit ernstem Blick an. »Wie wärs, darf ich euch beim Üben zuhören?«
»Ja, natürlich«, antwortet Fletcher leicht überrascht. »Ich dachte, du magst nur diese Hiphop-Rap-Scheiße.« Er sieht mich mit hochgezogenen Augenbrauen an, als wollte er sagen: Es besteht doch noch Hoffnung für den Jungen.

Nach »Lament« gehen wir noch zwei Balladen durch und dann ein Jump-Stuck, das ich nicht kenne; Fletcher hatte es mit Basie gespielt, es nennt sich »Moten Swing«. Gehört habe ich es schon, aber noch nie gespielt.

»Spiels einfach gaaanz locker«, sagt Fletcher. »Im Stil von Basie, direkt auf dem Beat, fast ein bisschen zu spät, als wärst du Bennie Moten, der die Vine Street in Kansas City runterschlendert.«

Ich folge ihm, habe aber Schwierigkeiten. Ich spiele auf der Spitze des Beats, eher eckig, weswegen es eine Umstellung für mich ist. Für mich fühlt es sich schleppend an.

»Jetzt hast dus«, sagt Fletcher, als wir es zum dritten Mal wiederholen. Dann lacht er auf. »Wir hatten mal einen Ersatzposaunisten für eine Woche, einen Typ aus Maynard Fergusons Band. Du weißt ja, wie hektisch Maynard spielt. Der Typ war immer schon bei Abschnitt C angekommen, bevor wir mit den ersten acht Takten fertig waren. Den mussten wir erst mal abkühlen.«

Ich lache. Jedes Mal, wenn Fletcher so eine Anekdote zum Besten gibt, werde ich daran erinnert, mit wem ich da eigentlich spiele und wie glücklich ich mich schätzen kann. Es ist, als würde man als Footballneuling bei den Giants einsteigen, nach links gucken und sehen, wie einem Willie Mays den nach oben gerichteten Daumen entgegenstreckt.

Darren applaudiert unseren Bemühungen und steht auf. »Ich guck mir das heute Abend mal an«, sagt er.

»Schön«, sagt Fletcher. »Ich halte nach dir Ausschau.«

Als er gegangen ist, sagt Fletcher: »Im Grunde ist er ein guter Junge.«

Wir essen etwas zu Mittag, und nachdem wir das Geschirr abgeräumt haben, sieht Fletcher in seiner E-Mail-Box nach.

»Da haben wir was«, sagt er. »Margo ist scheinbar noch spät wach.« Ich lese über seine Schulter hinweg mit.

> Hallo Schatz,
> ich habe ein paar Abende in einer Pizzeria ergattert. Es stimmt, irgendein Professor hat mich angerufen, ich soll mich mit ihm hinsetzen und über Chet reden. Ich hab ihn erst mal abgewimmelt, aber wahrscheinlich werde ich mich mit ihm treffen. Scheint sympathisch zu sein. Kennst du ihn? Ich hoffe, dein Gig läuft gut; ich freue mich, dass du einen Pianisten gefunden hast, den du magst. Du bist sooo wählerisch.
>
> Machs gut, Süßer.

»Tja, da ist deine Antwort«, sagt Fletcher. »Ace ist dort gelandet.«
Ich hatte den Sonntag damit zugebracht, meinen Plan bezüglich der Bank mit Fletcher durchzugehen, meine Ideen an ihm getestet und versucht, alles Unerwartete vorherzusehen, bis wir beide nicht mehr konnten. Als Fletcher dann endlich den befreundeten Bankangestellten anrief, zweifelte ich schon wieder an der ganzen Sache. Was war, wenn de Hass nicht kam? Was, wenn er den ganzen Plan durchschaute oder nicht glaubte, dass ich mich ausreichend bemüht hatte? Es konnte mir noch alles um die Ohren fliegen.

Ich hörte Fletcher dabei zu, wie er seinen ganzen Charme einsetzte, während ich im Wohnzimmer auf und ab tigerte und nur noch wünschte, dass alles schon vorbei wäre. Als ich die Anspannung nicht mehr ertragen konnte, ging ich spazieren. Bei meiner Rückkehr konnte ich an Fletchers erschöpftem Lächeln ablesen, dass er es geschafft hatte. Erleichtert hörte ich seinen Bericht. Der Bankangestellte hatte anfänglich gezögert, am Ende aber angesichts von Fletchers Überredungskünsten, der Aussicht auf einige seltene Schallplatten und unbegrenzten freien Eintritt während unserer gesamten Zeit im Baby Grand die Waffen gestreckt.

»Der Spaß wird mich 'n Haufen Kies kosten«, sagte Fletcher, »aber Hoke Moseley wäre stolz auf mich.« Dann stand er auf und verschwand in sein Zimmer. »Ruf mich nicht, selbst wenn sie Glenn Miller doch noch finden.«

»Yeah!«, jubelte ich, sobald die Tür hinter ihm zuging, und boxte in die Luft. Dann ging ich schnell bei dem Coffeeshop vorbei, um beim Wirt eine Nachricht für de Hass zu hinterlassen. Ich beschrieb ihn, was aber im Grunde nicht nötig war – der Wirt wusste, wen ich meinte.

»Richten Sie ihm nur von Evan Horne aus: Nederlandsche Kreditbank morgen früh zehn Uhr.«

Er hatte nur genickt und weiter die Theke abgewischt, als wollte er gar nicht mehr wissen.

Ich hinterließ Dekker dieselbe Nachricht. In der Wohnung ließ ich mich ins Bett fallen und hoffte, dass mein Gehirn bis zum Morgen abschalten würde.

Als ich die Bank betrete, trifft mich die Realität der Situation wie ein Schlag, und meine Zweifel melden sich zurück. Von Inspektor Dekker ist noch nichts zu sehen, aber in der Bank ist bereits viel los. Die Leute stehen vor den Schaltern Schlange oder füllen Formulare aus, Stimmen und Schritte auf den Marmorböden hallen von den hohen Decken wider. Die Sonne scheint durch die Tafelglasfenster des alten Gebäudes herein.

Ich frage nach Mr. van Lier und werde zu einem Schreibtisch auf der Seite eines abgeteilten Großraumbüros geschickt, das für den Publikumsverkehr gesperrt ist. Van Lier setzt sich zu mir. Er hat wellige graue Haare und trägt eine Schildpattbrille. An seinem dreiteiligen Anzug ist eine Taschenuhr mit einer Kette befestigt, die er mehrmals herauszieht. Er hätte nicht seriöser oder amtlicher wirken können.

»Mr. Horne?«

»Ja, Evan Horne. Fletcher Paige sagte, dass alles in Ordnung geht.«

Van Lier sieht sich ein wenig nervös um. »Ja. Es entspricht zwar überhaupt nicht unserem üblichen Geschäftsgebaren, aber ich habe hier etwas, das sicherlich seinen Zweck erfüllen wird.« Er zieht die Schreibtischschublade auf und reicht mir zwei Dokumente. Ich sehe Daten, Geldbeträge, Bankstempel und den magischen Namen. Alles andere ist auf Holländisch und sieht verdammt wichtig aus.

»Sie brauchen nichts weiter zu tun, als das zu bestätigen, was ich sage«, instruiere ich van Lier. »Ich bin Ihnen zu großem Dank verpflichtet.«

»Kommt er bald?«

»Ja, er kann jede Minute hier sein.«

Van Lier schluckt und sieht wieder auf seine Taschenuhr. Wahrscheinlich hat er noch keinem der großen Amsterdamer Drogendealer gegenübergesessen – auf jeden Fall nicht wissentlich. »Möchten Sie einen Kaffee?«

»Danke, gern.«

Gerade als die Tür aufgeht, steht er auf und geht nach hinten. De Hass kommt schnellen Schrittes herein und sieht in seinem Anzug mit Krawatte wie ein wohlhabender Geschäftsmann aus. Direkt hinter ihm ist Dekker. Beide bemerken mich, kommen auf mich zu und werfen sich einen schnellen Blick zu, als sie merken, dass sie zum selben Tisch unterwegs sind.

»Ich lasse mich nicht gern irgendwohin zitieren«, sagt de Hass und beugt sich zu mir herunter. »Wer ist das?« Er weist mit dem Kopf auf Dekker, der zurückblickt, aber bei keinem von beiden zeichnet sich ein Erkennen ab.

»Ich werde Sie gleich miteinander bekannt machen. Wie hätte ich denn sonst mit Ihnen in Kontakt treten sollen?«

Bevor er antworten kann, ist van Lier mit zwei Kaffeetassen in der Hand wieder da. Als er meine Tischgenossen sieht, lässt er sie beinahe fallen.

»Bitte schön«, sagt er und stellt die Tassen auf den Tisch. Er zieht seinen Stuhl heran. An die Arbeit.

»Mr. van Lier, das ist Mr. … es tut mir Leid, ich habe Ihren Namen vergessen«, sage ich Dekker zuliebe.

De Hass funkelt mich an, fasst sich aber schnell wieder. »De Hass. Edward de Hass.«

»Und das«, sage ich und deute nach rechts, »ist Inspektor Dekker von der Amsterdamer Polizei.«

Der Ausdruck auf de Hass' Gesicht ist die ganze Mühe beinahe schon wert. Er rutscht auf dem Stuhl herum und hat plötzlich ein reges Interesse am Fußboden. Dekker nickt van Lier zu und starrt de Hass an, während ich fortfahre.

»Wie ich Mr. van Lier erläutert habe, handle ich im Auftrag der Familie Baker. Uns geht es hier um die Bestätigung, dass das fragliche Bankkonto seit etlichen Jahren inaktiv war und etwaige Ansprüche gegenüber diesem Konto genauerer Untersuchung bedürfen. Da der Kontoinhaber kein Niederländer war, habe ich eng mit der Polizei zusammengearbeitet, die mich beim Einholen von Informationen uneingeschränkt unterstützt hat.«

»Ja«, sagt de Hass. »Unser Unternehmen weiß Ihre Bemühungen zu schätzen.« Er lächelt van Lier an, von Geschäftsmann zu Geschäftsmann, meidet aber Dekkers Blick.

»Natürlich«, sagt van Lier. Er zieht die zwei Dokumente heraus und überreicht sie de Hass. »Es handelt sich um ein sehr altes Konto, weswegen ich mir erlaubt habe, in unserem Archiv nachzusehen und einen Ausdruck der letzten Kontobewegung anzufertigen.«

De Hass nimmt die Papiere entgegen. Er fasst nach seiner Brille in der Jackentasche und begutachtet die Dokumente, die van Lier aus der hohlen Hand gezaubert hat. Er sitzt mir nahe genug, dass ich sie ebenfalls sehen kann. Van Lier hat seine Sache sehr gut gemacht; oben auf dem Blatt steht Chesney Henry Bakers Name, dann eine Zahlenfolge, die Kontonummer. Das zweite Blatt ist irgendeine Benachrichtigung. De Hass liest und betrachtet beide sehr eingehend.

»Entschuldigen Sie, ich kann leider kein Holländisch lesen. Was steht da?«, frage ich de Hass.

Er sieht hoch zu mir. »Das Konto wurde wegen mangelnder Kontobewegungen geschlossen. Das verbleibende Guthaben wurde von den Bankgebühren verbraucht.«

»Ja, das ist korrekt«, sagt van Lier. »Wie Sie sehen können, ist das über zehn Jahre her.«

»Und andere Konten hatte er nicht?«, fragt de Hass.

»Nein«, antwortet van Lier. »Ich habe alle unsere Datenbanken durchsucht.« Er wirft mir einen schnellen Blick zu, um zu sehen, was ich von seinen Improvisationskünsten halte.

»Ich verstehe«, sagt de Hass. »Das ist sehr enttäuschend.«

Ich lächle. »Tut mir Leid.«

»Darf ich das hier für unsere Geschäftsunterlagen behalten?«, fragt de Hass.

»Natürlich«, antwortet van Lier. »Dies sind nur Kopien.«

»Ich danke Ihnen.« De Hass steht auf und gibt van Lier die Hand, ohne mich und Dekker anzusehen. Er sagt etwas auf Holländisch zu van Lier. Der Bankangestellte antwortet und lächelt.

Wir erheben uns alle, ich begleite de Hass an die Tür und lasse Dekker und van Lier zurück. »Tja, ich habe das Konto gefunden, aber mehr ist da nicht.«

»Ja, sehr enttäuschend. Ein guter Rat für Sie, Mr. Horne.«

»Ja?«

»Bleiben Sie bei der Musik. Das ist wesentlich ungefährlicher.«

Ich lege ihm die Hand auf den Arm. »Und hier ist ein guter Rat für Sie. Wenn Sie mich oder jemanden, den ich kenne, noch einmal belästigen, wird Inspektor Dekker Ihnen so schnell Beine machen, dass Sie nicht wissen, wie Ihnen geschieht.« Ich halte seinem Blick einige Momente lang stand. »Das wäre für Sie wesentlich ungefährlicher.«

Er sagt nichts, sondern starrt nur zurück, dann wirft er einen Blick über die Schulter zu Dekker und van Lier, die sich unterhalten. Er stößt die große Glastür auf und stürmt hinaus, die Papiere in der Hand.

Ich gehe zurück zu van Liers Schreibtisch. »Was hat er zu Ihnen gesagt – auf Holländisch, meine ich?«

Van Lier lächelt. »Er sagte, dass er nicht gern Geschäfte mit Amerikanern macht.«

Aus den Augenwinkeln bemerke ich de Hass. Er ist vor dem großen Fenster in Höhe von van Liers Tisch stehen geblieben und sieht herein.

»Sehen Sie nicht hin, wir werden beobachtet. Lächeln Sie, und geben Sie mir die Hand«, sage ich. Als ich wieder einen Blick in die Richtung riskiere, ist de Hass verschwunden. »Das haben Sie hervorragend gemacht. Fletcher und ich danken Ihnen ganz herzlich.«

»Ja, das habe ich gut gemacht, was?«, erwidert van Lier. »Es war ziemlich aufregend.«

»Sie wissen nicht, *wie* aufregend. Nochmals vielen Dank.«

Dekker folgt mir zur Tür. »Mr. Horne, ich ... ich ...« Er ist sprachlos. Er dreht sich um und geht, woraufhin ich einen tiefen Seufzer der Erleichterung ausstoße.

Ich hatte bereits am Vorabend gepackt und geplant, nur kurz zu Hause vorbeizugehen, meine Tasche zu holen und mir ein Taxi zum Flughafen zu nehmen. Fletcher übt, aber sobald ich die Tür öffne, kommt er herausgestürzt.

»Und? Wie ist es gelaufen?«

»Wie am Schnürchen. Ich glaube, um de Hass brauchen wir uns keine Sorgen mehr zu machen.«

Fletcher hält mir die offene Hand hin, ich schlage ein, und er führt einen Tanz auf. »Na, dann komm. Ich bringe dich zum Flughafen«, sagt er.

»Das brauchst du nicht. Ich kann mir ein Taxi nehmen.«

»Mach ich doch gern, Mann. Ich fahre dich. Ich will alles ganz genau hören.«

Wir trinken zusammen eine Tasse Kaffee, dann geht Fletcher sich anziehen. Es liegt eine gewisse Anspannung in der Luft. Ich weiß, dass Fletcher mich nur ungern abfahren sieht und befürchtet, dass ich nicht wiederkomme.

Ich lege ihm die Hand auf die Schulter. »Keine Sorge, Fletch. Ich komme immer rechtzeitig zu meinen Gigs.«

Er lächelt. »Okay. Gib mir zehn Minuten.«

»Klar, wir haben Zeit.«

Ich suche meine restlichen Sachen zusammen – mein Handgepäck und Ace' Aktenmappe. Am Klavier bleibe ich stehen, hoffe, dass ich das gute alte Stück bald wiedersehe, und spiele die ersten acht Takte von »Oleo«.

»Bist du so weit?«, fragt Fletcher.

Die Fahrt zum Flughafen Schiphol dauert fast eine Stunde. Ich schildere Fletch die Ereignisse auf der Bank in allen Einzelheiten, worüber er sich fast die ganze Fahrt über köstlich amüsiert. Vor der Abflughalle bringt er den Wagen zum Stehen. »Ich komme nicht mit rein«, sagt Fletcher. Ich hole mein Gepäck vom Rücksitz.

Er streckt mir die Hand hin. »Brings schnell hinter dich, und sag mir Bescheid, sobald du einen Rückflug hast. Ich komm dich abholen.«

»Danke, Fletch. Wir sehen uns in ein paar Tagen.«

»Das will ich hoffen«, sagt er. »Wir haben noch 'n bisschen Musik zu spielen.«

Ich sehe ihm nach, bis er davongefahren ist, und gehe dann zum Einchecken hinein. Darren hat mir einen Fensterplatz besorgt, und ich habe vor, den langen Flug mit möglichst viel Schlaf herumzubringen – über zehn Stunden. Am Spätnachmittag werde ich in San Francisco landen.

Auf dem Flug lasse ich drei Mahlzeiten und zwei Snacks über mich ergehen. Keine Zigarette. Ich setze mir Kopfhörer auf, als die Filme anfangen, weiß aber nicht einmal, was ich da eigentlich gucke. Schließlich gebe ich es ganz auf und schlafe, bis ich die Durchsage des Piloten höre, dass wir uns im Landeanflug auf San Francisco befinden. Schließlich stehe ich draußen, atme die kühle San Franciscoer Frühlingsluft ein und rauche die erste Zigarette seit dreizehn Stunden. Vielleicht könnte ich doch aufhören.

Ich versuche, die Benommenheit abzuschütteln, gehe zurück ins Terminal und rufe Coop von einem Münzfernsprecher aus an. »Na, Coop, hängst du rum und stopfst Doughnuts in dich rein?«

»Evan? Hey, wo bist du?«

»In San Francisco. Ich hab hier oben was zu tun, dann flieg ich zurück nach Amsterdam.« Ich erzähle ihm von Fletcher, dem bevorstehenden Gig und meinen Schwierigkeiten mit Ace. »Er hat mich verraten und verkauft, Coop.«

»Bist du sicher? Das klingt gar nicht nach Ace.«

»Oh doch, ich bin mir sicher. Und ich muss die Sache zu Ende bringen und ihm sagen, was ich davon halte.«

Auf beiden Seiten entsteht ein Schweigen. Ich atme einmal tief durch.

»Coop, hast du Andies Telefonnummer?«

Er lacht. »Ich wusste, dass du eine von beiden anrufen würdest, nur nicht, welche. Ich hatte auf Natalie gesetzt. Offen gestanden, bin ich etwas überrascht.«

»Ja, ich eigentlich auch.«

»Eine Sekunde.« Während er die Nummer sucht, sage ich mir, dass das jetzt vielleicht ganz schön dumm ist, mich das andererseits aber bisher noch nie von etwas abgehalten hat. Als Coop wieder da ist, sagt er: »Okay. Ich habe aber nur eine Piepsernummer.«

Vielleicht wird sie ja zu beschäftigt sein, um darauf zu reagieren. Ich schreibe die Nummer trotzdem in mein Notizbuch. »Danke, Coop. Vielleicht komme ich auf dem Rückweg in L. A. vorbei.«

»Das bezweifle ich. Spring nicht zu hart um mit Ace.«

»Machs gut, Coop.«

Ich gehe für die nächste Zigarette nach draußen, beobachte die vorfahrenden Autos und Busse, die Fahrgäste aus- und einsteigen lassen, Leute, die ungeduldig darauf warten, abgeholt zu werden, und erinnere mich daran, wie Andie und ich hier zusammen ankamen, vor Ewigkeiten, wie es mir jetzt vorkommt. FBI-Fahrzeug und -Agenten, die auf uns warteten, Andie, die uns nach San Francisco reinfuhr, das Travelodge-Motel, die unverschlossene Verbindungstür.

Dann gehe ich wieder hinein, wähle Andies Piepsernummer, gebe die Nummer des öffentlichen Fernsprechers ein und warte. Fünfzehn Minuten will ich ihr lassen, aber es dauert nur fünf, bis das Telefon klingelt. Ich rühre mich nicht, sondern lasse es erst zwei Mal, drei Mal klingeln, dann gehe ich dran.

»Lawrence.« Kräftige, geschäftsmäßige Stimme, die sich wahrscheinlich darüber ärgert, bei dem, was sie tut, unterbrochen zu werden, und sich fragt, wer am Montagnachmittag etwas von ihr wollen könnte.

»Ich dachte, ihr nennt euch alle Spezialagenten?«

»Oh Gott – Evan?«

»Ja, wie gehts?«

»Wo bist du?«

»SFO. Bin gerade aus Amsterdam eingeflogen. Ich habe hier etwas zu erledigen und –«

»Hast du Zeit? Können wir uns sehen? Oh Gott.«

»Ja, ich denke schon, deshalb rufe ich ja an.«

»Ich wohne ziemlich nah am Flughafen. Ich hole dich ab. Welche Airline?«

Ich sage es ihr, woraufhin sie mir versichert, dass sie in einer halben Stunde da sein kann. »Evan, ich bin so froh, dass du angerufen hast. Ich komme so schnell wie möglich.«

»Ich bin auch froh«, antworte ich, aber sie hat schon aufgelegt.

Während ich auf Andie warte, buche ich einen Mietwagen für den nächsten Tag. Ich nehme die Straßenkarte mit, die mir ausgehändigt wurde, setze mich draußen auf eine der Betonbänke und studiere die Strecke zum Haus von Margo Highland in Monte Rio nördlich von

San Francisco. Sieht nach ungefähr zwei Stunden Fahrzeit aus. Ich hoffe nur, dass Ace nicht schon wieder weg ist.

Nach nicht einmal dreißig Minuten kommt Andies Wagen mit quietschenden Reifen zum Stehen. Sie springt heraus, bedeutet einem Sicherheitsbediensteten, dass er verschwinden soll, und ignoriert die Durchsage: »Achtung! Parken und Halten ist verboten. Nur das Be- und Entladen ist gestattet.«

»Ich fass es nicht«, sagt sie und kommt auf mich zugerannt, während ich aufstehe. Sie umarmt mich fest, und wir betrachten einander. Sie trägt Jeans, Sweatshirt und Tennisschuhe. Ihre Haare sind ein wenig länger, als ich in Erinnerung hatte, und sie sieht blendend aus. »Na komm, lass uns von hier verschwinden.« Sie nimmt mich am Arm und führt mich zu ihrem Auto. Als ich mein Gepäck auf den Rücksitz werfe, kommt der Mann vom Sicherheitsdienst zu uns herüber, um Andie dafür zu rügen, dass sie sich unerlaubt vom Auto entfernt hat. Sie wühlt in ihrer Handtasche und hält ihm die FBI-Marke unter die Nase. »Wiedersehn.«

Er bleibt wie angewurzelt stehen, wirft mir einen schnellen Blick zu und nimmt abwehrend die Hände hoch. »Alles klar, alles klar«, sagt er und weicht ein paar Schritte zurück.

Andie sieht mich an und grinst. »Ist manchmal gar nicht so unpraktisch.«

Wir steigen ein, und Andie braust davon.

Auf der Fahrt vom Flughafen wirft Andie mir immer wieder verstohlene Blicke zu, bleibt aber bei einem belanglosen Gespräch und meidet alle ernsten Themen, als ob sie nicht recht wüsste, wie sie anfangen soll. Ich weiß es auch nicht und frage mich einen Augenblick, ob das Ganze nicht ein Fehler war. Es wird eine Weile dauern, bis wir ungezwungen miteinander umgehen können. Ich erzähle kurz von den vergangenen Monaten und versuche, sie zum Sprechen zu bringen.

»Und, seit wann bist du schon in San Francisco?«

»Ich bin direkt nach der Sache in L. A. hergezogen«, antwortet Andie. »Ich wollte mich versetzen lassen und mal eine Weile keine Verbrecherprofile mehr erstellen, nachdem ... Dann wurde hier eine Stelle frei, und ich habe mich sofort darauf gestürzt.«

»Was machst du jetzt?«

»Sonderkommission Banküberfälle.«

Den Ellbogen auf der Tür, stützt sie beim Halt an einer Ampel den Kopf auf die Hand und sieht mich an. »Und wie geht es dir nun wirklich?«

»Gut. Ich habe mit einer von euren Psychologinnen in New York geredet. Sie war sehr gut.«

Den Blick immer noch auf mich gerichtet, nickt Andie, als die Ampel umschaltet. Das Auto hinter uns hupt. Sie wirft einen giftigen Blick in den Rückspiegel und tritt das Gaspedal durch.

»Andie, ich habe Natalie seit meiner Abreise nicht mehr gesprochen oder angerufen.«

Ihre Gesichtszüge entspannen sich. »Ich wollte nicht fragen«, sagt sie. »Ich habe mich nicht getraut.«

»Ich weiß.«

Sie fährt eine scharfe Rechtskurve zu einer steilen Straße hinauf, biegt auf den Parkplatz einer kleinen Apartmentanlage ein und stellt das Auto ab. »Hast du Hunger?«

»Solange das Essen nicht auf einem Flugzeugtablett steht, ja. Was ich wirklich will, ist eine heiße Dusche.«

»Gut. Ich fahre schnell etwas einkaufen und werfe uns hier was in den Topf. Du kannst duschen und ein bisschen schlafen.«

»Da sage ich nicht Nein.«

Sie zeigt mir die Wohnung. Einiges erkenne ich aus ihrem Apartment in L. A. wieder – die Bücher, Poster und den allgegenwärtigen Laptop auf dem Schreibtisch. »Keine dolle Verbesserung, was?«, sagt sie.

»Ich vermute, dass du sowieso nicht oft zu Hause bist.«

»Mehr, als du denkst. Im Bad sind jedenfalls Handtücher, dann kannst dus dir aussuchen, Bett oder Sofa. Ich bin gleich wieder da. Fühl dich ganz wie zu Hause.«

Sobald sie zur Tür hinaus ist, stelle ich mich zehn Minuten unter das heiße Wasser, merke, wie es den Jetlag wegwäscht, und wundere mich über die vielen Shampoosorten, die Andie hat. Ich ziehe Jeans und T-Shirt über und strecke mich auf dem Sofa aus. Ich höre weder, dass Andie zurückkommt, noch die Geräusche aus der Küche, bis ich die Augen aufmache. Sie kommt herüber und setzt sich auf die Sofalehne, wo sie mit heruntergedrehtem Ton fernsieht.

Ich bin jetzt sehr froh, dass ich sie angerufen habe, und beobachte sie ein paar Minuten lang. »Na. Wie lange war ich weggetreten?«

Sie dreht sich zu mir um und lächelt. »Ungefähr eine Stunde. Fühlst du dich besser?«

»Ja, ich glaube schon.« Ich setze mich auf und versuche, die Orientierung wiederzugewinnen. »Jetzt habe ich Hunger.«

Sie steht auf und geht in die Küche. »Dauert noch fünf Minuten«, sagt sie.

Im Bad lasse ich mir kaltes Wasser übers Gesicht laufen und fühle mich wieder annähernd wie mein normales Selbst. Als ich herauskomme, deckt Andie gerade den Tisch. »Wie wärs mit einem Bier?«

»Gern.« Ich sehe ihr zu, wie sie in der Küche zugange ist und das Essen bringt.

»Nichts Aufregendes«, sagt sie. »Nudeln und ein Salat.«

»Klingt verlockend.« Andie gesellt sich zu mir, und wir stoßen mit den Bierflaschen an.

»Ich kann es kaum glauben, dass du hier sitzt«, sagt sie.

»Ich auch nicht. Im Kopf bin ich noch in Amsterdam.«

»Und erzählst du mir jetzt, was eigentlich los ist?« Sie füllt meinen Teller mit Nudeln und zeigt auf mehrere Flaschen mit Salatdressing. Sie isst und hört zu; ich esse und rede und erzähle ihr von Ace, dem Gig und Chet Baker.

Sie tupft sich die Lippen mit der Serviette ab. »Du und deine toten Jazzmusiker. Du kannst ihnen wohl einfach nicht widerstehen, was?«

»Das habe ich mich auch schon gefragt. Aber ich wäre nie da hineingeraten, wenn Ace nicht verschwunden wäre.«

»Das wird nicht leicht werden mit ihm. Ihr seid doch alte Freunde.«

»Ja.«

»Und, wie lange bleibst du?« Wir sehen uns in die Augen.

»So lange, bis ich die Sache mit Ace bereinigt habe. Ich habe einen Job in Amsterdam, zu dem ich zurückkehren muss. Danach kann ich noch nicht sagen, was wird.«

Sie sagt nichts dazu, sondern fragt nur, ob ich einen Kaffee möchte.

»Auf jeden Fall, und eine Raucherecke.«

»Da draußen, obwohl ich versucht bin, dir das Rauchen überall zu erlauben.«

Ich trete hinaus auf den kleinen Balkon, auf dem Tisch und Stühle stehen. Sie bringt Kaffee nach draußen und lehnt sich ans Geländer. »Ich halte das so nicht aus, Evan. Ich habe dir so viel zu sagen. Wenn ich gewusst hätte, wo du bist, hätte ich angerufen und wäre vielleicht sogar gekommen, wenn ich auch nur halbwegs geglaubt hätte, eine Chance zu haben. Ich habe Cooper ausgefragt, aber er wusste entweder nichts oder hat es mir nicht verraten.«

»Sei nicht sauer auf ihn. Immerhin hat er mir deine Nummer gegeben.«

»Stimmt«, sagt sie. »Und du hast mich angerufen.« Ihr Blick ist derselbe wie an dem Tag, an dem wir zusammen im Auto saßen und Gillians Bruder suchten, dem Tag, an dem wir über Timing redeten.

»Es ist schon viel besser«, sage ich.

»Was?«

»Das Timing.«

»Ja? Oh Gott, wie gerne würde ich das glauben.«

»Lass es einfach geschehen, Andie. Lass es einfach geschehen.«

Später blicke ich zur schlafenden Andie hinüber, ihrem verwuschelten Haar auf dem Kissen. Ich stehe auf, ziehe die Jeans über und gehe nach draußen auf den Balkon, um eine zu rauchen. Hinter mir höre ich die Schiebetür aufgehen, dann Andies Stimme.

»Das ist jetzt hoffentlich nicht der Augenblick, in dem du dich aus dem Staub machst oder mir einen Zettel hinlegst oder so etwas?«

Ich drehe mich um und sehe sie lächelnd an. Sie hat sich in den Bademantel gewickelt. »Nein, das hatte ich nicht vor.«

»Es tut dir nicht Leid?«

»Nein.«

Sie zittert und zieht den Bademantel enger um sich. »Gott, ihr Raucher seid wirklich zu jedem Opfer bereit. Beeil dich, dass du fertig wirst.«

»Warum so eilig?«

»Wir müssen noch ein bisschen am Timing arbeiten.«

16

Andie will nichts davon hören, dass ich ein Auto miete. »Nimm meins«, sagt sie. »Ich habe sowieso ein paar Tage frei und brauche es nicht. Und außerdem«, sagt sie, »sehe ich dich dann auf jeden Fall noch mal.«

Ich protestiere nur schwach, vermutlich aus demselben Grund. Ich bestelle den Mietwagen ab und verspreche Andie, sie anzurufen. Am Spätnachmittag ist es so weit. Andie steht winkend in der Einfahrt, als ich hinausfahre.

Vom Berufsverkehr bleibe ich weitgehend verschont, aber der Jetlag macht mir zu schaffen. Ich stelle das Radio lauter und höre mir eine Weile eine Talkshow aus San Francisco an – Hauptsache, die Zeit vergeht schneller. In der Gegend von Santa Rosa bekomme ich einen Sender namens KJAZ rein, aber die spielen nur Smooth Jazz – Kenny G und Konsorten. Schließlich stelle ich das Radio aus und denke darüber nach, was ich Ace sagen soll. Einen kurzen Augenblick hoffe ich fast, dass er schon weg ist, aber selbst wenn, dann würde ich als Nächstes nach Las Vegas fahren. So etwas kann man nur persönlich besprechen. Außerdem will ich auch mit Margo reden und das Kapitel Chet Baker zumindest für mich abschließen.

In Santa Rosa fahre ich an der Ausfahrt River Road von der Autobahn ab und nach Westen Richtung Guerneville und die Ausflugsorte am Russian River. Die Straße windet sich durch hügelige Landschaften, Weinberge, Farmen, Redwoodwälder und, näher am Russian River, an der Korbel-Sektkellerei vorbei. Die tief stehende Sonne blendet mich, geht dann aber schnell unter, und schließlich sind die Lichter von Guerneville zu sehen. Nach Monte Rio sind es noch sechs Kilometer.

Guerneville durchquere ich im Schritttempo. Die Leute hier scheinen Klötze statt Rädern an den Autos zu haben. Im Fenster einer Pizzeria namens Main Street Station fällt mir ein Schild mit der Aufschrift »LIVE JAZZ« ins Auge. Hinter der Scheibe kann ich auf einer kleinen Bühne Musiker und vor ihnen eine Sängerin sehen. Ich meine, sie zu erkennen.

Ich suche einen Parkplatz und gehe zurück. Drinnen sitzen nur ein paar Leute. Von den Musikern erkenne ich keinen. Margo Highland, unterstützt von Bass, Schlagzeug und Gitarre, tastet sich durch »Body and Soul«. Fletcher hatte Recht. Sie klingt wirklich wie ein kleines Mädchen, das einmal etwas gesehen oder erlebt hat, das es nicht hätte sehen dürfen. Und das ohne Mikrofon. Jetzt sehe ich auch, dass es keinen Bassverstärker gibt und der Gitarrist ein akustisches Instrument spielt. Die akustische Musik wird hier im Main Street Station ernst genommen.

Margo endet bei dünnem Applaus. Der große, weißhaarige Drummer steht auf und sagt: »Margo Highland, seit vielen Jahren ein schönes Mädchen. Sie kommt bald wieder, ich hoffe, Sie bleiben so lange da.« Er setzt sich wieder, und das Trio hebt zu »The Peacocks« an. Ich beobachte Margo, die nach hinten geht und sich an den Tresen setzt.

Ich folge ihr und setze mich neben sie. Sie dreht sich mit einem freundlichen Lächeln zu mir um. Ich muss an die Fotos in ihrer Amsterdamer Wohnung denken. Man sieht sofort, dass sie einmal Fotomodell und sehr schön war. Das gewisse Etwas hat sie immer noch. »Margo?«

»Ja. Kennen wir uns?« Ihre Stimme ist hell und hat einen leichten Akzent. Sie lehnt sich ein wenig weg und mustert mich.

»Nein, aber Fletcher Paige in Amsterdam hat gesagt, ich soll mich bei Ihnen melden.« Ihr Lächeln wird breiter.

»Nicht möglich. Sie kennen Fletcher?« Sie sieht mich einen Augenblick lang unverwandt an. »Mein Gott, Sie sind Evan!«

»Ja, und ich schlafe in Ihrem Bett. Darf ich Ihnen einen ausgeben?«

»Ja, natürlich. Ein Glas Roten«, sagt sie zu dem Mann hinter der Theke, als er zu uns kommt. »Verdammt, etwas so Junges wie Sie habe ich seit Ewigkeiten nicht mehr im Bett gehabt, selbst wenn ich persönlich nicht dringelegen habe.« Sie lacht. »Kümmern Sie sich nicht um mich, ich bin nur ein verrücktes altes Huhn aus Texas.«

»Ich suche nach einem Freund.« Sobald ich das ausgesprochen habe, wird mir klar, dass mit der Freundschaft bald Schluss sein könnte. »Fletch hatte Sie in der E-Mail nach ihm gefragt. Wie ich höre, war er schon hier und hat mit Ihnen über Chet gesprochen.«

Ihr Lächeln erlischt. »Das ist ein Freund von Ihnen, sagen Sie?«

»Ja, ich suche nach ihm. Ist er noch hier?«

Bei einem lauten Beckenschlag drehen wir uns beide um. Der Schlagzeuger erhebt sich und sagt wieder etwas zum Publikum. »Steve Weber am Bass, Randy Vincent an der Gitarre, ich bin Benny Barth. Ich hoffe, uns hat es genauso viel Spaß gemacht, für Sie zu spielen, wie Sie beim Zuhören hatten.« Niemand versteht seinen Witz, aber er fährt fort. »Wir werden die Batterien ein bisschen aufladen und kommen dann zum nächsten Set wieder.«

»Benny ist ein Komiker«, sagt Margo lachend. Dann wendet sie sich wieder mir zu. »Ob er hier gewesen ist? Ihr Freund hat mich mit seiner Fragerei nach Chet völlig verrückt gemacht. Von Ihnen hat er allerdings nichts gesagt. Sonst hätte ich vielleicht länger mit ihm geredet.«

»Das wundert mich nicht«, erwidere ich.

»Soll ich ihn anrufen?«, fragt Margo. »Ich habe seine Nummer. Er würde sicher gern herkommen. Er wohnt gleich in Monte Rio.«

»Nein, ich will ihn überraschen«, sage ich schnell. Ich weiß nicht, ob Margo mir das abkauft, aber sie beschreibt mir den Weg zu Ace' Hotel.

»Danke«, sage ich und stehe auf. »Sie singen übrigens gut.«

Margo lächelt und nickt. »Danke, das ist nett von Ihnen. Kommen Sie und jammen Sie ein bisschen mit uns. In dem alten Klavier stecken noch ein paar Töne drin.«

»Danke, das würde ich sehr gerne tun.«

Ich fahre am Northwood-Golfplatz vorbei und halte dann nach einer Abzweigung zur Brücke Ausschau. Die Straße folgt noch anderthalb Kilometer dem Fluss, dann sind die Lichter von Monte Rio zu sehen. Sehr groß ist es nicht gerade – eine Gärtnerei, ein Eisenwarenhandel, eine alte Kirche und ein Ecklädchen, bei dem es früher einmal Benzin gab. Die Zapfsäulen stehen noch da, sind aber eindeutig nicht mehr in Betrieb.

Am Stoppschild sehe ich zu meiner Linken das Kino. Es ist eine halbrunde Baracke aus Wellblech, die auf der einen Seite mit einem großen gemalten Bild verziert ist. Ich kreuze die 116 und fahre nach links über die Brücke, wobei ich den Russian River zum dritten Mal überquere. Hinter der Brücke biege ich wieder links ab und sehe schon das Hotel unten an einer leicht abfallenden Straße, umgeben von riesig hohen Redwoods. Gegenüber vom Hotel parke ich, sitze eine Weile regungslos da und zünde mir eine Zigarette an.

Jetzt, wo ich hier bin und meine Wut auf Ace wieder entfacht ist, fürchte ich mich auch vor diesem Treffen. Irgendwo in meinem Hinterkopf spukt die schwache Hoffnung herum, dass es eine vernünftige Erklärung gibt. Etwas, das ich logisch verstehen und verzeihen kann. Aber im Grunde weiß ich, dass Ace gelogen, mich durch Amsterdam irren lassen und mich einem Drogendealer ausgeliefert hat, um die eigene Haut zu retten. Überlebenstrieb? Angst? Ja, aber es wäre alles zu vermeiden gewesen.

Ich rauche die Zigarette zu Ende, steige aus und überquere die Straße. Es ist jetzt ganz dunkel. Die Redwoods sind hoch aufragende, schwarze Silhouetten vor dem sternenübersäten Himmel. Zwischen ihnen blickt der fast volle Mond hindurch. An der Rezeption ist niemand, aber neben einer Klingel steht ein kleines Schild: »Bitte klingeln«. Das tue ich und höre fast augenblicklich Schritte.

»Ja, was kann ich für Sie tun?« Der Hotelangestellte ist Ende zwanzig, hat kurze Haare und einen Ohrring im linken Ohr. »Wir sind leider völlig ausgebucht.«

»Ich suche kein Zimmer. Ein Freund von mir ist hier abgestiegen. Charles Buffington.«

Er schlägt ein kleines Buch auf und geht mit dem Finger eine Liste durch. »Ja, er ist in Nummer fünf.« Er zeigt Richtung Fluss. »Hier wieder nach draußen und den Bohlenweg entlang.«

Der Bohlenweg führt an der Pension entlang und verbindet die beiden Gebäude miteinander. Geradeaus kann ich die Lichter der Brücke sehen, die ich gerade überquert habe. Ich brauche nicht lange zu suchen. Vor Nummer fünf sehe ich Ace mit dem Rücken zu mir auf einem Gartenstuhl sitzen, die Füße auf dem Geländer. Er hört mich nicht oder ist in Gedanken versunken. Als ich etwas herangekommen bin, bleibe ich stehen, betrachte ihn einen Augenblick lang und werfe ihm dann die Aktenmappe vor die Füße. Sie landet mit einem lauten Klatschen auf dem Holzfußboden direkt hinter seinem Stuhl.

Ace springt auf, als hätte er einen elektrischen Schlag erhalten.

»Hallo, Ace.«

Er lässt sich zurück in den Stuhl fallen, umklammert die Lehnen und kommt dann mühsam wieder auf die Füße. »Evan? Woher ... was machst du hier?« Er sieht nicht einmal mehr aus wie der Ace, den ich seit so vielen Jahren kenne. Außen am Gebäude ist ein Licht, und in den Schatten, die über sein Gesicht huschen, sehe ich Panik, Schock, sogar Furcht.

»Hab dich überrascht, was? Hast wohl gedacht, ich wäre noch in Amsterdam. Zu schade, dass wir uns da verpasst haben, aber du bist etwas plötzlich abgereist, nicht?«

»Evan, ich hatte keine Ahnung, dass du herkommen würdest. Ich ... ich weiß nicht, was ich sagen soll. Woher wusstest du, dass ich hier bin?«

»Hat mir Margo Highland verraten. Ich habe gerade mit ihr gesprochen.«

Er sieht sich um, als suche er einen Fluchtweg, doch dann zieht er resigniert einen zweiten Stuhl heran. »Die Leute in den anderen beiden Zimmern sind nicht da, da können wir auch hier draußen bleiben.«

Ich beachte den Stuhl nicht, sondern lehne mich an das Geländer.

»Evan, ich weiß, dass es aussehen muss, als ob ...« Er fährt sich mit den Händen übers Gesicht und riskiert einen Blick in meine Richtung. »Gott, wo soll ich nur anfangen? Wenn du hier bist, weißt du, dass –«

»Dass was, Ace?«

»Evan, ich weiß, dass du wütend sein musst. Die Situation ist mir ... irgendwie entglitten. Ich weiß nicht mal genau, wie.«

»Na, so was aber auch. Es ist einfach so passiert, was? Ist dir entglitten, ja?«

Schuldgefühle und Scham stehen ihm ins Gesicht geschrieben.
»Du willst es mir nicht leichter machen, was?«

»Warum sollte ich?« Ich unterdrücke den Wunsch, Ace zu packen und über das Geländer in den Russian River zu werfen. Stattdessen zünde ich mir eine Zigarette an und fixiere ihn drohend. »Du hast mich ganz schön in Aufregung versetzt, Ace. Ich war mehrmals bei der Polizei und bin in ganz Amsterdam rumgerannt, um dich zu finden. Ich dachte, du wärst verschwunden und würdest ernsthaft in Schwierigkeiten stecken. Verstehst du?«

»Ja, ja, verstehe ich«, sagt Ace. »Und ich war auch in Schwierigkeiten.« Seine Stimme ist leise, klingt aber in der Stille des Flusses und der mächtigen Bäume laut. Eine schöne Kulisse, die für diese hässliche Auseinandersetzung verschwendet wird.

»Sag mir warum, Ace.«

»Als Erstes musst du verstehen, wie enttäuscht ich war, als du meinen Vorschlag in London abgelehnt hast.«

»Dafür hatte ich einen guten Grund. Das weißt du.«

»Ja, schon, aber als ich in Amsterdam ankam, stand ich fast augenblicklich vor Problemen. Keine Kontakte zu Musikern. Eine ganze Mappe voller Materialien und Ideen, aber keine Möglichkeit, sie umzusetzen. Es war Glück, dass ich das Zimmer bekam, in dem Chet Baker gewohnt hatte. Ich habe das Jazzarchiv besucht und den Film gesehen. Dann ...« Seine Stimme verliert sich.

»Ja? Dann was?«

»Ich weiß nicht, ich dachte oder habe zumindest gehofft, dass du es dir vielleicht doch noch anders überlegen und selbst Interesse daran finden würdest.«

Ich sehe weg, hinaus über den Fluss, wo gerade Autos die Brücke überqueren, und merke, dass ich nach einer Gracht Ausschau halte.

»Ich wusste nicht, dass du im selben Hotel übernachten würdest. Als ich es gehört habe, wusste ich, dass du zumindest die Gedenktafel sehen und vielleicht sogar selbst in dem Zimmer wohnen würdest.«

»Das war reiner Zufall. Der Konzertveranstalter hat es für mich gebucht. Ich habe erst kapiert, dass es auch dein Hotel war, als ich dort ankam. Als ich erfuhr, dass du abgereist warst, ohne mir eine Nachricht zu hinterlassen, hat mich das allerdings beunruhigt. Ich habe in dem Zimmer nachgesehen, die Aktenmappe gefunden – aber damit hast du ja gerechnet, oder?«

Ace zuckt die Achseln. Er rutscht mit dem über den Holzboden schabenden Stuhl ein Stück nach hinten und versucht, mehr Distanz zwischen uns herzustellen. »Ein kleiner Scherz, der aus dem Ruder gelaufen ist. Wenn du sie nicht gefunden hättest, wäre ich einfach noch mal hingegangen und hätte sie mir wieder geholt.«

»Aber ich habe sie gefunden, und du wusstest, dass ich es verdächtig finden würde, dass du sie dort zurückgelassen hattest. Du wusstest genau, dass ich es nicht für Zufall halten würde.«

»Ja, die ganze Sache ging ziemlich nach hinten los. Ich beschloss, einfach weiterzumachen, dir die Notiz im Archiv zu hinterlassen, um zu sehen, ob du die Sache weiterverfolgen würdest. Und natürlich hast du das getan.« Sein Blick huscht unruhig umher.

»Du hast mich missbraucht, Ace, damit ich Nachforschungen für dich anstelle, indem du mich in dem Glauben gelassen hast, dass dir etwas zugestoßen war. Du wusstest, dass ich dich suchen und dabei deine Schritte zurückverfolgen würde. Ich musste nach Chet Baker suchen, um dich zu finden.«

»Nein, so war es gar nicht. Ich habe noch mal im Archiv nachgefragt – die junge Frau da, Helen, sagte mir, dass sie dir die Nachricht gegeben hätte. Danach ging de Hass an meiner Stelle hin. An diesem Punkt hätte ich alles hinwerfen sollen, aber ich wusste nicht, wie. Hätte ich einfach in deinem Zimmer aufkreuzen und sagen sollen: Hallo, war das nicht lustig? Ich habe versucht, in dein Zimmer einzudringen, als das Zimmermädchen sauber gemacht hat, aber sie hat mich erwischt, sodass ich mich nicht umsehen konnte. Die Artikel und Notizen hatte ich schon alle kopiert, um das hier habe ich mir also keine Sorgen gemacht.« Er nimmt die Aktenmappe in die Hand. »Als ich den Film gesehen hatte, beschloss ich, einfach der Chronologie von Chets letzten Tagen zu folgen. Du weißt schon, nach Rotterdam fahren, zu den anderen Clubs, rausfinden, wo er in der Zwischenzeit gesteckt hatte.« Er macht eine Pause. »Ich muss wohl zu viel geredet, zu viele Fragen gestellt haben, und dann bin ich diesem de Hass über den Weg gelaufen. Danach war er derjenige, der alles unter Kontrolle hatte. Er hat ein Zimmer für mich in dem anderen Hotel gebucht und –«

Ich reiße ihm die Aktenmappe aus der Hand. »Währenddessen habe ich eine Vermisstenanzeige bei der Polizei aufgegeben und bekam Ärger, weil ich nicht gleich gesagt hatte, dass ich die Mappe gefunden hatte.« Ich werfe sie wieder auf den Boden. Es knallt wie ein Schuss, und Ace zuckt zusammen. »Ich habe an der UNLV und bei dir zu Hause angerufen. Sogar Danny Cooper habe ich nach dir suchen lassen.«

»Ich weiß, ich weiß, es … eskalierte irgendwie. Ich dachte, ich hätte die einmalige Gelegenheit, mit Chets Dealer zu sprechen, etwas, das ich für das Buch benutzen könnte, und dann …«

»Davor hättest du der Sache jederzeit ein Ende bereiten können, Ace. Du hättest nichts weiter tun müssen, als bei mir aufzutauchen und zu sagen, dass du nicht verschwunden bist.« Ich entferne mich ein paar Schritte. »Jacke und Aktenmappe sind bei der Polizei gelandet. Ich bin davon ausgegangen, dass als Nächstes deine Leiche dort auftauchen würde.« Ich lasse die Zigarette auf die Holzplanken fallen und trete sie aus.

Ace schüttelt den Kopf. »Ich weiß, das war dumm von mir. Ich hatte noch nie im Leben Hasch geraucht, da bot sich die Gelegenheit. Gott, hat mich das umgehauen. Ich schaffte es noch nach draußen, aber die Jacke muss ich wohl da liegen gelassen haben. Ich wusste nicht, dass jemand sie abgegeben hatte. Ich konnte mich nicht mal mehr daran erinnern, wo ich sie verloren hatte.«

»Nein, Ace, nicht das war dumm von dir. Mich in dem Glauben zu lassen, du seist verschwunden, das war dumm von dir.«

Er atmet tief durch. »Glaubst du etwa, ich wüsste das nicht selbst? Ich kann dir keine Erklärung bieten, die du akzeptieren würdest. Die ganzen Recherchen im Vorfeld, und ich hatte immer noch nichts, was gut genug war, um einen Verleger dafür zu interessieren. Ich brauchte mehr. Ich wollte nicht mit leeren Händen nach Hause gehen.« Er blickt hoch zu mir. »Es tut mir Leid, Evan, wirklich Leid.«

Eine Weile lang sage ich gar nichts. Ich will vergeben, sagen, dass alles in Ordnung ist, kann es aber nicht. »Das glaube ich dir, Ace. Aber das reicht nicht.«

»Ich weiß. Aber es war, wie wenn man jemanden lange nicht mehr angerufen hat: Je mehr Zeit vergeht, desto unangenehmer ist es einem, sich noch zu melden, und man tut es einfach nicht. Und dann bedrängten und bedrohten de Hass und der andere Kerl mich.« Er sieht mich mit bittendem Blick an. »Ich hatte Angst, Evan. Ich wusste nicht, was sie tun würden.«

»Sie hätten gar nichts von mir gewusst, wenn du es ihnen nicht gesagt hättest.« Meine Stimme ist lauter geworden und hallt richtig in der Stille. »Woher hattest du denn bloß die Idee, dass da Geld sein könnte?«

»Es gab Gerüchte, dass Chet Bankkonten eröffnet und sie dann vergessen hätte.«

»Das hast du de Hass gesagt?«

»Ja, was hätte ich denn sonst tun sollen? Ich hatte Schiss und wollte nur noch da weg. Verstehst du das denn nicht?«

»Doch. Dir habe ich es zu verdanken, dass ich Navarro und de Hass ebenfalls kennen lernen durfte. Mit solchen Leuten spielt man nicht. Und was hätte deiner Meinung nach passieren sollen, als du mich dann ans Messer geliefert hattest?«

»Das weiß ich nicht. So weit habe ich nicht gedacht.«

»Nein, hast du nicht. Dieser Idiot, der sich die Mappe aus meinem Zimmer geholt hat, hat auf dem Rückweg einer Prostituierten einen Besuch abgestattet. Er ließ die Mappe bei ihr liegen, und sie lieferte das Ding bei der Polizei ab. Als er sich die Mappe bei ihr wieder holen wollte, schlug er sie zusammen.«

Eine Art Stöhnen dringt aus Ace. »Oh Gott«, sagt er und ringt die Hände. Er beugt sich über das Geländer. Einen Augenblick lang sieht es aus, als sei ihm schlecht geworden. »Das wusste ich nicht, Evan, wirklich nicht. Geht es ihr wieder gut?«

»Sie hat ganz schön was abgekriegt, Ace«, sage ich leise.

Seelenqualen zeichnen sich auf seinem Gesicht ab; die Worte sprudeln schneller und schneller aus ihm heraus. »Ich wusste nicht mehr, was ich tun sollte. Mittlerweile war die Polizei eingeschaltet, und ich erreichte allein gar nichts. De Hass hat mich gezwungen, dich zu beobachten, bis er überzeugt war, dass ich nichts über irgendwelches Geld wusste. Dann ließ er mich gehen, Gott sei Dank. Vielleicht hätte ich es wissen müssen, dass du de Hass aufspüren würdest. Ich gebe es zu, Evan, ich hatte einen verdammten Schiss. Die Reise hierher war meine letzte Hoffnung. Ich wollte mit Margo reden, aus den Einzelteilen ein Ganzes machen und hoffen, dass es reicht, um den Verleger zufrieden zu stellen.«

»Und was wolltest du mir sagen, verdammt noch mal? Ich fass es nicht, dass du immer noch an den Verleger denkst!« Ich gehe ein Stück weg und balle die Fäuste. Als ich mich wieder umdrehe, steht Ace immer noch da und starrt hinaus auf den Fluss.

Da sind Schritte auf den Holzplanken zu hören. Es ist der Hotelangestellte. »Alles in Ordnung hier?«, fragt er. Ich weiß, wie es auf ihn wirken muss. Ich stehe mit geballten Fäusten vor dem zusammengekauerten Ace.

»Ja, kein Problem«, sage ich zu dem Angestellten. »Kümmern Sie sich gar nicht um uns.«

Er ist nicht völlig überzeugt, verzieht sich aber wieder in Richtung Büro. Ich mäßige meine Stimme und gehe so dicht zu Ace, dass ich fast seinen Atem höre. »Margo weiß auch nicht so viel, Ace. Niemand weiß es.«

Er sieht mich an. »Aber du weißt es.«

»Willst du es wirklich wissen?«

»So ungern ich es zugebe – ja.«

»Chet Baker ist aus dem Fenster gestürzt. Nein, er wurde gestoßen. Nein, war nur ein Witz. Er war depressiv und hat sich umgebracht. Kapierst dus nicht, Ace? Niemand weiß es. Der Polizeibeamte in dem Film hatte Recht. Chet Baker ist der einzige Mensch, der weiß, was passiert ist, und er ist tot.«

Ace betrachtet mich. »Aber du weißt es trotzdem.« Seine Augen leuchten jetzt hell wie bei einer Katze in der Dunkelheit, die den Fluss einhüllt.

»Nein, Ace, ich weiß es nicht.«

»Aber das musst du doch! Du hast mit Musikern und seinen Freunden geredet, du warst in Rotterdam.«

»Stimmt. Ich habe alles getan, was ich getan hätte, wenn ich mich zur Mitarbeit bereit erklärt hätte, und mehr. Ich habe auch nach dir gesucht. Aber ich bin nicht hergekommen, um dir das zu sagen. Ich bin in der Hoffnung gekommen, dass du irgendetwas vorzubringen hättest, was mich überzeugen würde, dass du unsere Freundschaft nicht verraten hast, Ace. Aber da kam nichts.«

Er hält die Hände abwehrend hoch, dann legt er sie aneinander. »Evan, kann ich es irgendwie –«

Ich unterbreche ihn. Es ist, als würde man einen kleinen Hund treten. Ich habe zwar das bekommen, was ich wollte, aber da ist kein Gefühl der Befriedigung, nur Leere. »Ich weiß nicht, Ace. Es wird lange dauern.« Ich gehe ans Geländer. »Ich habe dir schon in London gesagt, dass ich nichts mit deinem Buch zu tun haben will, und das sage ich dir jetzt noch mal. Ich will nicht, dass mein Name in irgendeiner Art und Weise erwähnt wird. Dass wir uns da recht verstehen.« Ace nickt mit gesenktem Kopf. »In einer Hinsicht hattest du doch Recht. Es fing an, mich zu interessieren. Nicht, weil ich dir mit deinem Buch helfen wollte, sondern, um meine eigene Neugierde zu stillen. Das wusstest du und hast es ausgenutzt, Ace. Und das kann ich dir nicht verzeihen.«

Er sieht mich nicht an, sondern sitzt nur mit hochgezogenen Schultern und hängendem Kopf da.

»Ich hoffe, es hat sich gelohnt, Ace. Das hoffe ich wirklich.«

Er richtet sich auf, seine Stimme ist jetzt ganz ruhig. »So anders als ich bist du gar nicht«, sagt er.

»Was?«

»Du willst es doch genauso sehr wissen wie ich. Bei dir geht es nicht um ein Buch, aber du bist doch genauso besessen davon wie ich.«

Ich muss mich sehr beherrschen, ihm keine Ohrfeige zu verpassen. Plötzlich reicht es mir. Ich will nur noch weg.

»Gut möglich, Ace. Aber es gibt einen Unterschied zwischen dir und mir: Ich würde es nicht auf deine Kosten wissen wollen. Red mit

Margo, wenn du willst, aber ich glaube nicht, dass sie dir großartig helfen kann.«

Er senkt wieder den Kopf und sieht nicht einmal auf, als ich gehe. Einen Blick werfe ich noch zurück. Er sitzt immer noch zusammengesunken auf dem Stuhl und starrt hinaus auf den Fluss.

Ich bleibe einige Minuten lang im Auto sitzen. Vielleicht stimmt es wirklich. Vielleicht unterscheiden wir uns doch nicht so sehr. Denn wenn Ace völlig Unrecht hätte, würde ich jetzt einfach nach San Francisco zurückfahren. Das aber habe ich nicht vor. Jetzt suche ich nach Chet Baker und der Antwort auf die letzte ungeklärte Frage. Dem Geld.

Fletcher hatte gut geraten, und als ich die Liste der Spender durchsah, von denen die Gedenktafel und die Skulptur bezahlt worden waren, war ich mir sicher. Helen im Archiv hatte gesagt, dass der größte Betrag aus einer anonymen Quelle stammte, von jemandem, der sich absolute Geheimhaltung als Bedingung für seine Spende ausbedungen hatte. Ich weiß jetzt, von wem sie kommt, aber ich möchte es gern von der Geberin selbst hören.

Als ich zurück zur Main Street Station komme, ist dort alles so ziemlich vorbei. Margo Highland geht gerade zu ihrem Wagen, einen Stoß Noten unter dem Arm.

»Margo, warten Sie.«

Sie dreht sich zu mir um. »Oh, hallo. Haben Sie Ihren Freund gefunden?«

»Ja.«

»Ich wette, das war eine ziemliche Überraschung für ihn.«

»Margo, ich muss mit Ihnen über Chet reden.«

Ihr Gesicht verdüstert sich. Sie nimmt die Noten unter den anderen Arm. »Chet?«

»Ja, es wird nicht lange dauern, aber ich muss mit Ihnen sprechen.«

»Sie wissen es, stimmts?« Sie lässt den Kopf sinken.

»Ja, ich glaube schon.«

Als wäre ihr eine große Last von den Schultern genommen worden, seufzt sie. »Dann ist wohl der Zeitpunkt gekommen, dass ich es jemandem sage. Fahren wir zu mir. Es ist nicht weit – folgen Sie mir einfach.«

Wir fahren dieselbe Strecke zurück, die ich gerade gekommen bin, aber dann biegen wir rechts ab, an einem kleinen Einkaufsladen vorbei. Vor der Kneipe Pink Elephant steht ein Grüppchen Leute, die aussehen, als wären sie geradewegs aus Haight-Ashbury nach Monte Rio gezogen. Mehrere Männer und einige Frauen unterhalten sich, rauchen und krakeelen herum, während laute Musik hinaus auf die Straße dringt.

An der Ecke verlangsamt Margo das Tempo, bis sie schließlich in die schmale Straße zu ihrem Haus einbiegt, das zusammen mit ähnlichen Häusern zwischen hohen Bäumen steht. Auf der Veranda sitzen drei oder vier Katzen. Drinnen werden wir von einem kleinen weißen Hund und zwei weiteren Katzen begrüßt. »Hallo, Liebling«, sagt sie, als sie sich hinunterbeugt, um den Hund zu streicheln.

Das Wohnzimmer hat einen weinroten Teppichboden mit passenden, schweren Vorhängen. Die Wände sind mit dunklem Holz getäfelt, überall stehen schwere Möbel, ähnlich wie in ihrer Wohnung in Amsterdam. Sie legt ihre Sachen auf einem Stuhl ab. »Machen Sie es sich gemütlich. Ich koche einen Tee. Oder möchten Sie lieber etwas Alkoholisches?«

»Ich könnte einen Drink gebrauchen.«

»Einen Brandy hätte ich.«

»Gern.«

Sie verschwindet in der Küche, und ich sehe mich im Zimmer um. An einer Wand ist ein offener Kamin. Auf dem Kaminsims steht ein Duplikat des Fotos, das ich schon aus Amsterdam kenne – Margo und Chet auf einem Mäuerchen sitzend, wahrscheinlich sogar hier im Garten. Als sie mit meinem Brandy wiederkommt, sieht sie, dass ich es betrachte. »Ich kann es nicht fassen, dass das fast zwanzig Jahre her sein soll«, sagt sie. Sie nimmt das Bild in die Hand, schaut es mit einem traurigen Lächeln an und stellt es dann wieder auf den Sims.

»Das habe ich in Amsterdam schon gesehen«, sage ich. »Übrigens nochmals herzlichen Dank für Ihre Gastfreundschaft.«

Sie lächelt. »Nicht der Rede wert. Sie tun mir einen Gefallen, wenn Sie Fletcher Gesellschaft leisten. Wie gehts dem alten Schlingel?«

»Dem gehts gut, er spielt besser denn je. Wir werden als Duo auftreten, wenn ich zurück bin.«

»Wunderbar«, sagt sie. »Sie müssen verdammt gut sein. Fletcher ist sehr wählerisch mit seinen Pianisten.«

»Na ja, ich habe schon viel von ihm gelernt.« Aus der Küche ist ein Pfeifen zu hören.

»Der Tee. Ich bin gleich wieder da.«

Ich schaue mich weiter um. Sie hat ein altes Klavier. Ich berühre die Tasten und frage mich, ob Chet je darauf gespielt hat. Es gibt eine Stereoanlage, weiche, bequeme Sessel und ein großes Sofa. Ich sehe mir die CD-Sammlung an. Oben auf einem Stapel liegt eine CD mit einer einfachen weißen Hülle, auf der mit Filzstift Chets Name steht.

»Die hat er hier aufgenommen«, sagt Margo hinter mir. »Ich hatte damals ein kleines Studio im Keller. Gott, was war das für eine Nacht!« Sie reicht mir das Brandyglas, und ich setze mich aufs Sofa. Sie wählt den Sessel mir gegenüber und streichelt geistesabwesend den Hund.

»Es hatte seit Tagen geregnet, Monte Rio war überflutet, und im Studio stand das Wasser mehrere Zentimeter hoch. Ein reines Wunder, dass wir nicht alle einen elektrischen Schlag bekommen haben. Chet konnte sich kaum auf den Beinen halten, aber Gott, schön hat er gespielt, wie immer.« Sie nimmt die CD in die Hand. »Ich habe ein paar Kopien von dem Masterband anfertigen lassen. Wahrscheinlich sollte ich irgendwas damit machen, aber ... Wollen Sie etwas davon hören?«

»Ja, bitte.« Ich nippe am Brandy und sehe ihr zu, wie sie die Stereoanlage bedient.

»Hören Sie gar nicht auf die Sängerin.« Sie lacht.

Die Aufnahmequalität ist nicht überragend, aber Chets Trompete ist in »My Foolish Heart« voll tiefen Ausdrucks. Er spielt die Melodielinie so voller Trauer, dass man beim Zuhören denkt, er sei überzeugt, dass es das letzte Mal ist. Dann spielt er die Begleitung für

Margo, deren Stimme jünger und voller klingt als heute in der Pizzeria, wiegt sich hinter ihr und lockt und schiebt sie sanft durch das Stück. Das zweite Stück ist »The Thrill Is Gone«, das genauso unter die Haut geht.

Ich beobachte Margo, wie ihre Erinnerungen an jene verregnete Nacht in Monte Rio wieder aufsteigen. Ihre Augen füllen sich mit Tränen. Sie versucht, es zu kaschieren, indem sie den Hund streichelt.

»Da, in dem Zimmer hat er gewohnt«, sagt sie und zeigt auf eine Tür in der Ecke. »Hier in Monte Rio haben wir viel Zeit verbracht. Wir hatten einen Gig hier irgendwo – nur so eine kleine Kneipe, die es nicht mehr gibt –, niemand hätte geglaubt, dass Chet Baker da auftreten würde. Aber dann sprach es sich herum. Eine Menge Leute kamen vorbei. Es war total verrückt. Sie sollten sich auch mal mit dem Pianisten von damals unterhalten. Terry Henry. Er war gut mit Chet befreundet.«

»Weiß er über die Skulptur Bescheid?«

»Da bin ich nicht sicher«, sagt sie und macht jetzt gar nicht mehr den Versuch, etwas abzustreiten. Sie versucht, die Tränen wegzublinzeln. »Ihr Bekannter hat mich schon gewarnt, dass Sie so eine Art Detektiv sind. Ich habe ihm versprochen, dass ich morgen mit ihm rede. Was meinen Sie – soll ich das tun?«

»Das liegt ganz bei Ihnen, Margo. Er will ein Buch über Chet schreiben.«

Sie scheint ganz weit weg zu sein. »Das kann niemand. Nicht über Chet, wie er wirklich war. Weil ihn niemand richtig kannte.«

»Sie kannten ihn gut.«

»Ja, das schon, aber … was für eine Persönlichkeit er wirklich war, meine ich. Niemand kann das einfangen.«

»Was ist mit der Skulptur, Margo, dem Geld?«

Sie schließt die Augen. »Chet ließ sich in bar bezahlen, wann immer es ging. Das wusste jeder. Aber ich habe ihm immer wieder gesagt, wie gefährlich das war, angesichts der Leute, mit denen er zu tun hatte, wenn er sich Stoff besorgte. Drogendealer sind gnadenlos. Gott, denken Sie nur dran, wie er hier in San Francisco beinahe umgebracht worden wäre. Schrecklich war das! Jedenfalls konnte ich ihn schließlich davon überzeugen, sein Geld bei mir zu lassen, wenn er auf der Straßenszene unterwegs war. Er steckte genug Geld ein, dass er das bezahlen konnte, was er brauchte. Eine Zeit lang war er clean, wissen Sie. Er war in einem Methadonprogramm.« Sie zuckt die Achseln. »Aber als er zurück nach Europa ging, da … Dann war er natürlich wieder voll drauf, verschwand manchmal tagelang, spielte den nächsten Gig, bekam wieder Geld, und der Teufelskreis fing wieder von vorne an.« Sie schüttelt den Kopf. »Ich wollte natürlich nicht so viel Bargeld im Hause haben und habe ein Bankkonto für ihn eröffnet, das auf unser beider Namen lief. Man konnte ihn fast nicht dazu bringen, das Unterschriftenformular auszufüllen. Er hätte am liebsten nicht einmal Plattenverträge unterschrieben.«

Ich denke daran, dass der Schallplattenproduzent in dem Film dasselbe berichtet hatte.

»Jedenfalls wurde es immer mehr mit den Zinsen und so. Ich habe auch etwas investiert. Nach dem missglückten Auftritt in Rotterdam fühlte er sich ganz schrecklich, und nachdem ihn diese Frau verlassen hatte —«

»Was für eine Frau?«

»Sie waren schon früher mal zusammen gewesen, als Chet hier war. Er hat ihr einen Brief geschrieben, bevor er zum letzten Mal nach Europa gefahren ist. Aber er hat ihn nie abgeschickt. Ich habe ihn dann gefunden. Er hat ihn einfach da auf dem Tisch liegen lassen.«

Sie steht auf, verlässt das Zimmer und ist kurz darauf mit einem Blatt Papier in der Hand wieder da. »Hier«, sagt sie.

Ich überfliege den Brief, der in Chets bedächtiger Handschrift geschrieben ist. Mehrere Sätze springen mir ins Auge, als wären sie fett gedruckt.

Mein größter Wunsch war es, dich zu Mrs. Chet Baker zu machen, und ich weiß, dass du mir früher oder später das Herz brechen wirst … Einen Tag zeigst du mir die Himmelspforten, und im nächsten Augenblick schleuderst du mich hinab in

> einen endlosen Abgrund tiefster Qual … Ich weiß jetzt, dass es nie dazu kommen wird, und werde deshalb nach Europa ziehen. Ich werde nie wieder in dieses Land zurückkehren … ich bin auf Entzug und winde mich vor Schmerzen … Niemand wird dich je wieder so lieben, wie ich es getan habe … Ich werde mir einfach immer wieder sagen müssen, dass ich Chet Baker bin und vielen Menschen auf der ganzen Welt wichtig …

Ich gebe Margo den Brief zurück. »Da hat es ihn ja schwer erwischt«, sage ich. »Kannten Sie diese Frau?«

Margo nickt und legt den Brief beiseite. »Einmal bin ich ihr begegnet und konnte eigentlich nichts Aufregendes an ihr entdecken, aber wo die Liebe hinfällt …«

»Aber sie sind ja wieder zusammengekommen. In einem Film, den ich gesehen habe, redet er über sie.«

»Ja, aber direkt vor seinem Tod hat sie ihn wieder verlassen. Wie gern würde ich den Film mal sehen!«, sagt Margo.

»Im Jazzarchiv in Amsterdam haben sie ihn. Fragen Sie einfach nach einer Frau namens Helen, wenn Sie wieder da sind.«

»Auf jeden Fall.«

»Und wie war das nun mit dem Geld?«

»Ich wollte, dass er das Geld bekam, es vielleicht verwendete, um nach Hause zu seiner Familie zu fliegen. Er hätte das dringend gebraucht. Er musste eine Weile raus aus Europa. Ich wusste, dass er zurück nach Amsterdam kommen würde, aber bevor ich …« Sie beendet den Satz nicht, und Tränen treten ihr wieder in die Augen. »Ich vermute, dass die Dealer hinter ihm her waren, weil sie an sein Geld rankommen wollten.«

»Wie viel war auf dem Konto?«

Ihr Blick kehrt aus weiter Ferne zu mir zurück. »Sie werden es nicht glauben, aber es waren über 87 000 Dollar. Verdammt, ich konnte es selbst nicht glauben. Nach seinem Tod habe ich das Konto aufgelöst, die Skulptur bezahlt und zerbreche mir seitdem den Kopf darüber, was ich mit dem restlichen Geld machen soll.« Sie schüttelt den Kopf. »Ich hätte es seiner Familie zukommen lassen sollen, aber nach seinem Tod waren auf einmal alle da, meldeten Ansprüche an und verklagten sich gegenseitig. Ich wollte nicht, dass das Geld an die Anwälte ging. Seitdem habe ich es immer vor mir hergeschoben.«

Sie ist so in Gedanken versunken, dass sie mich gar nicht hört.

»Was glauben Sie, Margo? Ist er gesprungen? Ich weiß, dass er nicht gestoßen wurde.«

»Sind Sie sicher?«

»Ja. Ein Dealer war auf der Suche nach ihm, aber er hat ihn nicht gefunden.« Ich erzähle ihr von van Gogh. »Er muss Chet irgendwann in dieser Nacht gesehen und gewusst haben, wo er war, aber er hat es niemandem verraten.«

Margo seufzt und lächelt schwach. »Gott segne ihn dafür.«

»Van Gogh geht es mittlerweile ganz schlecht. Vielleicht könnte etwas von dem Geld an ihn gehen, um ihm beim Entzug zu helfen.«

Margo sagt lange gar nichts. Sie sitzt völlig reglos da, dann hebt sie den Blick und offenbart Schmerz, Sehnsucht, Trauer und schließlich Erleichterung zugleich. »Ich hoffe bei Gott, dass er gestürzt ist und nichts davon mitbekommen hat.«

Es ist so still, dass ich draußen den Wind in den Bäumen rascheln höre. Ich strecke die Hand aus und berühre sie am Arm. »Ich glaube nicht, dass er etwas gespürt hat.«

Sie legt ihre Hand kurz auf meine. »Danke«, sagt sie.

Sie lässt die CD noch einmal laufen. Mit gefalteten Händen kniet sie vor den Lautsprechern und hört mit geschlossenen Augen zu. Chet Bakers Trompete taucht das Zimmer in Melancholie und berührt uns beide irgendwo tief drinnen. Ich beobachte Margo einen Augenblick lang, fühle mich aber wie ein Eindringling. Lautlos schließe ich die Tür hinter mir, während im Kopf die klagenden Töne von »My Foolish Heart« noch lange nachklingen.

Ich glaube, sie merkt noch nicht einmal, dass ich nicht mehr da bin.

Coda

»Machts euch was aus, wenn ich mitmache?« Johnny Griffin beugt sich neben meiner Schulter vor, ein Tenorsaxofon in der Hand. Fletcher hat ihn noch gar nicht bemerkt. Wir machen gerade eine kurze Pause, und Fletcher redet mit jemandem an einem Tisch vorn.

»Hey«, sage ich und falle beinahe von der Klavierbank. »Ja, klar doch.« Little Giant, wie er genannt wird, grinst in Fletchers Richtung. Fletcher merkt, dass auf einmal alle hinter ihn blicken. Er dreht sich um, sieht Griff und wirft die Arme in die Luft.

»Oh Mann«, ruft er und kommt herübergerannt. Die beiden umarmen sich und lachen. Sie sind aus demselben Holz geschnitzt, alle Blicke sind auf ihr öffentliches Wiedersehen gerichtet. Schließlich sieht Fletcher mich an. »Kannst dus fassen, Mann?« Sein Gesicht muss ihm vom vielen Grinsen wehtun. »Verdammt, lasst uns was spielen.«

Es gibt eine kurze Diskussion über Stücke und Tonarten, bis sie sich dann auf einen schnellen Blues einigen. Fletcher schnippt das Tempo mit den Fingern. »So ungefähr?« Griff stimmt zu, und es geht los. Sie sind wie zwei Rennpferde am Start, die irgendwohin stürmen, wo ich noch nie gewesen bin. Kopf an Kopf rasen sie zwei Mal durch die Melodie, dann nickt Fletch und tritt zurück. Griff heizt durch ein halbes Dutzend Chorusse, und ich versuche nur noch mitzukommen, scharf hinzuhören und meine Akkorde unterzubringen. Bei seinem letzten Chorus deutet Griff mit dem Instrument in Richtung Fletcher, der grinsend dagestanden und sich Griffs heiße Linien angehört hat. Er sieht ihn an, als wollte er sagen: Oh yeah, hört euch das an. Fletch tritt vor und antwortet mit sechs Chorussen. Unentschieden. Fletcher Paige und Johnny Griffin. Griff steigt wieder ein, und sie wechseln sich mit Chorussen ab, dann jeder vier Takte, dann zwei, während das Publikum atemlos dabei sitzt, bis Griff schließlich eine Handbewegung in Richtung Fletch macht, als würde er sich geschlagen geben. Dann drehen sich beide um und zeigen auf mich.

Ich bringe mein eigenes halbes Dutzend ganz passabel über die

Bühne, und als ich aufblicke, um anzuzeigen, dass ich fertig bin, sehe ich, wie sie beide mit den Fingern schnippen.

»Was hab ich dir gesagt?«, höre ich Fletcher sagen.

»Weiter«, ermutigt mich Griff, und ich nehme ihn beim Wort. Am Ende meines letzten Chorus blicke ich auf, als Signal, dass ich fertig bin, und da sind sie wieder, jagen einander noch durch ein paar weitere Chorusse und bringen das Stück dann zum Abschluss. Das Publikum spielt eigentlich gar keine Rolle. Fletcher tritt einen Schritt zurück und streckt den Arm aus: »Meine Damen und Herren, Mr. Johnny Griffin«, was aber gar nicht nötig ist. Jeder weiß es. Alle sind aufgesprungen, klatschen und schreien.

Wahnsinn. Fletcher Paige und Johnny Griffin.

Danach legen wir eine Pause ein. Während Fletch und Griff sich an der Bar über alte Zeiten unterhalten, gehe ich nach draußen und genieße die Amsterdamer Nachtluft.

Dies ist unser drittes Wochenende hier, und alles läuft nach Plan. Es ist reichlich Publikum da, der Clubbesitzer ist begeistert von uns und redet schon von möglicher Verlängerung. Dank Fletch spiele ich so gut wie wahrscheinlich noch nie in meinem Leben. Es ist, als ob man mit einem hervorragenden Schauspieler zusammenarbeiten und ständig über seine gewohnten Grenzen hinausgelockt und -gelotst würde. Meiner Hand scheint es auch gut zu bekommen.

Ein paar Dinge haben sich seit meiner Rückkehr verändert. Einige Leute sind nicht mehr da. Darren zum Beispiel. »Wir haben lange miteinander geredet«, hatte Fletch mir erzählt. »Er ist in die Staaten zurückgekehrt und versucht, in einen Informatikstudiengang reinzukommen. Endlich hat er eingesehen, dass er hier seine Zeit vergeudet. Dass er sich diese ganze Shaft-Scheiße aus dem Kopf schlagen soll.«

»Dein Zuspruch hat ihm bestimmt geholfen«, erwiderte ich.

»Wer weiß. Hoffentlich. Ich schulde ihm was.«

Ich hatte noch ein paar Gespräche mit Margo Highland. Sie will mit einem Teil des Geldes eine Chet-Baker-Stiftung für junge Musiker einrichten und hat versprochen, bald nach Amsterdam zurückzukehren, um die Sache ins Rollen zu bringen. Navarro und de Hass sind nur noch schlechte Erinnerungen. Inspektor Dekker hat mir versichert, dass gegen beide Ermittlungen laufen.

Ich habe versucht, van Gogh wieder zu finden, aber niemand wusste, wo er abgeblieben ist. Nur, dass er Amsterdam verlassen hat.

Als ich wieder hineingehen will, sehe ich Fletch und Griff herauskommen und sich verabschieden.

»Schön, dass man sich kennen gelernt hat«, sagt Griffin zu mir. »Und zusammen gespielt hat.« Er zwinkert Fletch zu. »Ich hoffe, er bezahlt Sie auch gut?«

»Und ob«, sage ich. »Es war mir ein großes Vergnügen, Griff.« Ich muss mich schwer zusammenreißen, ihn nicht Mr. Griffin zu nennen.

»Tja, dann machs mal gut, Fletch.« Wir sehen ihm hinterher, wie er auf den Taxistand zugeht.

»Verdammt«, sagt Fletcher. »Das war gut. Komm, wir laufen eine Runde. Wir haben genug Zeit.«

Wir gehen runter an die Gracht und über die Brücke. Auf dem Wasser glitzern die Lichter der Ausflugsboote, und über die Gracht hinweg sind Stimmen zu hören.

»Ich habe heute eine E-Mail von Margo erhalten«, sagt Fletch.

»Ach ja? Kommt sie wieder?«

»Hmm, irgendwann nächsten Monat, wenn alles nach Plan läuft.«

»Da werde ich mir wohl selbst eine Wohnung suchen müssen.«

»Keine Eile«, sagt Fletch. »Heißt das, du bleibst?«

»Eine Weile auf jeden Fall. Ich habe noch nicht weiter darüber nachgedacht – ich genieße nur den Augenblick.«

»Genau das tue ich auch«, sagt Fletcher. »Was ist mit deiner Freundin vom FBI?«

»Vielleicht kommt sie her, zumindest, um mich zu besuchen.« Ich zucke die Achseln. »Sie hat ihr eigenes Leben.«

Fletch lächelt. »So, so. Ich glaube, ich sehe San Francisco in deiner Zukunft.«

»Wer weiß? Ich mag überhaupt nichts mehr vorhersagen.« Als ich mit Ace fertig war und mit Margo gesprochen hatte, war ich durch das Napa-Weinbaugebiet zurückgefahren und konnte mir irgendwo im Hinterkopf vorstellen, da zu wohnen. Andie auch.

Ich hatte das Flugzeug nach Amsterdam mit einer Demopressung meiner CD – courtesy of Paul Westbrook –, Versprechungen von Margo Highland und dem Duft von Andies Parfüm in der Nase bestiegen. Andie und ich hatten eine weitere Nacht und einen Tag miteinander verbracht. Auch wenn keiner von uns beiden wusste, wo genau das alles hinführen sollte, hatten wir einen guten Anfang gemacht. Das Timing wurde eindeutig besser.

»Du musst Natalie besuchen oder wenigstens mit ihr reden«, sagte Andie beim Abschied. »Ich will es wissen, du sollst es wissen, und dann sehen wir weiter.«

Sie ließ mich vor dem Flughafengebäude heraus. »Ich kann nicht mit reinkommen. Verabschieden wir uns hier.«

»Okay.« Um uns herum herrschte das übliche Chaos von Autos, die Gepäck ausluden und auf eine Haltemöglichkeit in der ersten Reihe lauerten. Als sie mich ansah, traten ihr die Tränen in die Augen.

»Na, nun komm schon. Wir schaffen das.«

Mit einem Taschentuch trocknete sie sich die Augen. »Verdammt, eine sentimentale FBI-Agentin.« Sie schaffte ein kleines Lächeln. »Du weißt, wie gern ich mit dir in dieses Flugzeug steigen würde.«

»Ja, aber diesmal ist es anders.«

»Das ist es doch, oder?«

Ich zog sie an mich und küsste sie. Sie ließ den Kopf einen Augenblick lang gegen den Sitz sinken. »Gott, du bist ein Weltklasseküsser. Jetzt raus hier, sonst sorge ich dafür, dass du das Flugzeug verpasst.«

Dasselbe wie mit Natalie war es nicht – vielleicht würde es so etwas nie wieder geben –, aber es war gut. Manchmal reicht das.

Ich sehe auf die Uhr. »Hey, Mr. Paige, lass uns einen spielen.«

Als wir vom Baby Grand nach Hause fahren, fühle ich mich total entspannt – das wunderbar müde Gefühl, das mich nach jedem befriedigenden Auftritt überkommt. Wir fahren am Prins Hendrik Hotel vorbei, und ich bitte Fletcher anzuhalten. »Nur ganz kurz« sage ich.

»Himmel«, sagt Fletcher, »hast du immer noch nicht genug von diesem Hotel?«

»Ich wills mir nur noch einmal ansehen.«

Ich gehe hinüber zum Prins Hendrik. So spät sind hier nicht mehr viele Leute unterwegs, aber ich weiß, dass es direkt hinter dem Hotel in der Altstadt nur so von Menschen wimmelt. Ich betrachte noch einmal die Gedenktafel. Die Inschrift ist im Licht der Straßenlampen und des Hotels gerade noch lesbar.

Die Tafel sollte in Yale, Oklahoma, hängen – Chets Heimatort –, denke ich, oder irgendwo in Kalifornien, wo er so lange gelebt hat. Aber wo? Das Haig, wo er mit Gerry Mulligan anfing, ist nicht mehr da, das Lighthouse und Shelly's Manne Hole auch nicht, genauso wenig wie das Birdland und das Five Spot in New York oder das Blackhawk und der Jazz Workshop in San Francisco. Alle verschwunden. Wie so viele Musiker vor ihm und viele nach ihm kam Chet Baker hierher, wo seine Musik am meisten geschätzt wurde. Also ist es vielleicht nur richtig, dass die Gedenktafel in einem fremden Land hängt.

Ich denke immer noch an die Inschrift, als ich zurück zu Fletchers Wagen gehe. *In seiner Musik wird er weiterleben für alle, die hören und fühlen wollen.*

Wir wollen, dass unsere Idole jung und dramatisch sterben, oder dass sie bereuen und sich bessern, wenn sie weiterleben. Chet Baker hat keines von beiden getan.

Tja, Chet, eine Menge Leute wollen immer noch hören und fühlen.

»Alles klar?«, fragt Fletcher.

»Ja, jetzt geht es mir gut.«

»Cool.« Er schert aus der Parklücke aus und summt etwas, das mir entfernt bekannt vorkommt.

»Was ist das?«

»›The Peacocks‹. Auf der Platte von Stan Getz und Jimmy Rowles.

Junger Tenorspieler, alter Pianist. Wir sind genau das Gegenstück dazu. Kennst du das Lied?«

»Noch nicht, aber ich kann es lernen.«

»Ja, Mann«, sagt Fletcher. »Du lernst schnell.«

Dank

Mein Dank gilt vor allem Chet Baker für das Vermächtnis von so viel hervorragender Musik, die er der Welt hinterlassen hat.

Ich schätze mich glücklich, mit einer Reihe von Musikern zusammengearbeitet zu haben, die mit Chet befreundet waren. Sie haben ihre Zeit und ihre Erinnerungen großzügig mit mir geteilt: der verstorbene Bassist Carson Smith, der Saxofonist Jack Montrose, der Pianist Russ Freeman, der Saxofonist Herb Geller, der Bassist Bob Badgely, der Trompeter Graham Bruce, der Trompeter, Pianist, Bassist und Künstler Terry Henry sowie die Sängerin Marigold Hill, die ganz wesentlich dabei mithalf, mir Zugang zu verschollenen Aufnahmen von Chet zu verschaffen, die vor vielen Jahren im mit Wasser vollgelaufenen Keller ihres Hauses in Villa Grande, Kalifornien, gemacht worden waren. Marigold ist nach wie vor eine gute Freundin und »seit vielen Jahren ein schönes Mädchen«, wie Drummer Benny Barth sagt.

Mein Dank geht auch an Dick Conte von Radio KCSM-FM in San Mateo dafür, dass ich mir seine Erinnerungen und Bänder mit Interviews anhören durfte. Weitere, äußerst hilfreiche Informationen entnahm ich dem Film *Chet Baker: The Last Days,* der vom holländischen Fernsehen produziert wurde, und J. de Valks hervorragender Biografie *Chet Baker: His Life and Music.*

Ich danke George Gibson und Michael Seidman bei Walker & Company dafür, dass sie Evan Horne nach wie vor unterstützen, und Philip Spitzer dafür, dass er stets mehr ist als nur mein Agent.

Und schließlich gilt mein Dank Teresa, der besten ersten Leserin, die sich ein Schriftsteller nur wünschen kann.

Bill Moody

Für fachkundige Beratung bei der Übersetzung danke ich Dietrich Eichmann, Komponist und Pianist, Wulf Burger aus Zwingenberg und Kerstin Seemann aus Amsterdam sehr herzlich.

Anke Burger

Bill Moody

Bill Moody wurde 1941 in Kalifornien geboren. Nach vier Jahren bei der Luftwaffe studierte er am Berklee College of Music in Boston. Doch es hielt ihn nicht länger im Hörsaal, und er tat sich mit dem Pianisten Junior Mance und dem legendären Sänger Jimmy Rushing zusammen. Im Sommer 1968 war Moody mit dem Gustav Brom Jazz Orchester als Gast-Schlagzeuger beim Internationalen Jazzfestival in Prag und wurde dort von der Invasion des Warschauer Pakts überrascht. Nach zwei weiteren Jahren in Europa, in denen er mit Maynard Ferguson, Jon Hendricks und Annie Ross auf Tour war, kehrte er nach Los Angeles zurück, um mit dem Sänger Lou Rawls und später mit dem Pianisten Earl Hines zu spielen. In den folgenden Jahren spielte Moody in den Hotel-Kasinos von Las Vegas. In dieser Zeit begann er auch, für Zeitschriften wie *Jazz Times*, *The Armchair Detective* sowie *Popular Culture Journal* zu schreiben und gab *The Magazine of Las Vegas* heraus. Nebenbei machte er seinen Master in Englischer Literatur an der University of Nevada. Acht Jahre lang arbeitete er als Jazz-DJ für den Radiosender KUNVFM. Moodys erste publizierte Erzählung war *The Resurrection of Bobo Jones* in der Anthologie *B Flat, Bebop, Scat*. Zu seinen Short Storys gehören *The Rehearsal*, *Jazzline* (in *Ellery Queen's Mystery Magazine*) und *Grace Notes*. *The Jazz Exiles: American Musicians Abroad* basiert auf seinen Erfahrungen in Europa. Seit Mitte der Neunzigerjahre schreibt er auch seine Evan-Horne-Romane mit dem Jazzpianisten und Ermittler Evan Horne.

Neben dem Schreiben gibt Bill Moody Kompositionsunterricht an der Sonoma State University und tritt immer wieder in Jazzclubs auf. Darüber hinaus arbeitet er als Jazzredakteur für den Hörfunk. Bill Moody lebt heute in San Francisco.

Bibliografie

Solo Hand (1994, dt. *Solo Hand*, 2001); *Death of a Tenor Man* (1995, dt. *Moulin Rouge, Las Vegas*, 2002); *The Sound of the Trumpet* (1997); *Bird Lives!* (1999), *Looking for Chet Baker* (2002, dt. *Auf der Suche nach Chet Baker*, 2004).

Über Chet Baker

23. Dezember 1929 Chet Baker wird in Yale, Oklahoma, als Chesney Henry Baker geboren. Sein Vater ist Gitarrist in einer Country-Band, seine Mutter Vera bringt ihn regelmäßig zu Talentwettbewerben; sonntags singt Chet Baker im Kirchenchor.

1940 Die Familie zieht nach Südkalifornien um. Chet Baker erhält von seinem Vater zum dreizehnten Geburtstag eine Trompete. Er spielt in der Highschool-Band – ohne jeglichen Unterricht, nur nach Gehör.

1945 Mit sechzehn meldet sich Chet Baker beim Militär; als Trompeter einer Armee-Band entdeckt er sein Interesse für Jazz. Anschließend studiert er Harmonielehre und Musiktheorie am El Camino College in Los Angeles. Er beschließt, Berufsmusiker zu werden; es folgen Auftritte in Los Angeles, u. a. zusammen mit Stan Getz und in Vido Mussos Band.

1952 Chet Bakers erste Plattenaufnahme *Live at the Trade Winds* erscheint bei Fresh Sound Records. Im selben Jahr kommt es zur entscheidenden Begegnung mit Charlie Parker, der ihn für eine Tournee durch Kanada und die Westküste der USA engagiert. Chet Baker spielt außerdem im Gerry Mulligan Quintet. Ihre Platten erscheinen bei Pacific und Galaxy Records, darunter auch Chet Bakers berühmte Aufnahme »My Funny Valentine«.
Der Fotograf William Claxton begleitete Chet Baker bei seinen Konzerten und dokumentierte 1952–1957 das Leben des gut aussehenden »James Dean des Jazz« in seinem Fotoband *Young Chet*.

1953 Chet Baker gründet mit Russ Freeman am Klavier, Red Mitchell am Bass und Bobby White am Schlagzeug eine eigene, ebenfalls erfolgreiche Gruppe. Er gewinnt Preise in den Sparten Trompete und Gesang.

1955 Chet Bakers erste Europatournee wird überschattet vom Tod seines Pianisten, der an einer Überdosis Heroin stirbt. Zurück in den USA, formiert Chet Baker seine Band neu und wird mit verschiedenen Preisen ausgezeichnet.
Seit seinen Zwanzigern ist Chet Baker drogensüchtig und gerät wiederholt in Konflikt mit dem Gesetz.

1959 Chet Baker muss in New York wegen Drogenbesitzes einige Monate Haft verbüßen und verliert seine Musikerlizenz für New York. Er reist nach Europa, wo er in Italien und Deutschland ebenfalls verhaftet wird. Zurück in den USA, bekommt er wegen seiner Drogensucht keine Engagements.

1966   Chet Baker werden bei einem Überfall die Vorderzähne ausgeschlagen – eigentlich das Ende einer Trompeterkarriere. Mit einem Kunstgebiss versucht er von neuem Trompete spielen zu lernen, aber es geht nur sehr langsam wieder aufwärts.

1970   Die Plattenfirma Verve nimmt Chet Baker unter Vertrag. Nach weiterer fünfmonatiger Haft kommt es zum Reunion-Konzert mit Gerry Mulligan in der Carnegie Hall in New York. Chet Baker tritt regelmäßig im Strykers Club in New York und in anderen renommierten Clubs auf. In den Jahren bis zu seinem Tod macht Chet Baker zahlreiche Plattenaufnahmen und tritt häufig auf, hauptsächlich in Italien, Deutschland, Belgien und Holland.

1983   Auf die Bitte Elvis Costellos wirkt Chet Baker am Lied gegen den Falkland-Krieg »Shipbuilding« mit.

1987   Bruce Weber dreht einen Film über Chet Baker mit dem Titel *Let's Get Lost*, der für den Oscar als bester Dokumentarfilm nominiert wird.

13. Mai 1988   Chet Baker wird in Amsterdam tot auf der Straße vor seinem Hotel gefunden, offensichtlich ist er in der Nacht aus dem Fenster seines Zimmers gestürzt. Er liegt auf dem Inglewood Cemetery in Los Angeles begraben. Er hinterlässt mehr als zweihundert Alben.

Auswahldiskografie

Chet Baker – The Pacific Years (Pacific Jazz). Kassette mit 4 CDs
The Best of: Chet Baker Sings (Pacific Jazz)
Chet In Paris Vol. 1 bis 4 (EMARCY)
Chet Baker und Art Pepper: Playboys (Capitol/Pacific)
Chet Baker In New York (Riverside)
Gerry Mulligan/Chet Baker – The Carnegie Hall Concert (Epic)
Chet Baker – You Can't Go Home Again & Chet Baker – The Best Things For You
    (A&M Records)

Ballads For Two (INAK). Mit Wolfgang Lackerschmid
Diane – Chet Baker & Paul Bley (Steeplechase)
Memories – Chet Baker In Tokyo (Bellaphon)
Four – Chet Baker In Tokyo (Bellaphon)

Die Übersetzerin

Anke Caroline Burger, Jahrgang 1964, studierte Amerikanistik und Filmtheorie an der Freien Universität Berlin und der University of Texas. Sie übersetzt seit vielen Jahren Romane und Kurzgeschichten mit den Schwerpunkten amerikanische Minderheitenliteratur und Krimis. Neben dem Übersetzen arbeitet sie auch als Fotografin. Nach über sieben Jahren in San Francisco, USA, lebt sie wieder in Berlin-Kreuzberg. 2003 erhielt sie den Christoph-Martin-Wieland-Übersetzerpreis.

metro – Spannungsliteratur im Unionsverlag

»Die *metro*-Bände gehören auf jeden Fall zum Besten, was derzeit an so genannter Spannungsliteratur zu haben ist.« Michaela Grom, Südwestrundfunk

Guillermo Arriaga
Der süße Duft des Todes

Bernardo Atxaga
Ein Mann allein

Mongo Beti
Sonne, Liebe, Tod

Pierre Bourgeade
Das rosa Telefon

R. Bradley, S. Sloan
Temutma

Jerome Charyn
Der Tod des Tango-Königs

Driss Chraïbi
Inspektor Ali im Trinity College

Liza Cody
Gimme more

Pablo De Santis
Die Übersetzung; Die Fakultät; Voltaires Kalligraph

Garry Disher
Drachenmann; Hinter den Inseln

Jon Ewo
Torpedo; Rache

Giuseppe Fava
Ehrenwerte Leute

Rubem Fonseca
Bufo & Spallanzani; Grenzenlose Gefühle, unvollendete Gedanken; Mord im August

Jorge Franco
Die Scherenfrau

Santiago Gamboa
Verlieren ist eine Frage der Methode

Jef Geeraerts
Der Generalstaatsanwalt; Coltmorde

Alicia Giménez-Bartlett
Hundstage; Boten der Finsternis; Gefährliche Riten

Friedrich Glauser
Schlumpf Erwin Mord; Matto regiert; Der Chinese; Die Speiche

John Harvey (Hg.)
Blue Lightning

Chester Himes
Die Geldmacher von Harlem; Lauf Mann, lauf!; Der Traum vom großen Geld; Fenstersturz in Harlem; Heiße Nacht für kühle Killer; Plan B

Jean-Claude Izzo
Total Cheops; Chourmo; Solea; Die Marseille-Trilogie

Stan Jones
Weißer Himmel, schwarzes Eis; Gefrorene Sonne

Yasmina Khadra
Morituri; Doppelweiß; Herbst der Chimären

Brian Lecomber
Letzter Looping

William Marshall
Manila Bay

Bill Moody
Solo Hand; Moulin Rouge, Las Vegas; Auf der Suche nach Chet Baker

Christopher G. Moore
Haus der Geister; Nana Plaza; Stunde null in Phnom Penh

Walter Mosley
Socrates in Watts; Socrates' Welt

Katy Munger
Reinarbeit; Gnadenfrist

Meja Mwangi
Die Wilderer

Celil Oker
Schnee am Bosporus; Foul am Bosporus

Leonardo Padura
Ein perfektes Leben; Handel der Gefühle

Jerry Raine
Frankie Bosser kommt heim

Roger L. Simon
Die Baumkrieger

Susan Slater
Die Geister von Tewa Pueblo

Masako Togawa
Schwestern der Nacht; Trübe Wasser in Tokio; Der Hauptschlüssel

Nury Vittachi
Der Fengshui-Detektiv; Der Fengshui-Detektiv und der Geistheiler

M.K. Wren
Medusa Pool

Helen Zahavi
Donna und der Fettsack; Schmutziges Wochenende

Bestellen Sie unseren kostenlosen Verlagsprospekt:
Unionsverlag, CH-8027 Zürich, mail@unionsverlag.ch